Walbert
Bühlmann

# Wer
# Augen hat
# zu sehen ...

Walbert
Bühlmann

# Wer Augen hat zu sehen …

Was Gott heute
mit uns Christen
vorhat

Verlag Styria

CIP-Titelaufnahme der Deutschen Bibliothek
**Bühlmann, Walbert:**
Wer Augen hat zu sehen ... :
Was Gott heute mit uns Christen vorhat /
Walbert Bühlmann. – Graz ; Wien ; Köln : Verlag Styria, 1989
ISBN 3-222-11897-3


Printed in Austria
Umschlaggestaltung: Egon Waltl, Graz
Gesamtherstellung:
Druck- und Verlagshaus Styria, Graz
ISBN 3-222-11897-3

# Inhalt

# Vorwort

Mit einem sichtlichen Selbst- und Sendungsbewußtsein bekräftigten die Apostel wiederholt: „Wir sind Zeugen all dieser Ereignisse“ (Apg 2,32; 3,15; 5,32; 10,39). Sie meinten: Zeugen von Leben, Tod und Auferweckung Jesu.

Wir können uns fragen: Geschahen „diese Ereignisse“ bloß damals? Bleibt Jesus nicht bei den Seinen „alle Tage bis zum Ende der Welt“? (Mt 28,20) Wandelt er also nicht in seinen Jüngerinnen und Jüngern auch durch die heutige Zeit? Wiederholen sich nicht auch heute unter unseren Augen Tod und Auferweckung Jesu, nämlich in seiner Kirche und in seiner Menschheit? „Selig seid ihr, denn eure Augen sehen . . .“ (Mt 13,16). Wer also Augen hat zu sehen, dem geht rasch auf, daß wir zu viel über die Krisen der Kirche jammern und zu wenig die neu auftauchenden Chancen sehen.

Trotzdem drückt uns die Tragik: Die Propheten und Jesus stießen vorwiegend auf „ein widerspenstiges, törichtes Volk, das Augen hat, um zu sehen, und das doch nicht sieht“ (Ez 12,2; Jer 5,21; Mk 8,18 usw.); auf Menschen, die das Aussehen des Himmels beurteilen konnten, die „Zeichen der Zeit“ aber nicht. „Und er ließ sie stehen und ging weg“ (Mt 16,3–4). Dieses letzte Wort steht öfters im Evangelium. Es bedeutet den Abbruch des Dialoges. Mit solchen Menschen, die aus lauter verbogener Gesetzestreue die „Zeichen der Zeit“ nicht verstanden, konnte selbst Jesus nichts anfangen!

Das Zweite Vatikanische Konzil (1962–1965) hat den aus dem Evangelium stammenden Gedanken von den „Zeichen der Zeit“ wieder aufgegriffen und die klassischen Sätze geprägt: „Im Glauben daran, daß es vom Geist des Herrn geführt wird, der den Erdkreis erfüllt, bemüht sich das Volk Gottes, in den Ereignissen, Bedürfnissen und Wünschen, die es zusammen mit den übrigen Menschen unserer Zeit teilt, zu unterscheiden, was daran wahre Zeichen der Gegenwart oder der Absicht Gottes sind. Der Glaube erhellt nämlich alles mit einem neuen Licht, enthüllt den göttlichen Ratschluß hinsichtlich der integralen Berufung des Menschen und orientiert daher den Geist auf wirklich humane Lösungen hin" (Konzilsdokument Lumen gentium Nr. 11).

Genau das war gemeint mit dem Wort Papst Johannes' XXIII. vom „aggiornamento": Die Kirche solle „heutig werden", solle die Fenster öffnen und die muffigen Räume durchlüften, solle nicht bloß vom damaligen Jesus reden und auf den künftigen Himmel vertrösten, sondern den ganzen Menschen („integrale Berufung") im Hier und Heute ernst nehmen und ihm „humane", menschliche, des Menschen würdige, dem Menschen zumutbare, den Menschen fordernde und fördernde Lösungen anbieten.

Darauf zielt auch genau die Absicht des vorliegenden Buches. Es möchte die Augen öffnen für die „neuen" Zehn Gebote Gottes aufgrund der „Zeichen der Zeit" und Mut geben zum entsprechenden Verhalten. Man könnte es ein Lesebuch der Zeitgeschichte oder ein Handbuch des zeitgemäßen Denkens und Handelns nennen, und zwar – um es gleich zu bekennen – im Sinn eines progressiven Christentums. „Progressiv" und „konservativ" im kirchlichen Bereich entsprechen zwei Haltungen, die sich beide auf das Konzil berufen, aber es je nachdem weit oder eng, dynamisch oder statisch, gemäß den Impulsen oder gemäß den Buchstaben, auslegen und anwenden. Beide Haltungen sollen sich gegenseitig, auch in der unvermeidlichen Spannung, tolerieren und relativieren. Sie machen die Vorhut und die Nachhut der einen Kirche aus. „Progressismus" und „Konservatismus" hingegen bezeichnen Extrempositionen, die entweder hinter das Konzil zurückgehen oder ihm sprunghaft vorauseilen, womit sie die Einheit spalten und dem Weg der Kirche schaden.

Als ich das Buch bereits plante, erfolgte durch Werner Zurfluh, Chefredakteur der Wochenzeitschrift „Sonntag“, eine Ermutigung. Der Besprechung meines Buches „Von der Kirche träumen“ fügte er bei: „Sag mal, lieber P. Walbert, nachdem Du schon einen Anfang gemacht hast, wärest Du doch Kapazität genug, jetzt endlich ‚Dein Werk‘ zu schreiben: ‚Der Weg des Christen in die Zukunft.‘ Alle Deine Lieblingsthemata wären in diesem Vorschlag säuberlich eingepackt . . .“[1] Auch Gerhard Trenkler, Direktor des Verlages Styria, legte mir nahe, „den Ihr Leben formenden Grundstrom bzw. eine Zusammenfassung jener Ideen, die Sie für Ihr Leben und für das der gesamten Kirche für besonders wichtig halten“, niederzuschreiben.

Das versuche ich nun zu tun, nicht auf wissenschaftliche, umfassende, schwerfällige Weise, sondern als eine Art Lebenszeugnis, wie ich das Drama „all dieser Ereignisse“ erlebt habe und laufend erfahre. Ich kann jetzt auf genau 50 Jahre meines theologischen Weges zurückblicken. 1939 begann ich mein Theologiestudium. Ich stand damals mit beiden Füßen, mit Wissen und Gewissen, fest in jener Zeit, die Yves Congar und andere „Tridentinismus“ nennen, in jener starren, statischen Kirche, die glaubte, daß Gott im Himmel throne, uns von dorther seine ewigen Wahrheiten verkünde und auf seine Gebote verpflichte, daß folglich auch die Kirche für ihre Lehren und Gebote blinden Gehorsam fordern dürfe und solle, eine Auffassung, die sich nicht wegen der Konzile von Trient und des Vatikanum I ergab, sondern wegen deren enger Anwendung in der jeweiligen Nachkonzilszeit.

Ich fand mich damals 20 Jahre lang fraglos mit diesem System ab, bis ich dann dank der Herausforderung meiner jungen Mitbrüder, dank der Gestalt Johannes' XXIII., der Texte des Zweiten Vatikanischen Konzils, der Schriften von Karl Rahner auf die Fährte der „neuen Theologie“ kam, die ich als echte „Befreiungstheologie“ empfand, als einen Astronautenflug, der umso faszinierender wurde, je mehr man in den theologischen Weltraum vorstieß – ohne je an dessen Ende zu gelangen.

Meine Ausführungen wollen nicht als dogmatische Thesen genommen werden, sondern eher als Elemente zu einer Analyse der gegenwärtigen Kirchensituation, als Deutungen, Denkanstöße, auch als Träume, denn „Wer nicht den Mut zum Träumen hat, hat nicht die Kraft zum Kämpfen" (Paul Michael Zulehner). Ich dränge sie niemandem auf, sondern biete sie an. Wer sie ablehnen will, mag das mit besseren Argumenten ruhig tun. Karl Rahner sagte einmal über mich: „Den Bühlmann kann man nur ganz oder gar nicht gelten lassen." Jenen also, die mich „ganz gelten lassen" und meine Bücher mit Gewinn lesen, wünsche ich alles Gute auf unserem gemeinsamen Weg. Den anderen nehme ich es nicht übel.

CH-6415 Arth
Kapuzinerkloster

Br. Walbert Bühlmann

25. Jänner 1989, am 30. Jahrestag der Ankündigung des Zweiten Vatikanischen Konzils durch Papst Johannes XXIII.

# I.
# Die neue Konstellation

„Neu“ wirkt in jeder Werbung wie ein Zauberwort. Aber in unserem Fall handelt es sich nicht bloß um gewisse neue begehrenswerte Sachen, sondern um eine neue Gesamtkonstellation in unserem ganzen Leben, nicht im Sinne einer bestimmten Stellung der Gestirne, die beglückende oder bedrohende Ereignisse anzeigt – wie damals die Weisen aus dem Morgenland durch ein Sternbild zum Wandern angetrieben wurden –, sondern im Sinn einer Gesamtheit der Umstände, die unser Leben umrahmen und irgendwie bestimmen. Insofern kann man sagen, daß wir nicht bloß in einer neuen Zeit leben, sondern in einer neuen Konstellation, die sich von jener der früheren Generationen grundlegend unterscheidet.

Man denkt da unmittelbar an die gewaltigen Leistungen der Technik, der Medizin, im Grunde aller Wissenschaften, an die unvergleichliche Steigerung des Lebensstandards, an die überraschende Gesprächsbereitschaft zwischen den Kirchen und Religionen und vieles andere mehr. Aber diese konkreten Sachverhalte stehen ihrerseits nochmals in einem größeren Gesamtgefüge, in einem größeren Horizont, den man nur in Satellitenperspektive wahrnehmen und weitervermitteln kann, nämlich in der neuen Konstellation der einen Weltwelt und der einen Weltkirche.

## 1. Kapitel
## Erstmals die Weltwelt

Gegenüber dem Weltenwunder kommt man nie aus dem Sich-Wundern heraus. Ob man etwas gründlicher die Gestirne oder die Gesträuche, Singvögel oder Schmetterlinge, den physischen Körper oder die geistige Kultur des Menschen ins Auge faßt, das Staunen nimmt kein Ende.

Das Wort „Welt“ beinhaltet also Dinge von ganz verschiedener Größenordnung. Fangen wir an mit dem Universum, das man ob seiner fast unendlichen Größe am ehesten Welt Gottes nennen kann. Irgendeinmal, im Uraugenblick, durch den Urknall, entstand es, über dessen „Wann“ und „Wie“ und „Wo“ uns auch die modernste Wissenschaft völlig im Stich läßt. Über das Ausmaß des Weltalls kann man nur annähernde Angaben machen. 1972 wurde ein Radiostern (Quasar) entdeckt, für dessen Entfernung man 16 Milliarden Lichtjahre berechnete. 1982 kam man einem neuen Quasar auf die Spur, der die Energie von etwa 100 Milliarden unserer Sonne in sich bergen soll und dessen Entfernung mit 18 Milliarden Lichtjahren angegeben wurde, was also die äußersten bisher bekannten Grenzen des Universums markiert. Innerhalb dieses Raumes kreisen nicht nur unsere Sonne, unser Mond, die Sterne unserer Milchstraße, sondern Millionen, oder besser gesagt, unzählbare solcher Galaxien. Immer wieder kommen neue zum Vorschein.

Über diese Unzahl von Sternen machte das alttestamentliche Volk Gottes die kühnen Aussagen, daß Gott sie alle mit ihrem Namen rufe (Ps 147,4), daß folglich alle Sterne am Himmel ihrerseits den Herrn preisen sollen (Dan 3,63), daß auch die ganze Erde erfüllt sei von Gottes Herrlichkeit (Jes 6,3).

In dieser Welt Gottes spielt unser Planet als Welt der Menschen eine sehr bescheidene, aber keineswegs unbedeutende Rolle. Unsere Erde erlebte eine sehr lange Entstehungs- und eine nur langsame Entdeckungsgeschichte. Lange Zeit meinte jeder Stamm, jedes Volk, im Zentrum der Welt zu stehen, sich selbst zum Maß aller Dinge zu nehmen, die anderen Stämme verachten, bekriegen, berauben zu dürfen. Man glaubte auch, zum eigenen Gott besondere Beziehungen zu haben, seinen besonderen Schutz zu erfahren, sein auserwähltes Volk zu sein, während die anderen Völker ihre Götter, falsche Götter, verehrten. Man nennt diese

Denkweise, die bis heute noch längst nicht überwunden ist, Ethnozentrismus, indem jeder Stamm (Ethnos) sich zum Zentrum macht und auf die anderen wegen ihrer anderen Herkunft, Farbe, Sprache, Religion herabschaut.

Die biblische Welt paßte genau zu diesem allgemein menschlichen Empfinden. Die „Erde" deckte sich mit dem eigenen Blickfeld und Bekanntenkreis. Somit konnte man sagen, die „Sintflut" hätte „die ganze Erde" bedeckt (Gen 7,18–23); daß nicht nur in Ägypten, sondern „auf der ganzen Welt" drückende Hungersnot herrschte (Gen 41,57), daß der Meder-König Darius eine Botschaft an alle Völker, Nationen und Sprachen „auf der ganzen Erde" erließ (Dan 6,26).

Freilich, die Heilige Schrift durchbrach je am Anfang und am Ende diesen engen Gesichtskreis und erspähte – wie mit einem Fernrohr – die wirklichen Grenzen der Erde. Da ist in den ersten elf Genesis-Kapiteln immer von Adam = Mensch = Menschheit die Rede. Da machte Gott seine Geschichte mit der ganzen Menschheit. Gottes erste Liebe galt der ganzen Menschheit, was freilich schon damals die Konflikte nicht ausschloß, indem die Sünde der Menschheit lawinenartig anschwoll, so daß es Gott „reute", den Menschen gemacht zu haben, und er fünfmal seinen Entschluß bekannt machte, den Menschen zu vertilgen (Gen 6,7.13.17; 8,4.23). So tat er es. Doch diese Strafaktion sollte nur den dunklen Hintergrund bilden für Gottes unablässiges Heilshandeln an allen Völkern. Auf die Sintflut als Katastrophe folgte der Noach-Bund als Verheißung (Gen 9). Der fünfmaligen Ansage vom „Vernichten" entspricht jetzt die fünfmalige Zusage vom Bund zwischen Gott und den Überlebenden, aber auch mit ihren Nachkommen, „mit allen Lebewesen auf Erden", „für immerwährende Geschlechter" (Gen 9,9.12.15.16.17). So läßt Gott die Gerechten nicht umkommen, und selbst für die Sünder zeigt er fortan Verständnis und Erbarmen, da „der Trieb des menschlichen Herzens von Jugend auf zum Bösen geneigt ist" (Gen 8,21). Gott nimmt also die Sünde des Menschen mit in Kauf und weiß mit ihr auf andere Weise als durch Katastrophen fertig zu werden.

Was hier in mythologischer Sprache geschildert ist, will besagen, daß Gott, wann immer und wie immer und wo immer gewisse Lebewesen zu Menschen wurden, indem sie zum Selbstbewußtsein und damit zu den Fragen nach Woher, Wohin, nach Gott kamen, daß Gott dabei war, diese Menschen als seine Menschen annahm und sie durch die Jahrtausende hindurch in ihrer allmählichen Ausdehnung über die ganze Erde begleitete. Die Berufungs- und Auserwählungsgeschichte des einen Abraham, des einen Volkes Israel, der einen Jüngergemeinde Jesu muß also immer auf dem Hintergrund jener allumfassenden Menschheitsgeschichte gesehen und gedeutet werden als eine modellhafte Veranschaulichung des Heilshandelns Gottes an allen Menschen.

Am Ende der Heiligen Schrift andererseits steht nicht mehr der Rückblick auf die Herkunft der Menschheit, sondern der Ausblick auf deren Zukunft, nicht bloß Ausblick, sondern Auftrag: „Geht! Verkündet! Heilt! Befreit die Menschen von den dunklen Mächten!", und zwar „bis an die Grenzen der Erde" (Apg 1,8). Gemeint waren nicht die zeitbedingten, sondern die wirklichen Grenzen der Erde, so daß mit der Ausweitung dieser Grenzen im Lauf der Zeiten auch der Auftrag immer wachsen sollte.

Während die biblische Welt nur im Rück- und Ausblick die wirkliche Welt erfaßte, umschlossen die Grenzen der römischen Welt schon in der damaligen Gegenwart einen erstaunlich weiten Raum. Sie reichte, nicht nur in der Kenntnis, sondern in der kolonialen Beherrschung, im Osten bis zum Persischen Golf und ans Kaspische Meer, im Norden nach dem heutigen Südwestdeutschland und nach England, im Westen bis Spanien und im Süden nach Nordafrika und Ägypten. Mit staatsmännischer Weisheit suchte man die Zügel der Freiheit der einzelnen Völkerschaften so locker wie möglich und die Bande der Einheit nur so straff wie nötig zu halten. In der früheren Weihnachtsliturgie wurde gesungen, daß unter Kaiser Augustus, „als der ganze Erdkreis im Frieden gefestigt war" (toto orbe terrarum in pace composita), Jesus Christus, der Heiland der Welt, geboren wurde. Man staunt bis heute, wie sich unter den damaligen schlechten Verkehrs- und Nachrichtenbedingungen ein so ausgedehntes Reich so lange behaupten konnte. Der Zerfall begann, als die tonangebenden römischen Schichten degenerierten, trotz Kinderzulagen mehr und mehr ausstarben, so daß Leute aus den Provinzen ins Heer und in die Verwaltung nachrückten, bis schließlich die Züge der Völkerwanderung dem römischen Reich das Ende bereiteten.

Aus den Ruinen des römischen Reiches erstand die abendländische Welt oder die Christenheit. Karl der Große verstand sich als der neue David. Er ließ seinen Aachener Königsstuhl dem Thron Davids nachbilden. Die kleine Herde der Jünger Jesu war inzwischen eine Großkirche und ein christliches Reich geworden. Die beiden Spitzen dieser Christianitas, Papst und Kaiser, sprachen sich gegenseitig das geistliche bzw. das weltliche Schwert zu. Im 11. Jahrhundert führte der Wettstreit zur klaren Oberherrschaft des Papsttums über das Kaisertum. Die eschatologische Hoffnung, damals Kennzeichen der Kraft der jungen Kirche, verlagerte sich jetzt ins diesseitige Reich und ließ nur noch das Schlupfloch des individuellen und von Höllenangst belasteten Sterbens offen.

Wer in diesem Reich lebte, schuldete Papst und Kaiser unbedingte Loyalität. Wer es wagte, am katholischen Glauben zu rütteln, wurde als Reichsfeind betrachtet und entsprechend behandelt. Außerhalb der Grenzen des Reiches hausten nur Barbarei und Satansreich. Da kannte man keine Toleranz, sondern nur Kampf. Das Heil bringen hieß, das Reich ausdehnen, jene anderen ins Reich und in die Kirche eingliedern.

Dieses mittelalterliche Reich deckte sich mit der damaligen Welt. Im Westen legte ja der Ozean die scheinbar unüberwindlichen Schranken, im Süden und Osten dehnte sich der Sperrgürtel des Islams aus, den man in den Kreuzzügen vergeblich zu durchbrechen suchte.

Um die Mitte dieses Jahrtausends weitete sich diese abendländische Welt plötzlich und gewaltig aus. Portugiesische Seefahrer drangen der Küste Afrikas entlang immer weiter nach Süden vor und sogar um das Kap herum nach

Osten bis nach Indien, während Christoph Kolumbus 1492 erstmals den Ozean bezwang und die Neue Welt entdeckte, die man erstaunlich rasch eroberte, kolonialisierte, missionierte. Man konnte diese erweiterte Welt weiterhin europäische Welt nennen, denn Europa behielt alle Zügel der Weltpolitik und Weltwirtschaft in festen Händen und zog die scharfe Trennung: hier Metropole, dort Peripherie, hier Kolonialmächte, dort Kolonialländer, hier Kirche, dort die Missionen. Jene anderen Völker standen nun, ohne gefragt worden zu sein, unter der „Schutzmacht", im Schatten Europas, sie wurden Exerzierfeld des weißen Mannes. Man versteht es, wenn nach unserer eurozentrischen triumphalistischen Kolonial- und Missionsgeschichte nun seit den 50er Jahren dieses Jahrhunderts Asiaten, Afrikaner, Lateinamerikaner anfangen, ihre Geschichte zu schreiben und uns unter die Nase zu reiben, wie sie unsere Gegenwart bei ihnen erfahren und erlitten haben.

Die europäische Hegemonie erreichte ihren Höhepunkt und zugleich ihr Ende im Zweiten Weltkrieg, als sich die Kolonialländer noch für Europa mobilisieren ließen, aber gleich nachher als Gegenleistung ihre Forderungen nach nationaler Unabhängigkeit stellten. Innerhalb von zwei Jahrzehnten ist dann praktisch ganz Asien und Afrika entkolonialisiert worden. Heute besitzen diese jungen Staaten im Weltforum der Vereinten Nationen die Zweidrittelmehrheit.

Damit ist endlich die Zeit der Weltwelt angebrochen. Nach dieser langen Wachstumsgeschichte hat nun die Stunde der reifen, weltumfassenden Gemeinschaft aller Völker auf dem Boden der Gleichberechtigung geschlagen. Die UNO hat nach der Weltkriegskatastrophe diesem neuen Empfinden Ausdruck verliehen, indem sie in der Allgemeinen Erklärung der Menschenrechte vom 10. Dezember 1948 in Art. 1 und 2 festlegte: „Alle Menschen sind frei und gleich an Würde und Rechten geboren. Sie sind mit Vernunft und Gewissen begabt und sollen einander im Geiste der Brüderlichkeit begegnen . . . ohne irgendeine Unterscheidung, wie etwa nach Rasse, Farbe, Geschlecht, Sprache, Religion, politischer oder sonstiger Überzeugung . . ." Eine neue Schau des Menschen und der Welt hat sich kühn die Bahn gebrochen. Man muß leider feststellen, daß dieses so menschenwürdige Dokument die Umsetzung der allgemein gültigen Erklärung in die allgemein verwirklichte Gewährung noch keineswegs erlebt hat.

Immerhin, wir fühlen uns heute alle im gleichen Boot, in der gleichen Raumfähre unseres Planeten. Wir schwirren auf der gleichen Weltkugel durch den Raum, auf der nicht mehr Europa im Zentrum liegt, wo überall und nirgendwo mehr Zentrum ist. Die Weltkarte, auf der Europa, der kleinste Kontinent, wie selbstverständlich die Mitte besetzte und bestimmte, wo West und Ost lagen, gehört der Vergangenheit an. Auf den Landkarten in den USA sieht man heute Amerika in der Mitte, mit Europa im Osten und Rußland–China im Westen. Ähnlich in Indonesien. Man dreht den Globus so, bis dieses Land, einst „am Rande der Welt", ins Zentrum gerückt ist.

Die neue Lebensweise, die der neuen Situation entspricht, drücken die Italiener aus mit „vivere la mondialità": im Horizont der Welt leben! Das Wohl und Wehe aller muß uns im Blick, am Herzen liegen. Wir sind uns alle verkehrstechnisch sehr nahe gekommen. Bis vor 200 Jahren blieben Reisen sehr umständlich, und man nahm nur für Kriegszüge oder Handelszwecke diese Mühsal auf sich. 1835 wurde zwischen Nürnberg und Fürth die erste Eisenbahn in Deutschland in Betrieb genommen. 1897 entstand in Augsburg der erste Dieselmotor der Welt. 1905 flogen die Gebrüder Wright eine Strecke von 38 Kilometern in 40 Minuten. 1960 brauchte man von Frankfurt nach Bombay oder Dar es Salaam oder New York nur noch 24 Stunden Flugzeit. Als dann die Jets in Aktion traten, verkürzte sich die Strecke auf nur noch acht Stunden. Nachrichtentechnisch rücken wir noch enger zusammen. Früher liefen die Nachrichten mit der Langsamkeit der Schiffe und Flugzeuge, heute mit der Lichtgeschwindigkeit der elektromagnetischen Wellen, die im Bruchteil einer Sekunde im Zickzack Erde–Satellit–Erde um den Globus rasen. Wenn heute irgendwo in der Welt etwas von Bedeutung geschieht, hören wir es alle am Abend im

Radio und erhalten die Bilder im Fernsehen. Ja, ein wichtiges Ereignis sportlicher, politischer, kirchlicher Art können wir im gleichen Augenblick, wo es geschieht, daheim in der Stube verfolgen. Wirtschaftlich-politisch schließlich leben nun nicht nur alle Völker in einer gemeinsamen Präsenz, sondern in einer schicksalhaften Interdependenz. Lokale Krisen breiten sich wie Ölflecken aus, lokale Kriege ziehen sofort die Großmächte mit ins Spiel.

Im guten wie im bösen leben wir in der ersten Phase der Weltgeschichte. Was man früher als Weltgeschichte studierte, beschränkte sich tatsächlich auf die europäische Geschichte mit den drei bekannten Perioden Altertum, Mittelalter, Neuzeit. Inzwischen sind alle Völker auf die Weltbühne getreten und würfeln um ihr gemeinsames Glück und Schicksal.

Also: erstmals alle Welt auf der Bühne. Damit auch erstmals Weltprobleme. Vorher kannte man nur europäische Probleme, vor allem die alte Rivalität zwischen Deutschland und Frankreich mit den verschiedenen Kriegen. Jetzt nehmen die Probleme globales Ausmaß an und können darum nicht mehr bloß von nationalen Standpunkten aus gelöst werden, indem jeder die Decke auf seine Seite zerrt oder gar ein raubtierähnliches Reißen um sie ausbricht.

Man könnte einen langen Katalog von Weltproblemen aufstellen. Es genügt, an die Traktanden bei den Versammlungen der UNO und ihrer Zweigorganisationen zu denken. Sie lassen sich indes weitgehend auf die drei Aspekte reduzieren und konzentrieren, die durch Carl Friedrich von Weizsäcker eine Art Standard-Charakter bekommen haben und im konziliaren Prozeß für Gerechtigkeit, Frieden und Bewahrung der Schöpfung ins Weltbewußtsein eindringen und das Weltgeschehen verändern sollen. Wir werden darauf zurückkommen.

Wir sind also Zeugen und Mitgestalter der historischen Wende von den vorläufigen Stammes- und Nationenwelten zur endgültigen Weltwelt. Das zweite christliche Jahrtausend war doch noch stark geprägt von den Nationalismen. In den Hauptstädten der europäischen Länder, von Portugal bis Polen, sieht man auf den Hauptplätzen Denkmäler der Helden der Vergangenheit. Auf dem Sockel steht oft geschrieben: „Sie dienten ihrem Volke." Sie taten das, indem sie Nachbarländer bekriegten und besiegten oder um das Mutterland herum ein Kolonialreich aufbauten. Lassen wir diese Denkmäler der Geschichte in Ehren stehen. Aber zukunftweisend kann diese Art von Helden nicht mehr sein. Heute brauchen wir Helden des Universalismus, welche die Idee der einen Menschheit verwirklichen helfen.

Solche Helden waren uns vor einer Generation geschenkt, auf geistlichem Boden ein Mahatma Gandhi († 1948), der mit seiner Methode der aktiven Gewaltlosigkeit ein bleibendes Modell in die Welt setzte; ein Albert Luthuli († 1967), der als erster Afrikaner den Friedens-Nobelpreis erhielt und dabei erklärte: „Ich bin Politiker, weil ich Christ bin"; ein Martin Luther King († 1968), der den Traum vom Tag träumte, an dem alle Menschen aller Rassen einander die Hand reichen; ein Papst Johannes XXIII. († 1963), der in den wenigen Monaten und Jahren seines Pontifikates ein neues Klima der Geschwisterlichkeit in Kirche und Welt schuf.

Auch auf politischem Boden hatten damals überragende Gestalten, die über das eigene Land hinaus modellhafte Bedeutung für Europa und die Welt erlangten, das Heft der Politik fest in der Hand, ein John F. Kennedy († 1963), der Schwung und Zuversicht in die Weltpolitik brachte; ein Charles de Gaulle († 1970), Robert Schuman († 1963), Konrad Adenauer († 1967), Alcide de Gasperi († 1954), welche die kühne Vision eines Vereinigten Europa entwarfen.

In der gegenwärtigen Generation muß man sich weitgehend mit mittelmäßigen Staatsmännern abfinden. Aber vielleicht sind die Männer und Frauen schon geboren, die als Führer und Propheten über Europa hinaus die Grenzen der ganzen Welt öffnen werden für alle Menschen auf unserem Globus. Der Trend läuft jedenfalls in diese Richtung, und auch die Gerechtigkeit fordert ihren Tribut. Wir waren seit Jahrhunderten in die anderen Kontinente hinaus gegangen, haben sie ausgebeutet und unseren Wohlstand vermehrt. Wenn nun heute jene Menschen als politische oder Wohlstandsflüchtlinge zu uns kommen, soll man nicht zu rasch die Grenzen sperren und sagen, sie sollen gehen, woher sie gekommen sind. Früher galt Unkeuschheit als die große Sünde, heute ist es der nationalistische Egoismus, der nur an sich denkt und nicht an die ganze Menschheit!

Wie gesagt, die Zeit arbeitet für die Einheit. Vor Zeiten besaß man nur Niederlassungsrecht im eigenen Kanton/Fürstentum/Königreich. Dann öffneten sich die Grenzen für die ganze Nation, nach dem Zweiten Weltkrieg für die Europäische Gemeinschaft, die bis 1992 in einem weiteren Schritt zum Binnenmarkt werden soll, wo alle Grenzen und Zollschranken fallen werden. Mit der Zeit werden die nun gebildeten großräumigen Blöcke sich noch zur Weltgemeinschaft entwickeln.

Unterdessen suchen wir das „eine Haus Europa" herzurichten. Wir werden noch die weitere Aufgabe, das „eine Haus, die Welt", bestellen müssen.

Man wird dann die sich daraus ergebenden Spannungen und Probleme lösen, wie man jene innerhalb der USA und der EG einigermaßen gemeistert hat.

Es bleibt uns die Frage, wann und wo jene Propheten auftreten, die nach solchen Visionen handeln. Der weise Salomo sagte: „Ein Volk ohne Visionen geht zugrunde" (Spr 29,18).[2] Muß man das vorläufige Mangeln solcher Propheten als Strafe Gottes betrachten? Oder will Gott uns dadurch merken lassen, daß er in der messianischen Zeit das prophetische Charisma nicht mehr einzelnen Persönlichkeiten vorbehalten, sondern über alle Menschen ergießen will, wie es Petrus an Pfingsten verkündete: „Ich werde von meinem Geist ausgießen über alles Fleisch. Eure Söhne und eure Töchter werden Propheten sein, eure jungen Männer werden Visionen haben, und eure Alten werden Träume haben. Auch über meine Knechte und Mägde werde ich von meinem Geist ausgießen in jenen Tagen, und sie werden Propheten sein" (Apg 2,17f.), daß also wir alle uns prophetische Einsichten zumuten und uns dafür exponieren sollen? Das hebt freilich nicht auf, daß es auch dann immer wieder

Verantwortliche braucht, die das prophetische Fühlen des demokratischen Volkes im Staat und des Volkes Gottes in der Kirche erspüren und die Gemeinschaft entsprechend tatkräftig führen. Damit klingt wie in einem Präludium ein erstes Leitmotiv auf, das uns durch das ganze Buch begleiten wird, nämlich daß es in Staat und Kirche, in Volk und Führung Propheten braucht, die über die alltägliche Kurzsichtigkeit und Engstirnigkeit hinaus im Geiste Gottes vernehmen, verkünden, verwirklichen, was Gott heute mit seiner Menschheit vorhat.

Unterdessen sind wir noch Anfänger in dieser ersten Phase der Weltwelt, des Weltzeitalters, der Weltprobleme. Wir haben noch wenig Erfahrung im globalen Denken und Leben. Aber die Zeit drängt. Wir werden uns entwickeln und den neuen Lebensstil lernen. Dazu möchte dieses Buch Hinweise und Hilfe geben. Ob diese Ausweitung von der Stammeswelt zur römischen, zur abendländischen, zur europäischen und schließlich zur Weltwelt noch einmal einen weiteren Kreis ziehen wird, nämlich zur planetarischen Welt, indem wir mit geistbegabten Lebewesen anderer Planeten in Kontakt treten werden, kann man unterdessen ruhig der „science fiction" (fiktive halbwissenschaftliche Literatur) überlassen. Die unmittelbar dringliche Aufgabe besteht darin, unsere jetzige Weltwelt zu bewältigen. Falls uns das gelingt, würden wir gegebenenfalls auch jene neue Aufgabe bestehen.

## 2. Kapitel
## Erstmals die Weltkirche

Die Welt wurde nicht im „Sieben-Tage-Werk" Schlag auf Schlag ins Dasein versetzt, sondern entstand in einem unerhört langsamen, mühsamen und doch zielstrebigen Evolutionsprozeß. Auch die Kirche ist nicht in den drei Jahren des öffentlichen Lebens Jesu fest gegründet und fertig ausgerüstet auf den Weg geschickt worden. Auch sie entwickelte sich aus überraschend bescheidenen Anfängen heraus zu dem, was sie heute darstellt. In beiden Fällen wird der glaubende Mensch gern den Anfangsimpuls Gottes bzw. Jesu zur volleren Erklärung annehmen und auch mit deren weiterem Beistand rechnen.

Wir schauen heute, wo man beim Wort „Kirche" sofort an lokale, diözesane, nationale, zentrale Verwaltungszentren denkt, fast wehmütig auf jene Zeit zurück, wo es noch nicht Kirche, sondern „nur" Jesus gab, jenen Wanderprediger, der umherging, das Reich Gottes verkündete, dieses Geschenk der Huld und Liebe Gottes für alle Menschen; der den Menschen Gutes tat, die Kranken heilte, die Hungernden sättigte, die Besessenen befreite, den Sündern vergab, den Fragenden antwortete, den Suchenden nicht Gesetze aufhalste, sondern Ratschläge und Empfehlungen anbot, als einziges Gebot die Gottes- und Nächstenliebe ans Herz legte als Impuls und Chance; der Jünger – nicht Beamtete – um sich sammelte und sie sandte, seine „Frohe Botschaft" weiterzutragen und gleicherweise Zeichen der Liebe Gottes zu setzen; der nur eine Kategorie von Menschen nicht leiden konnte, jene, die ihre Mitmenschen pharisäisch verurteilten und verachteten, sie im Namen Gottes mit dem Gesetzesjoch niederdrückten, statt sie aufzurichten und zu ermuntern, den Vater zu preisen, der im Himmel ist; der leider mit seiner Botschaft nicht ankam, wiederholt vom Berg hinuntergestürzt werden sollte und schließlich am schmachvollen Kreuze enden mußte, aber gerade in seinem Tod und seiner Auferweckung offenkundig machte, wer er und sein Vater wirklich waren.

Zunächst entstand aus dem Jesus-Ereignis die jüdische Kirche. Wie Jesus selbst durch und durch ein Jude war und blieb und eigentlich keine neue Religion gründen, sondern den Alten Bund im Neuen erfüllen wollte, so lebten auch jene ersten Christen – vorwiegend aus dem Judentum stammend – als gläubige Juden. Sie nahmen selbstverständlich und mit Eifer am Tempelleben teil, hielten sich an die jüdischen Gebetszeiten, beobachteten die Speisevorschriften, feierten Pascha und ließen ihre Kinder beschneiden. Jedoch betrachteten sie sich nun als Jünger des Rabbi Jesus, empfingen als Bestätigung, zu diesem Kreis zu gehören, die Taufe, kamen dann und wann zusammen zur Eucharistie und Agape (Liebesmahl) und fingen an, statt den Sabbat, den Sonntag zu feiern als den Tag der Auferstehung des Herrn.

Trotz ihrer Öffnung zu Christus und trotz des großzügigen Apostelkonzils blieben aber die meisten Judenchristen im Grunde hartnäckig am mosaischen Gesetz hangen, was ihnen zum Verhängnis wurde. Sie gerieten immer mehr in die Isolierung und verloren die zahlenmäßige Mehrheit und die Führungsrolle. In die Periode zwischen dem Jahr 70 (Zerstörung des Tempels) und dem Jahr 135 (Aufstand des Bar Kochba) fällt der Bruch des Christentums mit seinem jüdischen Ursprung. Die Judenchristen flohen in diesen politischen Wirren zusammen mit den anderen Juden aus Jerusalem, führten ein kümmerliches Dasein, und ihre Spur verlor sich schließlich im Sand.

Trotzdem werden wir die Herkunft von jenen Judenchristen nie verleugnen. Sie hielten das Gedächtnis an Jesus aufrecht, ihnen verdanken wir jene Ströme der Überlieferung, die später in die Evangelien eingingen. Ihre besten Vertreter, die Apostel, wanderten aus in alle Welt und legten den Grund zur neuen Phase der griechisch-römisch-germanischen Kirche.

Zum Hauptakteur dieser Ausweitung wurde der vollkarätige Jude Saulus-Paulus berufen. Es wäre ihm persönlich lieber gewesen, „das Wort in der Provinz Asien zu verkünden", sich auf diesen Raum zu beschränken – vielleicht wäre er in diesem Fall bis nach Afghanistan und Indien gelangt, und die ganze Kirchengeschichte hätte einen anderen Lauf genommen . . . Aber „es wurde ihnen vom Heiligen Geist verwehrt . . . der Geist Jesu erlaubte es ihnen nicht" (Apg 16,6f.). So wurde er in Troas durch ein Traumgesicht nach Mazedonien gerufen, und dann ging es eben weiter nach Athen, nach Korinth, nach Rom, vielleicht bis nach Spanien. So hat sich das Schwergewicht der Kirche Christi auf die westliche Welt verlagert. Asien hat sich scheinbar für jene geschichtliche Wende von Troas gerächt, indem es sich bis heute am wenigsten von allen Kontinenten dem Christentum öffnete.

Die Missionsgeschichte von fast 2000 Jahren, die Bände, ja ganze Bibliotheken füllt, kann nur am Rande erwähnt werden. In ihr kam es zur Verchristlichung des Römerreiches, zum mittelalterlichen Bauwerk auf dem Fundament der griechisch-römisch-germanischen Kultur, zur Missionierung in den neu entdeckten Kontinenten. Dank dieser letzten Bemühungen, die heute rückblickend mit Recht wegen der damaligen Denk- und Handlungsweise kritisiert werden, kam es doch zustande, daß wir seit zwei, drei Jahrzehnten zum erstenmal im vollen Sinn Weltkirche vor uns haben: in fast allen Ländern eine wenigstens minimale Präsenz von christlichen Gemeinden und Strukturen und zugleich die Aufhebung der traditionellen Zweiteilung: hier Kirche – dort die Missionen. Denn die neue Formel heißt: Kirche in sechs Kontinenten, freilich auch Mission in sechs Kontinenten, da heute alle Kirchen überall in missionarischer Situation leben.

Ich wiederhole hier nur einige Dinge – freilich nicht wörtlich, sondern weiterführend –, die ich schon früher, vor allem im Buch „Weltkirche“, gesagt habe, weil sie einfach hier in den Zusammenhang hineingehören. Statistisch fällt vor allem die eindeutige Verlagerung des Schwergewichtes der Christenheit, wie damals von der östlichen in die westliche, so jetzt von der westlichen in die südliche Welt auf, wie ich es vor 15 Jahren – ich glaube damals erstmals im katholischen Raum – bewußt gemacht habe und was inzwischen zum Allgemeingut der Kirche geworden ist. Um 1900 lebten 85 Prozent der Christen, 77 Prozent der Katholiken, in der westlichen Welt, in Europa und Nordamerika. Seit einigen Jahrzehnten hat sich diese historische Lage radikal verändert. Infolge der Geburtenexplosion und neuer Bekehrungen in Lateinamerika, Afrika, Asien/Ozeanien kam es dazu, daß um 1970 bereits 51,86 Prozent der Katholiken der südlichen Welt zugehörten. Aufgrund dieser Trends habe ich damals in einer Grobrechnung vorausgesagt, daß im Jahr 2000 rund 70 Prozent der Katholiken in der südlichen

= Dritten Welt leben werden. Nun, bis 1985 hat sich jene Proportion bereits auf 59,80 Prozent erhöht, also ein Zuwachs zugunsten der Dritten Welt von 7,94 Prozent. Wenn man denselben Anteil für die nächsten 15 Jahre hinzuzählt, kommt man auf 67,74 Prozent und da sich die Entwicklung in dieser Richtung wahrscheinlich noch beschleunigen wird, auf rund 70 Prozent. Die gewagte Hypothese hat sich also zur These erhärtet.

Verteilt auf die einzelnen Kontinente sieht das Bild so aus:

| 1985: | | Katholiken (in Tausend)[3] | | |
|---|---|---|---|---|
| Afrika | | 72.658 | = | 8,53% |
| Amerika: | Nordamerika | 64.475 | = | 7,57% |
| | Lateinamerika | 358.188 | = | 42,04% |
| Asien | | 72.141 | = | 8,47% |
| Europa | | 278.047 | = | 32,63% |
| Ozeanien | | 6.444 | = | 0,76% |
| Katholiken total | | 851.953 | = | 100,00% |
| Weltbevölkerung | | 4,817.560 : davon machen die Katholiken 17,68% aus. | | |

Wir haben also zur Kenntnis zu nehmen, daß Lateinamerika die Kirche Europas eindeutig von ihrer historischen quantitativen Führungsrolle entthront hat. Man kann sich leicht denken, daß das für die Zukunft der Kirche nicht ohne Folgen bleiben wird. Da die Christen der orthodoxen und evangelischen Christenheit in Lateinamerika in keinem Vergleich so stark sind wie die Katholiken, hat sich ihr Schwergewicht nicht so ausgeprägt in die südliche Welt verlagert. Für die gesamte Christenheit sehen die Proportionen so aus:

| Christen | 1900 | 1970 | 1980 | 2000 |
|---|---|---|---|---|
| in der westlichen Welt | 85% | 57,4% | 51% | 39,8% |
| in der südlichen Welt | 15% | 42,6% | 49% | 60,2% |

Wir sind also, fast ohne es zu merken, Zeugen eines historischen Prozesses der Kirche geworden: aus der Westkirche und ihrer Vorherrschaft ist Weltkirche mit sechs gleichberechtigten Kontinentalkirchen geworden (die beiden Amerika als zwei Kontinente gezählt).

Die Südkirche geht nicht bloß quantitativ in Führung (wie bei der UNO, so stammen auch bei den römischen Bischofssynoden rund zwei Drittel der Delegierten aus der Dritten Welt), sondern auch qualitativ. Seit der Bischofssynode 1974 über Evangelisierung in der Welt von heute hat man den Eindruck, daß die wichtigsten Ideen und Inspirationen für die Gesamtkirche von der Südkirche herkommen, weshalb Paul VI. in „Evangelii nuntiandi", dem Schlußdokument jener Synode 1974, zweimal den großen Beitrag der Bischöfe der Dritten Welt lobend hervorhob.

Man könnte nun eine Kirchengeschichte in Jahrtausenden machen und, stark vergröbert, sagen, daß das erste christliche Jahrtausend unter der Führung der Ersten Kirche, der Ostkirche, stand, mit den ersten acht Konzilien – alle im Osten. Das zweite Jahrtausend sah die eindeutige Führung der Zweiten Kirche, der Westkirche, schlechthin unserer Kirche. Im kommenden, dritten Jahrtausend wird voraussichtlich die nun neu erstehende Dritte Kirche, die Südkirche, die Führung übernehmen, immer aber im Bund der einen katholischen Kirche. Denn die Ostkirche plus die Westkirche plus die Südkirche bilden nun zusammen die Weltkirche – wobei ich unter „Weltkirche" primär und aus praktischen Gründen meine Kirche (die katholische Kirche) meine, aber auch am Verband aller christlichen Kirchen mein ganzes Interesse habe, wie es im 5. Kapitel deutlicher gesagt werden wird.

Wir sind also in die erste Phase der Weltkirche eingetreten, die das Bild der Kirche für alle Zukunft bestimmen wird. „Im Klartext heißt das: Die katholische Kirche hat nicht mehr einfach eine Dritte-Welt-Kirche, sondern sie ist inzwischen selbst eine Dritte-Welt-Kirche mit einer abendländischen und europäischen Ursprungsgeschichte . . . Die katholische Kirche steht vor einer Zäsur ihrer Geschichte, der vielleicht tiefgreifendsten seit urkirchlicher Zeit. Sie ist auf dem Weg von einer kulturell mehr oder weniger einheitlichen, also kulturell monozentrischen Kirche Europas und Nordamerikas zu einer kulturell vielfach verwurzelten und in diesem Sinn kulturell polyzentrischen Weltkirche."[4]

Nichts wäre unangebrachter, als den Ausdruck Weltkirche im triumphalistischen Sinn zu verstehen. Die Katholiken machen knappe 18 Prozent der Weltbevölkerung aus, die Christen insgesamt 32 Prozent. Obwohl in der ganzen Welt bekannt, sind und bleiben wir eine Minderheit. Karl Rahner hat schon vor dem Konzil auf die „planetarische Diasporasituation" der Christen aufmerksam gemacht. In manchen Ländern der Dritten Welt kommen wir einer unbedeutenden Sekte gleich, und selbst im Westen gehört die Zeit der „christlichen Länder" der Vergangenheit an, selbst wenn gewisse Kreise den Traum eines homogenen christlichen Abendlandes noch nicht ausgeträumt, vor allem noch nicht die Konsequenzen daraus gezogen haben, daß wir aus einem Nachwuchschristentum zu einem Wahlchristentum werden.[5]

Trotz dieses Vorbehaltes leben wir im Zeitalter der Weltkirche. Die Vorsehung hat es so gefügt, daß gleich zu Beginn dieser neuen Kirchenepoche ein Konzil stattfand, das als „erstes Konzil der Weltkirche" in die Geschichte eingehen wird. Man täusche sich nicht: von den 21 nach gängiger katholischer Zählung „ökumenischen" (den ganzen bewohnten Erdkreis umfassende) Konzilien waren faktisch alle, mit Ausnahme dieses letzten, kontinentale Kirchenversammlungen, die ersten acht im Osten mit einigen hundert Bischöfen aus den Ostkirchen und wenigen Gastbischöfen aus der römischen Kirche. Die späteren Konzilien ihrerseits, vom I. Lateranense bis zum I. Vatikanum, versammelten nur Bischöfe aus der Westkirche. Erst das Vatikanum II wurde nun zu einem Konzil aller (katholischen) Kirchen aus allen Kontinenten. In den dreieinhalb Jahren seiner Vorbereitung wurde die Ernennung von afrikanischen und asiatischen Bischöfen bewußt vorangetrieben, um dem Konzil wirklich das Aussehen einer Weltkirche zu geben. Die Konzilsväter mit ihren Theologen haben denn auch – ohne sich der Verlagerung der Kirche in die südliche Welt bewußt zu sein, sie war ja erst im Kommen – Richtlinien aufgestellt, die wirklich auf das Format der Weltkirche zugeschnitten waren. In den früheren Konzilien verhielt sich die Kirche stark introvertiert, befaßte sich mit sich selbst, mit Dogmen, Moral, Disziplin. Das Zweite Vatikanum öffnete weit die Fenster und Tore zu den Laien, zu den Mitchristen, zu den Nichtchristen, zur Welt.

Im I. Vatikanum verhandelte man nur über die eine, heilige, katholische und apostolische Kirche und verlieh ihr mit dem Dogma der päpstlichen Unfehlbarkeit und der Universaljurisdiktion (der Papst hat über alle Kirche die höchste Verfügungsgewalt) eine starke Zentralregierung. Das II. Vatikanum entfaltete nun ergänzend und in Anlehnung an den altkirchlichen Zustand die Theologie des Bischofsamtes und der vielen Ortskirchen, in denen und aus denen die Universalkirche konkret existiert, und betonte darum, daß der Papst seine Gewalt in Kollegialität, im Kollegium mit den Bischöfen, ausführen solle, da die Bischöfe nicht bloß ausführende Instanzen der römischen Zentrale, sondern als Nachfolger der Apostel die echten Hirten ihrer Kirche seien. Das sollte also gegenüber dem vorher überbetonten Zentralismus eine gewisse Dezentralisierung mit sich bringen. Wenn es schon z. B. in der Bundesrepublik Deutschland elf Bundesländer bzw. in Österreich neun Bundesländer gibt mit je eigener gesetzgebenden und ausführenden Behörde, weil man der Überzeugung ist, daß man von einem Zentrum, von Bonn oder von Wien aus, nicht den so verschiedenen kulturellen, wirtschaftlichen, politischen, religiösen Gegebenheiten gerecht werden könnte, wieviel mehr muß dann dieses Prinzip gelten für eine Kirche, die sich über den ganzen Erdkreis erstreckt!

Daraus ergab sich logisch ein weiteres Prinzip, nämlich jenes der Inkulturation, und als konkrete Folge davon die legitime Pluriformität in Theologie, Liturgie und Disziplin. Noch unmittelbar vor dem Konzil beharrte Rom auf absoluter Uniformität, bis zur und mit der lateinischen Liturgie in allen Kontinenten der Welt. Nun setzte sich gegen die Haltung der Verwalter die Einsicht der Theologen durch, daß Jesus nicht ein „universaler" Mensch war, sondern ganz konkret ein Jude; daß darum gemäß dem Inkarnationsprinzip wie auch entsprechend der unerhörten Vielfalt der Schöpfung das Evangelium sich in vielen Sprachen ausdrükken und aus den vielen Kulturen je neu Fleisch und Formen annehmen solle; daß folglich die in der westlichen Geschichte entstandene Gestalt des Christentums nicht die einzig denkbare sei, auch wenn sie natürlich als bisheriger Weg der Kirche auch für die anderen Kontinente nicht belanglos ist; daß noch einmal folglich Afrika nicht eine Kopie des römischen Modells werden müsse, sondern „afrikanische Kirche" hervorbringen dürfe, und ähnlich Asien und Lateinamerika.

Diese Ideen wurden im Zweiten Vatikanum – weil erstmals – noch recht behutsam ausgedrückt, aber zehn Jahre später von Papst Paul VI. in „Evangelii nuntiandi" schon viel mutiger formuliert: das dürfe nicht bloß geschehen, es solle geschehen! Das wird auch in vielen Reden des jetzigen Papstes in jenen Kontinenten immer wieder bestätigt.

Aber nun das Eigenartige: Je mehr man es in Theorie betont, desto weniger läßt man es in der Praxis zu. Sobald Bischöfe oder Bischofskonferenzen konkrete Schritte setzen wollen, um Ortskirche zu werden, heißt es von Rom aus sofort: „Halt, im Namen der Einheit geht das nicht!" Man verwechselt noch zu sehr Einheit mit Einförmigkeit. So erweist sich das Weltkirchen-Prinzip, statt zum Motiv und Modell der legitimen Pluriformität zu werden, plötzlich als ein Bremsklotz: Man darf nur tun, was auf Weltkirchenebene bereits getan wird. Das aber hebt in der Praxis alle jene schönen Prinzipien auf. Es braucht noch viel engagierteren Dialog der Bischöfe mit Rom, um ihre legitimen Sonderinteressen durchzusetzen und ihren Ortskirchen den ihnen gebührenden eigenen Charakter zu geben.

So klingt hier ein zweites Leitmotiv dieses Buches auf: Die Spannung zwischen Theorie und Praxis, zwischen Dokumenten und Taten, zwischen den Konzilsimpulsen und der verengenden nachkonziliaren Gesetzgebung. Stimulierende Dokumente des Konzils, die den Weg ins dritte Jahrtausend weisen, werden purgiert; Stellungnahmen der Kurie, die den Status quo bestätigen, z. B. in Sachen Geburtenkontrolle, Zölibat, Priesterweihe von Frauen, werden urgiert. Das macht weitgehend das Leiden in der gegenwärtigen Kirchenzeit aus.

Das Zweite Vatikanische Konzil hat also mit prophetischem Blick den strukturellen reellen Rahmen für die Weltkirche geschaffen. Man muß unbedingt dazu stehen! Es führt kein anderer Weg in die Zukunft der Weltkirche. Freilich soll man nicht vor den Konzilsdokumenten stehen wie vor einem starren Monument oder einem abgeschlossenen Dokumentenband. Man bleibt ihm in dem Maße treu, als man es weiterentwickelt. Es gab schon ganz am Anfang eine Evangelien-Entwicklung: Welch ein Unterschied in bezug auf Ekklesiologie und Christologie zwischen dem Evangelium von Markus und jenem von Johannes! Dementsprechend gab es auch im Lauf der ganzen Geschichte eine Dogmen-Entwicklung, man kann es auch nennen eine Konzils-Entwicklung. Die Zeit stand nie still. Die theologischen Einsichten und die pastoralen Postulate trieben die Entwicklung immer weiter. Insofern wäre es nicht richtig, die Texte des Zweiten Vatikanums das „Heute der Kirche" zu nennen (Kardinal Josef Ratzinger). Ich würde sie lieber als das „Gestern der Kirche" bezeichnen, das freilich im Sinn der guten kirchlichen Tradition für das Heute und Morgen eine unabschätzbare Bedeutung behält.

Die Mehrzahl der Konzilsväter ist inzwischen bereits von der Weltbühne abgetreten. Aber die Kirche lebt weiter, denkt weiter, entwickelt sich weiter. In den drei Jahren Konzil machten die Bischöfe einen gewaltigen Lernprozeß durch. Sie haben am Schluß Ideen angenommen (z. B. über die Religionsfreiheit, über die nichtchristlichen Religionen), die ihnen zu Beginn noch fast als Häresie vorgekommen wären. Nun denke man sich einmal, das Konzil hätte statt drei zwanzig Jahre gedauert wie das Konzil von Trient (mit zwei langen Unterbrechungen). Wie sehr hätte man dann die je neu auftretenden Ideen und Situationen in Kirche und Welt laufend neu verarbeitet! Das müssen nun wir – Kirche des Nachkonzils – tun. Das Konzil muß also stets neu aktualisiert werden, sonst droht es archiviert zu werden und bei der heutigen Generation in Vergessenheit zu geraten.

Johannes XXIII. gab dem Konzil das Leitwort „aggiornamento" mit: Es sollte die Kirche „heutig machen", die „Fenster weit öffnen und durch die geschichtlichen Räume frischen Wind wehen lassen". Die Konzilsväter haben diesen Impuls aufgenommen und neu und wiederholt von den „Zeichen der Zeit" als Ausdruck des Willen Gottes gesprochen (Unitatis redintegratio Nr. 4, Apostolicam actuositatem Nr. 14, Gaudium et spes Nr. 4 und 11, Presbyterorum ordinis Nr. 9). Natürlich besagt das nicht, daß sich die Kirche blindlings der Welt anpassen müsse – sie behält immer eine gesellschaftskritische Funktion –, aber ebensowenig, daß sie sich an veralteten Formen festklammern solle. Solche „Zeichen der Zeit", neue geistige Haltungen und Bewegungen, Trends der Geschichte, können mit folgenden Stichworten angedeutet werden: für Freiheit, Gleichheit, Brüderlichkeit, für Kollegialität, Subsidiarität, Partizipation, für Öffnung, Ökumene, Toleranz, gegen Diskriminierung, Autoritarismus, Institutionalismus.

Den Ordensleuten, von denen die meisten Erneuerungsbewegungen in der Kirche ausgingen, wurden zu ihrer eigenen zeitgemäßen Erneuerung vom Konzil drei bekannte retrospektive Kriterien empfohlen: der Geist Jesu und des Evangeliums, die Geistigkeit und Absichten der Gründer/innen und die gesunden Überlieferungen; und ein neues prospektives Kriterium: die Lebensverhältnisse der Menschen, die Zeitlage sowie die Erfordernisse der Kirche von heute, mit einem Wort: die „Zeichen der Zeit" (Perfectae caritatis Nr. 2). Ich gewann schon seit Jahren den Eindruck, daß man im Vatikan dieses letzte Kriterium nicht mehr gern sehe. Man meinte offenbar, die nötige Anpassung an die „Zeichen der Zeit" sei nun geschehen und abgeschlossen – während Erneuerung doch ein Dauerprozeß ist wie das Leben selbst. Mein Verdacht ist dann im neuen Kirchenrecht bestätigt worden, wo es in Kanon 576 kurzerhand heißt: „Die zuständige kirchliche Autorität hat darüber zu wachen, daß die religiösen Institute gemäß dem Geist der Gründer und den gesunden Traditionen wachsen und blühen." Von „Zeichen der Zeit" kein Ton mehr! Umso mehr sollen die Ordensleute nicht müde werden, die „Zeichen der Zeit" zu diagnostizieren und entsprechend zu agieren, nicht als Trotzreaktion gegen den Vatikan, sondern als Treuereaktion gegen das Konzil!

Man muß also den Preis für die Weltkirche auch zahlen durch gewisse neue Strukturen. Solange die Westkirche in einem überschaubaren Raum und einer irgendwie gemeinsamen Kulturtradition lebte, konnte man einen starken Zentralismus und Uniformismus in Kauf nehmen. Man soll natürlich auch heute in der Weltkirchensituation die zentripedalen Kräfte der Einheit keineswegs gering achten! Niemand wünscht die Spaltung von Rom, aber man soll einem die Einheit mit Rom nicht unnötigerweise schwer machen. Die Art und Weise, wie der Zentralismus, dieses „katholische Übel", seit dem Vatikanum I und eigenartigerweise noch vermehrt seit dem und trotz des Vatikanums II praktiziert wurde, widerspricht der Kirchentheologie dieses letzten Konzils und wird von vielen Kreisen als Ausdruck eines unsympathischen Verantwortungskomplexes und eines unevangelischen Machtsystems empfunden, als ob die Katholiken, mitsamt den Bischöfen, unmündige Kinder wären. Man beklagt sich, daß die kollegiale Form aufs Minimum reduziert und von der monarchisch-absolutistischen Führung nur wie eine Gnade konzediert wird, statt sie als Bereicherung der echt „katholischen = allumfassenden" Kirche ausweitend zu gewähren. Das Verhältnis von Rom zu den Ortskirchen und ihren Bischöfen, von Primat und Episkopat, ist im Zusammenhang mit dem Konzil und seither zur Genüge aufgearbeitet worden.[6] Aber auch hier wird wiederum die Spannung zwischen den theologischen Ergebnissen und den praktischen Konsequenzen deutlich.

Der Frage kommt natürlich auch eine große ökumenische Tragweite zu. Die anderen Kirchen sehnen sich heute ebenfalls nach Einheit, sie wünschen ein Zeichen der Einheit, eine gewisse Art von Primat des römischen Bischofs, aber nicht so, wie es im zweiten Jahrtausend und vor allem seit 100 Jahren praktiziert wurde und wird. „Die ökumenische Frage ist nicht: Ein Papst oder kein Papst? Sondern: Was für ein Papst?" (J. von Allmen)

Konkret sollten folgende fällige Formen der Kollegialität postuliert werden: Die historisch sehr fragwürdige Einrichtung des Kardinalates, im Mittelalter Plattform für den Nepotismus und die Machtkämpfe der römischen Adelsfamilien, gegenwärtig Ausdruck absolutistischer Inzucht, indem der Papst und nur er die Wähler seines Nachfolgers ernennt, sollte abgeschafft, dafür die Bischofssynode als echte Versammlung der Weltkirche aufgewertet, statt bloß beratend, beschlußfähig und auch als Gremium der Papstwahl erklärt werden. Paul VI. trug solche Gedanken mit sich, sprach sogar davon, aber die Kurie trieb sie dem ängstlichen Zögerer wieder aus, ausgerechnet und tragischerweise mit Berufung auf die Weltkirche, auf die Kirchen der Dritten Welt, die hier die Mehrheit hätten und denen doch nicht recht zu trauen wäre.

Ferner sollte die Kirchenform des ersten Jahrtausends, die Pentarchie, die fünf Patriarchate (Jerusalem, Antiochia, Alexandria, Konstantinopel und Rom) mit ihrer Verbindung von Autonomie und Einheit auf der Ebene der heutigen Weltkirche wiederhergestellt, konkret sollten die bestehenden, aber recht schwachen Strukturen der Kontinentalkirchen ausgebaut werden, damit sie dann sehr viele Funktionen der römischen Kurie übernähmen. Damit käme auch die Angezeigtheit kontinentaler Konzilien zum Zug. Das erste Konzil der „Weltkirche", das Vatikanum II, mit den 2757 Bischöfen stellte gruppendynamisch eine unmögliche Sache dar. Inzwischen ist aber die Zahl der Bischöfe auf über 4500 angewachsen. Ein neues Weltkirchenkonzil ist also fast nicht mehr machbar. Zudem kann man da – wie auch bei den Bischofssynoden – nur universal, somit abstrakt, reden und den konkreten Situationen der Ortskirchen gar nicht gerecht werden. Afrika müßte also sein Konzil haben, um die vielen aufgestauten Fragen in Sachen Inkulturation auf afrikanische und doch echt christliche Weise zu lösen. Von Asien her würde sich ein Konzil nahelegen, um die Christologie von der griechischen Terminologie der Konzilien des 4. und 5. Jahrhunderts zu befreien, sie mit der hinduistisch-buddhistischen Denkweise auszudrücken und dabei doch die Substanz der christlichen Botschaft zu erhalten. Die Kirche Lateinamerikas aber müßte in einem Konzil ihren Weg der Option für die Armen, der Befreiungstheologie und des geschwisterlichen Führungsstiles offiziell approbieren können, ohne von Rom aus beständig gemaßregelt zu werden.

All diese Möglichkeiten sind im neuen Kirchenrecht nicht vorgesehen! Aber das Kirchenrecht ist nicht das unaufgebbare Evangelium. Der erste für die ganze Kirche verlautbarte Codex hatte eine Laufzeit von ungefähr 60 Jahren. Der gegenwärtige zweite Codex wird wohl in zwanzig Jahren sehr überholungsbedürftig sein und vermehrt auf die Dimensionen der Weltkirche zugeschnitten werden müssen. Das Recht hinkt ja immer dem Leben nach! Dieses ist dynamisch, jenes statisch. Darum muß das Recht immer wieder das Leben einholen und sich neu formulieren. So ist es legitim, jetzt schon Ideen in Umlauf zu setzen, den Bewußtseinsbildungsprozeß für fällige Postulate anzukurbeln, die dann der dritte Codex berücksichtigen müßte.

Freilich, solange die römische Kurie ist, was sie ist, bleiben all diese Ideen im Reich der Utopie. Die Kurie wird das Heft nicht aus der Hand geben. Reform der römischen Kurie war vom Mittelalter an über die Reformation, das Konzil von Trient, das Vatikanum I und II das stets wiederkehrende Thema – eigentlich ein Beweis, daß das Anliegen bisher nie befriedigend gelöst wurde. Auch beim letzten Konzil standen am Schluß die Bischöfe da mit der besorgten Frage: „Was wird aus der römischen Kurie werden?" Paul VI. machte mit dem Dokument „Regimini Ecclesiae" einen Versuch mit einigen guten Ansätzen (Internationalisierung, Rotation und Altersbegrenzung der Mitarbeiter), die aber in der konkreten Auswirkung nicht das erreichten, was das

Konzil erwartet hatte. Deshalb griff Johannes Paul II. bereits 1979, ein Jahr nach seiner Wahl, die Frage erneut auf. Er beauftragte eine Kardinalskommission, diese Anliegen zu studieren. Seither hörte man so alle zwei Jahre, die Vorarbeiten seien abgeschlossen und das Ergebnis werde demnächst veröffentlicht. Aber immer wieder geschah nichts. Als schließlich in der letzten Juniwoche 1988 das lange Dokument „Pastor bonus" herauskam, fragte man sich gespannt, was nun das Ergebnis des neunjährigen Wartens sei.

Die Antwort auf die Frage muß im Zusammenhang mit zwei anderen Ereignissen gesehen werden, welche diese letzten Junitage zu einer wahrhaft historischen Woche machten. Das eine Ereignis, das wochenlang für Schlagzeilen sorgte, war die von Rom nicht erlaubte Weihe von vier Bischöfen durch Alt-Erzbischof Marcel Lefebvre am 30. Juni 1988 in Ecône, wodurch er selbst, so wie die vier Geweihten vom Kirchenrecht automatisch mit der Exkommunikation belegt wurden und nach 100 Jahren wieder erstmals eine Kirchenspaltung erfolgte. Rom suchte es bis zuletzt zu verhindern und kam den Dissidenten sehr weit, eigentlich zu weit entgegen, indem es sie nur grundsätzlich auf das Lehramt verpflichten wollte, aber im übrigen ihre konzilswidrigen Ideen als „unter Studium befindlich" erklärte. Aber wenn der Erzbischof im Namen seiner Anhänger behauptet, er lasse sich nicht unter das Konzil zwingen, die Konzilslehren von der Religions- und Gewissensfreiheit seien Häresien, im Himmel gebe es nur Katholiken, aber keine Protestanten und Heiden, dann muß man wirklich sagen: Der Bruch war unvermeidlich. Mit dem Ausschluß aus der Kirche wollen wir sie freilich nicht vom Erbarmen Gottes ausschließen. Gott kann auch mit solchen „bornierten" = begrenzten und darum starrköpfigen Menschen, die einfach nicht in der Lage sind, den Anschluß an die heutige Zeit zu finden, und persönlich nach ihrem Gewissen leben, noch fertig werden.

Schon im Vorwort habe ich bemerkt, daß man konservative und progressive Kreise, die sich beide, wenn auch auf verschiedene Weise, aufs Konzil berufen, dulden solle. Das gilt aber nicht für die Extremformen von Konservatismus, der wie Lefebvre, hinters Konzil zurückgeht, oder Progressismus, der zusammenhanglos dem Konzil vorauseilt, wie die über 20.000 Sekten, die meinen, daß die Kirche jetzt mit ihnen beginne. Da muß man klare Grenzlinien ziehen.

Das zweite Ereignis jener Juniwoche schlug noch größere Wellen: der All-Unions-Kongreß der Kommunistischen Partei der Sowjetunion. Seit 1985 war man auf den neuen Zentralsekretär, Michail Gorbatschow, aufmerksam geworden, der innerrussisch und weltweit plötzlich von sich reden machte. Aber man wartete ab und fragte, ob er sich im System halten könne. Nun, dieser Kongreß mit den fast 5000 Delegierten bestätigte voll und ganz diesen Mann, der sich als ein Kopf mit klaren Ideen und als ein Meister der Taktik erwies. In einer fast hoffnungslos erstarrten Lage brachte er es zustande, nicht nur schonungslose Kritik an der Vergangenheit zu üben, sondern mit radikalen Vorschlägen, die angenommen wurden, den Weg in eine neue Zukunft zu öffnen. Wir werden auf diese historische Wende noch zurückkommen.

Wie schön wäre es, wenn man vom dritten Ereignis, vom Dokument über die römische Kurie, etwas ähnlich Erfreuliches sagen könnte. Statt dessen muß man einmal mehr enttäuscht feststellen: Es ist eigentlich nichts von Bedeutung geschehen. Selbst Kardinal Baggio, Präsident der entsprechenden Kommission, gab zu, es sei das Ergebnis eines Kompromisses. Als Außenseiter muß man es deutlicher sagen: eine Minireform, ein Schlag ins Wasser, eine verpaßte Chance, eine Verlängerung dieses Jahrhunderts, aber keine Kurie für die Weltkirche des dritten Jahrtausends. Es fehlte an Träumern und Propheten. Das System hat sich einmal mehr bestätigt.

Damit hat sich das dritte Leitmotiv angemeldet: verpaßte Chancen. Wir werden es im Lauf des Buches noch häufiger und deutlicher heraushören müssen. Wenn es sich also einmal mehr erhärtet, daß die römische Kurie nicht fähig ist zu einer echten Reform, so bleibt nur das eine zu tun: Noch stürmischer zu dem zu beten, der stärker ist als alle Strukturen, zum Heiligen Geist, damit auch im Vatikan – wie in

Moskau – ein „Wunder“ geschehe, und bis das eintritt, die Strukturen Strukturen sein zu lassen und in jener Kirche oder kleinen Gruppe, wo man konkret lebt, unter erschwerten Umständen an der Erneuerung zu arbeiten und seinen Weg zu gehen, den man vor dem Evangelium, dem Konzil und dem Gewissen verantworten kann.

Nun haben wir lange genug von den „innenpolitischen“ Aspekten der Weltkirche geredet. Ihre guten Lösungen, die wir nach wie vor erstreben, dienen nicht in erster Linie dem Ansehen der Kirche, sondern bilden die Voraussetzung für eine gute „Außenpolitik“, für den eigentlichen Zweck, die Sendung der Kirche in die Welt. Das Zweite Vatikanische Konzil hat das früher beliebte Bild von der Kirche als „Arche des Heiles“ für die wenigen Privilegierten in der Kirche nicht mehr gebraucht, dafür sich mehrmals umschrieben als „universales Sakrament des Heiles“ oder, besser deutsch und besser theologisch, als „Zeichen und Zusage des Heiles für alle Menschen“.

Darum redet man heute nicht mehr gern von Kirche und Welt als zwei sich gegenüberstehenden und sich beargwöhnenden Größen, sondern vielmehr von der Kirche der Welt, in der Welt, für die Welt, mit der Welt. Weltkirche und Weltwelt verhalten sich wie Hefe und Teig. Die Kirche mit ihrem mächtigen Sprachrohr und vor allem die Jüngerinnen und Jünger Jesu sollen in der Welt der gute Geist, die Träger der Hoffnung, das Ferment der Einheit sein und in dieser „ersten Phase der Weltgeschichte“, wo man vor der globalen und brutalen Alternative steht: eine Menschheit oder keine Menschheit, universale Brüderschaft oder universaler Untergang, eindeutig und durchschlagskräftig für die erste Möglichkeit optieren. Für uns Christen gibt es heute nichts Zeitgemäßeres und Faszinierenderes zu tun, als für die Einheit der Menschheit zu arbeiten und zu bewirken, daß die Kirche nicht nur in Worten, sondern in Tat und Wahrheit „Zeichen und Werkzeug für die innigste Vereinigung mit Gott wie für die Einheit der ganzen Menschheit“ sei, wie es das Konzil in Nummer 1 der Kirchenkonstitution promulgierte.

Die Kirche behält also nach wie vor eine große Mission, die sich nicht darin erschöpft, bloß einzelne „Heiden“ zu taufen und ihre „Seelen für den Himmel zu retten“. Sie soll vor allem im Hier und Heute sichtbares Zeichen der liebenden Zuwendung Gottes zur ganzen Menschheit sein, in einer fast hoffnungslosen, lebensbedrohenden Zeit eine lebensfreundliche Atmosphäre zu schaffen und auf dem Weg eines solchen Tuns noch zusätzlich und schlußendlich ewiges Leben in Aussicht stellen.

Dieses Buch kreist darum nicht in erster Linie um kircheninterne Strukturen und Streitereien – das kann man in meinen zwei vorausgegangenen Büchern „Weltkirche“ und „Von der Kirche träumen“ nachlesen. Jetzt geht es wirklich um die Sendung der Kirche in die Welt.

Die neue Konstellation der Weltwelt und der Weltkirche ruft auch nach einer neuen Weltordnung. Und so möchte ich mich manchmal fragen, was Gott heute – im Blick auf die neue Weltkonstellation – mit uns Christen vorhat. Ob er wirklich so „unveränderlich“ sei, daß er uns heute noch den 3000 Jahre alten Dekalog, die Zehn-Gebote-Formel, unverändert auferlegen würde, oder ob er, nicht zur Aufhebung, aber zur Ergänzung, uns nicht „neue“ Zehn Gebote nahelegen würde, die er uns nicht mehr unter Blitz und Donner kundtut, sondern uns aus den „Zeichen der Zeit“ als seinen Willen erkennen läßt.

Zur Ehrenrettung des traditionellen Dekaloges[7] kann gesagt werden, daß Gott auch damals nicht Gesetze um der Gesetze willen auferlegte, einfach um den blinden Gehorsam gegen seine Autorität zu prüfen, sondern daß diese Gebote wirklich das wahre Wohl des Volkes Israel bezweckten. Die Präambel zum Dekalog vom Sinai drückt das deutlich aus: „Ich bin Jahwe, dein Gott, der dich aus Ägypten geführt hat, aus dem Sklavenhaus. Deshalb sollst du . . .“ (Ex 20,2). Das heißt, diese Zehn Gebote wurden gegeben, damit das Volk, wenn es sie hält, nicht erneut in die geistige und politische Sklaverei zurückfalle. Sie bleiben auch uns Christen vor Augen gestellt als Wegweiser, als Leitplanken, um nicht zum eigenen Schaden vom Wege abzuirren.

Bei aller überzeitlichen Gültigkeit soll man indes im Dekalog nicht eine unantastbare heilige Kuh erblicken. Er stellt nicht einen exklusiven Besitz des Volkes Israel dar. Die Völker ringsum besaßen damals und schon früher ähnliche Spielregeln des Lebens. Das will heißen, daß die zwei Gesetzestafeln kaum dem Mose auf dem Sinai unmittelbar von Gott diktiert, „geoffenbart" wurden, sondern daß dieser größte Gesetzgeber seiner Zeit „seine" Einsichten, die ihm der gesunde Menschenverstand eingab, zusammenstellte, als kurze Zusammenfassung der religiösen Ausrichtung (1.–3. Gebot) und der fundamentalen gesellschaftlichen Lebensregeln (4.–10. Gebot). Das wurde freilich auf dem Sinai zusätzlich und ausdrücklich von Gott sanktioniert und mit dem Bund in Zusammenhang gebracht, den Gott seinem Volk angeboten hatte. Dadurch bekam der Dekalog neben seiner sittlichen Bedeutung auch einen religiösen Sinn und sollte folglich vom Volk auf modellhafte Weise vorgelebt werden. Im Neuen Testament wird mehrmals von diesen Geboten gesprochen. Vor allem aber werden sie da auf das eine Doppelgebot der unbedingten Gottes- und Nächstenliebe reduziert, von dem her sich alles Weitere ergibt. So hat Jesus das Sabbat-Gebot relativiert und es wiederholt zwar nicht „gebrochen", aber es so interpretiert, daß es sich gegenüber der Not des Menschen selbst aufhob.

In den traditionellen Beichtspiegeln wurde der Dekalog stark zu Kindersünden verniedlicht, und auch viele Christen wiederholen diese Formeln immer wieder bis ins hohe Alter. In heutigen Bußfeiern geht einem in der gemeinsamen Gewissenserforschung besser auf, was Sünde im heutigen Leben wirklich bedeutet, daß z. B. Alkohol am Steuer zu tun hat mit „Du sollst nicht töten" und Bodenspekulation mit den überhöhten Preisen, die später von den Familien in teuren Wohnungen bezahlt werden müssen, zu tun hat mit „Du sollst nicht stehlen". Aber solche kosmetische Korrekturen und moralische Aktualisierungen genügen noch nicht. Man soll die neue Optik des Handelns der Kirche in der Welt und mit der Welt in konkrete neue Gebote umsetzen. Deshalb wird man den Erfolg des Konzils nicht bloß am kircheninternen Gesichtspunkt des zu- oder eher abnehmenden Kirchenbesuches messen, sondern am Einsatz der Christen für die Welt, der sich seit dem und dank des Konzils doch merklich vermehrt hat.

Entsprechend diesen einleitenden Erwägungen werden die „neuen" Zehn Gebote gegenüber den „alten" in der Formulierung drei Unterschiede aufweisen:

– Die „alten" Zehn Gebote waren in der Mehrzahl Verbote: „Du sollst nicht . . ." Im heutigen Kontext der einen Welt muß man sich leider sagen, daß z. B. Verbote „Du sollst nicht foltern, du sollst nicht Waffen verkaufen, du sollst nicht ausbeuten . . ." bei jenen Böswilligen, die das tun, nicht einschlagen. Umso mehr muß man die Gutwilligen ermuntern, sich zusammenzutun und für das Gute zu wirken, also die so häufigen Unterlassungssünden ebenso ernst zu nehmen wie die Tatsünden. Darum stehen die „neuen" Zehn Gebote alle in der positiven Ermunterungsform.

Der Gebetsruf „Dein Wille geschehe" soll nicht bloß passiv erduldet, sondern im aktiven Handeln erfüllt werden zur Verwirklichung des Heilsplanes Gottes mit der Welt. – Die „alten" Zehn Gebote richteten sich an das Individuum: „Du sollst nicht . . ." Gewiß soll das individuell normgemäße, man kann es auch nennen „fromme" Leben keineswegs bagatellisiert werden. Die Bekehrung des einzelnen Menschen ist und bleibt immer Voraussetzung zur Veränderung von Strukturen. Aber auch tausend brave Individuen schaffen nicht ohne weiteres den nötigen öffentlichen Druck, um Zustände in Kirche und Welt zu verändern. Darum stehen die „neuen" Gebote in der Ihr-Form, in der Mehrzahl: Man soll sich zusammentun, organisieren, demonstrieren, alle demokratischen Mittel mutig und zielstrebig anwenden, und dann kann etwas Neues zustande kommen.

– In der Bibel lesen wir bis heute: „Du sollst . . ." Das ist korrekt übersetzt. Das Hebräische kennt drei Befehlsformen. Die schärfste ist der Infinitiv, wie die Militärsprache: „Aufstehen! Schießen!" Diese Form wird angewandt für das Sabbatgebot. In den anderen Geboten steht die mildere Form, das Futurum „Du wirst nicht töten", was ebenfalls den Sinn eines Befehles hat, wie etwa das Französische: „Tu ne tueras pas." Man kann sich nun aber fragen, ob Gott mit den mehr personenbewußten Menschen von heute nicht einen anderen Ton anschlagen würde, ihnen nicht mehr befehlen, sondern eher nahelegen würde. Aufgrund dieser Überlegung sowie des tatsächlichen Futurums im Hebräischen formuliere ich die neuen Gebote deshalb so: „Ihr werdet ..." Das würde etwa heißen: Wenn ihr mich, den Befreier, und euch, die Befreiten, ernst nehmt, dann werdet ihr gewiß das und das tun, dann schuldet ihr es mir und euch, so zu handeln. Gott zwingt also nicht, er lockt, er mutet uns zu, und wir werden als reife Menschen seine Sprache verstehen.

Soviel zur Form. Nun der Inhalt der „neuen" Zehn Gebote Gottes:

A. Kirchenprobleme

1. Ihr werdet den gesunden Menschenverstand walten lassen: Die Autonomie der Wissenschaften.
2. Ihr werdet euch als Volk Gottes ernst nehmen: Die Laien in der Kirche.
3. Ihr werdet euren Mitchristen die Hände reichen: Ökumene.

B. Kontinentale Probleme

4. Ihr werdet euch auf die Seite der Armen stellen: Gerechtigkeit: Lateinamerika.
5. Ihr werdet die Weite des Schöpfers bewundern: Inkulturation: Afrika.
6. Ihr werdet den „Ich-bin-da" aller Völker anerkennen: Dialog mit den Religionen: Asien.
7. Ihr werdet die religiösen Nomaden begleiten: Säkularisierung: Euramerika.

8. Ihr werdet die Reihen der Friedensmacher verstärken: Justitia et Pax.
9. Ihr werdet die Erde auf das Paradies hin entwickeln: Ökologie und Eschatologie.
10. Ihr werdet dem Gott der Geschichte begegnen: Mystik und Politik.

So gibt es also zwei Weisen, sich Weisheit zu erwerben: die eine, indem man die Bibel liest und versucht, ihre Lehren in die Tat umzusetzen; die andere, indem man die äußeren und inneren Augen offen hält, die uns gegeben sind, um zu sehen und zu merken, was fällig ist. Die zwei Weisen schließen sich nicht aus, sondern ergänzen sich. Die zweite hat aber den Vorteil, daß sie nicht bloß die Kirchgänger, sondern über alle Religionen und Ideologien hinaus möglichst viele Menschen um ein minimales, aber unabdingbares Soll von Haltungen und Bestrebungen herum einen, einer verbindlichen Weltethik zum Durchbruch verhelfen, eine Art „Raumschiffkultur" (E. Y. Meyer) konstituieren könnte, als neue Phase der Kulturgeschichte für das dritte Jahrtausend. Den Christen bliebe dann die Aufgabe, das alles vom Evangelium her zu untermauern, ihm in dieser religiösen Tiefendimension seinen letzten Sinn zu geben, und vor allem, gestützt auf diese Schau, im ganzen Unternehmen für den nötigen Elan zu sorgen.

# II.
# Die „neuen“ Zehn Gebote Gottes aufgrund der „Zeichen der Zeit“

## A. DIE KIRCHENPROBLEME

### 3. Kapitel
### Ihr werdet den gesunden Menschenverstand walten lassen: Die Autonomie der Wissenschaften

Man wird vielleicht überrascht sein, daß die „neuen“ Zehn Gebote Gottes nicht mit Gott beginnen, sondern mit einer so „profanen“ Angelegenheit wie dem gesunden Menschenverstand. Jedoch: der heutige Mensch will nicht mehr, schon bevor er selbst zu denken beginnt, von Gott gleichsam überrumpelt werden. Er will zuerst sich selbst ernst nehmen. Aber da er, ob er darum weiß oder nicht, tatsächlich nach Gottes Ebenbild geschaffen ist – genau dadurch, daß er den Verstand bekommen hat und damit das Selbstbewußtsein und das Fragen nach Woher, Wohin, das Ahnen um Gott –, wird er früh oder spät, als Frucht vieler Einsichten und Lebenserfahrungen, als Ziel seines langen Weges, zu Gott gelangen. So kann man bei ihm Offenbarung und Glauben nicht mehr als selbstverständlich voraussetzen, zumal er von diesen „übernatürlichen“ Angelegenheiten von der ganzen Geschichte her einen eher üblen Nachgeschmack verspürt. Denn zu lange wurde sein gesunder Menschenverstand vom sogenannten Glauben geknutet und geknechtet.

Ich werde nun die Problematik Offenbarung–Verstand, Glaube–Wissenschaft nicht auf theoretisch-wissenschaftliche Weise darlegen, sondern in einem konkreten Erlebnisbericht, der uns zeigt – zuerst auf europäischer, dann auf ortskirchlicher Ebene –, wie sich der gesunde Menschenverstand allmählich von der Unterjochung durch den Glauben, besser und genauer gesagt, durch die kirchliche Glaubensautorität, befreite, mühsam befreien mußte.

Die Koryphäe der mittelalterlichen scholastischen Theologie, Thomas von Aquin – um bei diesem Lehrer anzufangen, der wie kein anderer die Theologie durch Jahrhunderte hindurch prägte –, hat natürlich ein immenses Quantum von Verstand in seinen Schriften, vor allem in die „Summa theologica", investiert und hatte keine Hemmungen – trotz des Widerstandes mancher Kreise –, sich dabei auch auf die griechisch-arabischen, also „heidnischen" Philosophen abzustützen. Aber seinen Epigonen stand nicht mehr das gleiche Maß von Verstand zur Verfügung. Statt den Rückgriff des Aquinaten auf jene Philosophen zu ergänzen durch das Gespräch mit den sich gewaltig entwickelnden modernen Wissenschaften und die je neu fälligen Synthesen zu schaffen, begnügten sie sich mit dem Konservieren und Tradieren des einmal Erreichten und trugen die „ewigen Wahrheiten" vor ohne Bezug zur je neuen Zeit. Auch die Neoscholastik vom 19. Jahrhundert an blieb weitgehend im Überlieferten stekken. Originelle Theologen, die den Mut hatten, starre Standpunkte aufzugeben und mit der Geschichte, wo alles fließt, mitzugehen, wie M. J. Scheeben oder J. H. Newman, bildeten Ausnahmen und standen eher am Rande der „kirchlichen" Theologie.

Hans Küng schreibt über jene Zeit: „Obwohl von den modernen geistigen und politischen Strömungen ... zunehmend bedroht und überspielt, wurde dieses mittelalterlich-gegenreformatorische Paradigma (von Theologie) in den katholischen Ländern des 19. Jahrhunderts mit Hilfe von Theologie und Politik, von Textbüchern und Editionen, Enzykliken und Inquisition erneut repristiniert, durch noch mehr rationale Analyse und noch weniger Bibeltheologie äußerlich modernisiert und schließlich durch das Vatikanum I (1870) dogmatisch sowie durch den Codex Juris Canonici, CIC (1918), rechtlich sanktioniert ..." Man wollte keine „neue Theologie" bieten, sondern die „Theologie der Vorzeit" (J. Kleutgen). Man sah sich einfach nicht in der Lage, Anschluß an die neue Zeit zu finden.[8]

Mit dieser Theologie ist Hans Küng, bin ich, sind Generationen von Priestern vor dem Zweiten Vatikanischen Konzil aufgewachsen. Es war eine hieb- und stichfeste, kristallklare Lehre, an deren Argumenten man nicht im geringsten zweifelte. Am Schluß saß alles, und man wußte: So ist es, und so wird es bleiben. Man lebte in der unangefochtenen Überzeugung, daß die Theologie die „Königin der Wissenschaften" sei, denn wie der Glaube über der Vernunft, die Gnade über der Natur, der Papst über dem Kaiser stehe, so könne und müsse die Theologie den Vorrang vor den anderen Wissenschaften beanspruchen.

An diesem integralistischen System ließ die römische Kirche nicht rütteln. Ich belege das jetzt nicht mit der Inquisition und dem „Fall Galilei", sondern nur mit dem, was noch in den letzten hundert Jahren unter den Pius-Päpsten geschah. So verurteilte Pius IX. im Syllabus von 1864 die neuen Ideen, die von der Welt her kamen, genau 80 „Zeitirrtümer" wie Rationalismus, Liberalismus, Kommunismus, aber auch die protestantischen Bibelgesellschaften, ferner jene, die meinten, die Kirche müßte auf den Kirchenstaat verzichten, müßte mit den modernen Wissenschaften ins Gespräch kommen . . . Pius X. tat dann dasselbe mit den neuen Ideen, die sich nun innerhalb der Kirche regten, als nämlich die besten Theologen den kritischen Verstand auf die Theologie und die Ursprünge der Kirche anzuwenden suchten, um, soweit das möglich sein sollte, eine Harmonie zwischen Glauben und Wissenschaft herzustellen. Kühne Geister erblickten in diesem Bestreben das Morgenrot einer neuen Zeit. Rom aber witterte darin Unheil und Untergang, sprach von der „modernistischen Pest", von der „Versöhnungsmanie zwischen Glauben und Wissenschaft" und reagierte verbissen mit Autorität ohne Kompetenz.

Konkret äußerte sich der Antimodernismus in zwei Dokumenten: 1907 erschien vom Heiligen Offizium das Dekret „Lamentabili", worin in unlogischer Reihenfolge 65 modernistische Thesen verurteilt wurden. Wenige Monate später veröffentlichte Papst Pius X. die Enzyklika „Pacendi".

Beide Dokumente scheinen das echte und fällige Anliegen der ganzen Bestrebungen nicht erfaßt zu haben, verrieten nur eine oberflächliche Kenntnis der Autoren und ihrer Ideen und boten praktisch eine Karikatur des Modernismus. Bei den Integralisten löste es Jubel aus. Einmal mehr konnten sie triumphieren. Als Nachkur und Vorbeugung für alle Zukunft führte man den Modernisten-Eid ein, verstärkte die Index-Kommission und führte nun unter Leitung von Msgr. Benigni (1862–1934) geradezu eine Gestapo-Schnüffeltätigkeit durch. Wer immer neue Ideen entwickelte, riskierte, in Rom angeklagt und ohne Dialog seiner kirchlichen Stellung enthoben zu werden. Sogar der junge Priester Angelo Roncalli, der spätere Papst Johannes XXIII., setzte damals seine Karriere aufs Spiel. Er unterrichtete am Priesterseminar Bergamo Kirchengeschichte, von den Studenten und seinem Bischof sehr geschätzt. Aber Don G. Mazzoleni, der – wie Roncalli selber notiert – „zu jenen Zeloten gehörte, die damals in keiner Diözese fehlten", meldete Roncallis scheinbar gefährliche Ideen nach Rom. Er erhielt eine Verwarnung, „die mir Anlaß zu einer tiefen Abtötung war, aber meinen inneren Frieden nicht störte". Als Papst ließ er sich dann aus dem Archiv des Hl. Offiziums sein Blatt zeigen und fand darauf in der Tat den Vermerk: „Verdächtig des Modernismus." Für viele „Häresieverdächtige" von damals und heute ein Trost! Durch allen Antimodernismus wurden die Probleme nicht gelöst, sondern nur aufgeschoben. Aber man hatte erreicht, was man wollte: Man hatte wieder für einige Zeit Ruhe.

Ein neuer Konflikt brach unter Pius XII. aus. Dieser Papst setzte zwar echte Zeichen, um in der alten Kirche etwas in Bewegung zu bringen. Er stellte 1951 die Osternachtliturgie wieder her, erlaubte konvertierten protestantischen Pfarrern, trotz der Verheiratung als Priester zu wirken, gab 1943 die Enzyklika „Divino afflante Spiritu" heraus, worin den katholischen Exegeten endlich gestattet wurde, sich die Ergebnisse der Archäologie, Ethnologie und Linguistik zunutze zu machen, die literarischen Gattungen der verschiedenen biblischen Bücher zu berücksichtigen, auch neu über die Autorenschaft dieser Bücher und über die Art der Inspiration zu denken. Aber derselbe Papst, wie von plötzlicher Angst vor der erlaubten Öffnung getrieben, veröffentlichte 1950 auch die Enzyklika „Humani generis", durch die er die Tore gegenüber einem vermeintlich falschen Evolutionismus und Historizismus wieder zuschlug und den Theologen Neuerungssucht und nicht genügende Beachtung des kirchlichen Lehramtes vorwarf. Um zu zeigen, wie ernst er es meine, schloß er die hauptsächlichsten Vertreter der „Nouvelle théologie", de Lubac, Daniélou, Congar, Chenu, vom Lehramt aus. Man hatte wieder Ruhe, aber nicht lange. Denn sie arbeiteten im stillen weiter und zählten später zu den Bahnbrechern der Ideen, die sich dann im Vatikanum II endlich durchsetzen konnten. Die zwei erstgenannten Professoren wurden dann übrigens im hohen Alter, wie zur stillen Wiedergutmachung, zu Kardinälen ernannt.

Die weltlichen Wissenschaftler ließen sich natürlich nach dem Zeitalter der Aufklärung durch solche kirchliche Machtsprüche nicht mehr kleinkriegen. Wenn die Kirche ihre Kompetenzen überschritt und Dinge verurteilte, in denen sie sich nicht auskannte, verfielen auch sie in eine nicht mehr sachliche Ideologie und behaupteten, Religion sei nur ein Produkt einer langen Evolution und werde jetzt vor der reinen Wissenschaft verschwinden wie die Fledermäuse vor dem Morgengrauen. Es brauchte damals für die gläubigen Wissenschaftler Mut, nicht nur privat, sondern auch im Kreis ihrer Kollegen zum Glauben zu stehen, wie es etwa Professor Maximilian Westermaier (1852–1903) als Botaniker, Professor Max Planck (1858–1947) als Physiker, Professor Wilhelm Schmidt (1868–1954) als Ethnologe taten.

Nach so langer Vergewaltigung des gesunden Menschenverstandes durch die kirchliche Autorität kam es nun doch allmählich, wenn auch mühsam genug, zu dessen Anerkennung und zur Versöhnung von Wissenschaft und Glaube. In einer Art „case study" (Fallstudie) möchte ich aufzeigen, wie ich diesen Vorgang ganz persönlich auf den verschiedenen Fachbereichen miterlebt habe.

Ich war Student an der Universität Freiburg/Schweiz. Im Wintersemester 1944/45 hielten der Pastoralprofessor X.

von Hornstein und der Physikprofessor F. Dessauer ein gemeinsames Seminar über „Seelsorge im Zeitalter der Technik“, das bei den Studenten auf wachsendes Interesse stieß. Erst jetzt ging es einem auf, daß es eine unheilvolle Kluft gegeben hatte zwischen der Welt des Theologen, ja der Geisteswissenschaftler überhaupt, und der Welt des Technikers. Man lebte, trotz der Sozialenzykliken Leos XIII. und Pius' XI., noch in einer gewissen Verächtlichkeit gegenüber den „Arbeitern“, die einem wegen ihrer sozialistischen = kirchenfeindlichen Mentalität, ihrer schmutzigen Arbeit, ihren ständigen Lohnforderungen als egoistisch und unsympathisch vorkamen. Man hatte gar nicht gemerkt, daß inzwischen eine starke Schicht von Technikern herangewachsen war, welche die Welt von morgen gestaltete und die jetzt ihrerseits mit Lächeln auf die Kirche und ihre Leute blickt. Man versuchte also, zu später Stunde eine Brücke zu schlagen und den künftigen Seelsorgern Einblick zu vermitteln in die In- und Umwelt der technisch orientierten Gesellschaft von morgen. Mit dem bisherigen Verhalten, die Welt aus den „letzten Gründen“ zu erklären, sei es nicht mehr getan. Der scheinbar so sichere „Glaubensstandpunkt“ der Kirche müsse sich noch in verschiedenen Fragen mit der Wissenschaft konfrontieren und relativieren lassen, auch wenn erneut ein gewisses Weltbild zusammenfallen müsse, wie damals, als Kopernikus und Galilei behaupteten und bewiesen, die Erde drehe sich um die Sonne, nicht umgekehrt, was der kirchliche Gerichtshof von Rom als schriftwidrig und unsinnig verwarf und verurteilte, bis man nach 200 Jahren den Standpunkt ändern mußte.[9]

Inzwischen hatte ich mein Studium abgeschlossen, einige Jahre Afrika-Erfahrung hinter mich gebracht und wirkte nun als Dozent für Missionswissenschaft an derselben Universität. Da konnte ich verfolgen, wie sich nun die kritisch-wissenschaftliche Denkweise auch in der Theologie zusehends durchsetzte, aber erneut auf hartnäckigen Widerstand stieß und wie schließlich nur äußerer Druck der Sache zum Durchbruch verhalf. Ein Dominikaner-Professor, der streng an seiner tradierten Theologie festhielt, zitierte zwar dann und wann Rahner, Schillebeeckx, Küng, aber nur, um sie als Modeströmung abzutun. Die Studenten notierten sich im Sommersemester 1960 seine diesbezüglichen Aussagen und erklärten dann dem Dekan, sie würden im nächsten Semester diesen Professor nicht mehr akzeptieren. Aber zu Beginn des Semesters begann der Betreffende wieder seine Vorlesungen, als ob nichts geschehen wäre. Nun drohten die Studenten dem Dekan, die ganze Dokumentation an die Presse zu bringen. Das wirkte. Der Professor verschwand sogleich von der Bildfläche. Später fielen noch zwei weitere Theologieprofessoren diesem „Druck von unten" zum Opfer.

Ähnlich verlief es auch anderswo in der Welt. Zum 75. Geburtstag von Karl Rahner (1979), der sich wohl mehr als alle anderen bemüht hatte, eine Theologie zu schaffen, die vor dem heutigen Menschen und seinem Verstand redlich bestehen kann, wurde ich von der „Münchener Katholischen Kirchenzeitung" gebeten, einen Beitrag zu schreiben über die Bedeutung dieses Theologen in der Dritten Welt. Um die Informationen, die ich bereits besaß, zu ergänzen, ging ich eines Tages an die Gregoriana-Universität in Rom und überfiel während der Pausen zufällige farbige Studenten mit der Frage, ob Karl Rahner in ihrem Priesterseminar zu Hause ein Begriff sei. Ergebnis: An den theologischen Schulen von den Philippinen über Indien, Afrika bis Lateinamerika kannte man ihn. Einige der Befragten reagierten fast erbost, weil ich mit dieser Frage vermuten ließ, sie seien noch hinter dem Mond. Mit einem Verzug von 5 bis 10 Jahren war tatsächlich Rahners Theologie dort angekommen, meistens durch Professoren, die in Europa studiert hatten. An einigen Orten jedoch entdeckten zuerst die Studenten Rahner und brachten dann ihre Professoren, die sich noch mit Handbüchern von Tanquerey oder Parente begnügten, in Verlegenheit. Man rechtfertigte sich dann, es gehe nicht darum, theologische Meinungen zu lehren, sondern die solide Theologie zu vermitteln. Solche Positionen aber ließen sich nicht mehr lange halten.

Auch die Erneuerung der Liturgie mußte sich mühsam durchkämpfen. Man praktizierte damals in aller Welt eine

400 Jahre alte, vom Konzil von Trient herstammende Liturgie, ohne sich kritisch zu fragen, ob sie noch in unsere Zeit hineinpasse. Ein Mitbruder von mir, Donat Müller, erzählte mir, wie er Mitte der 50er Jahre als Theologiestudent ganz von sich aus Bücher von Karl Rahner (Die vielen Messen und das eine Opfer), von Roman Guardini (Vom heiligen Zeichen), von Johann Jungmann (Missarum solemnia) las und wie es ihm da aufging, daß die Liturgie in Latein, die Einzelzelebration an so vielen Altären, die Kommunionspendung vor oder nach, aber nicht während der Messe, widersinnig seien und sich vor der Geschichte nicht rechtfertigen ließen. Aber von dieser Einsicht zur neuen Praxis führte ein steiniger Weg. Als junger Priester gab er einmal dem Ministranten am Nebenaltar, statt daß dieser wie sonst an den Hochaltar rennen mußte, während der Messe ein Stück von seiner Hostie. Das brachte ihm einen schweren Verweis des P. Guardians ein. In der Mission in Tansania fing er dann an, an den Bittagen die Allerheiligen-Litanei nicht mehr lateinisch, sondern in der Ortssprache zu singen. Bei der nächsten Superiorenkonferenz wurde das vom Bischof strengstens verboten. – Ich persönlich nahm 1959 in Nimwegen am Ersten internationalen Missionskongreß für Liturgie, organisiert von P. Josef Hofinger SJ, teil. Die anwesenden Missionare, Missionsbischöfe, Experten, kamen geschlossen zur Ansicht, daß es sinnvoll wäre, die Liturgie nicht mehr gegen die Mauer, sondern gegen das Volk zu feiern, und zwar in der Muttersprache und mit einer reichhaltigeren Leseordnung. Aber am Schluß schwankte man verlegen hin und her: Soll man diese Wünsche nach Rom weiterleiten, oder muß man dann eine noch härtere Reaktion und Versteifung befürchten?

Schließlich noch der gleiche Vorgang auf dem Gebiet der Ordensdisziplin: Man unterzog sich damals widerstandslos Praktiken, die man heute kaum mehr glauben kann. Man mußte, wenn man zum Oberen ging, die Türschwelle küssen und fragen: „Darf ich um Gottes willen ein Wort sagen?" Man mußte jede Woche das Schuldbekenntnis sprechen, „daß ich so fehlerhaft und ungeschickt bin, von allem so wenig weiß und so wenig kann“. Man mußte bezüglich Ausbildung und Arbeit total über sich verfügen lassen, ohne nach den eigenen Wünschen und Neigungen befragt zu werden. Es herrschte damals auch in den franziskanischen Orden ein absolut monarchisches Regiment. Von den Untergebenen wurde nicht erwartet mitzudenken, sondern nur mitzutrotten. 1963 – das Konzil war also bereits im Gang – reichte ich an das Provinzkapitel der Schweizer Kapuziner eine Eingabe mit folgenden Überlegungen ein: Wir leben in einer veränderten Zeit. Wir müßten da im Dialog untereinander den neuen Standpunkt suchen. Darum sollte man in den einzelnen Klöstern Hauskapitel abhalten, um gemeinsam die Fragen der Tagesordnung und der Seelsorgearbeiten zu besprechen, und auf Provinzebene Kommissionen von Mitbrüdern bestellen, um zuhanden der Provinzleitung die neuen Formen des Apostolates und die person- und sachbezogenere Ausbildung der Brüder zu studieren. Diesem Provinzkapitel stand der damalige Generalminister Clemens von Milwaukee vor. Er erklärte gleich zu Beginn, diese Eingabe verstoße gegen die Konstitutionen, wir seien nicht ein demokratischer, sondern ein monarchischer Orden. Da nützte alle Berufung auf franziskanische Brüderlichkeit nichts.

Es kommt einem wie ein Wunder vor, daß eine geschichtlich so verhärtete Position plötzlich auf höchster Ebene, eben im Konzil, überwunden werden konnte, freilich auch hier teilweise gegen hartnäckige Fronten und mit leidigen Kompromissen. Immerhin, dank des echten Dialoges der besten Bischöfe mit den besten Theologen kamen gute Texte zustande, wurden die vielen Postulate der Vernunft, die so lange hatten anstehen müssen, sachlich diskutiert und als sinnvoll akzeptiert. Glaube und Wissen reichten sich nun endlich und offiziell die Hand zur Versöhnung. In der Pastoralkonstitution „Gaudium et spes“ (Nr. 36) wurde die Autonomie der Wissenschaften anerkannt, dort heißt es wörtlich: „Vorausgesetzt, daß die methodische Forschung in allen Wissensbereichen in einer wirklich wissenschaftlichen Weise und gemäß den Normen der Sittlichkeit vorgeht, wird sie niemals in einen echten Konflikt mit dem Glauben kommen, weil die Wirklichkeiten des profanen Bereiches und die des Glaubens in demselben Gott ihren Ursprung haben . . . Deshalb sind gewisse Geisteshaltungen, die einst auch unter Christen wegen eines unzulänglichen Verständnisses für die legitime Autonomie der Wissenschaft vorkamen, zu bedauern . . .“ Wie zum Zeichen der Versöhnung mit der unglückseligen Vergangenheit wird in einer Fußnote auf das zweibändige Werk von Pio Paschini über Galileo Galilei verwiesen, das 1964 im Vatikan gedruckt worden war und das jenem Vorkämpfer der modernen Wissenschaft Gerechtigkeit widerfahren läßt.

Seither haben die Päpste Paul VI. und Johannes Paul II. keine Gelegenheit unterlassen, diese grundsätzliche Harmonie zwischen Glaube und Wissen zu betonen und das Bedauern über die Vergangenheit zu wiederholen. So der polnische Papst und frühere Ethikprofessor Karol Wojtiła in seiner berühmten Ansprache vor Wissenschaftlern und Studenten im Dom zu Köln 1980, wo er von der „Belastung durch die berühmten Konflikte sprach, die aus dem Eingriff kirchlicher Instanzen in den Prozeß wissenschaftlichen Erkenntnisfortschrittes entstanden sind. Die Kirche erinnert sich daran mit Bedauern, denn wir wissen heute um die Irrtümer und Mängel dieser Verfahren. Wir können sagen, daß sie heute überwunden sind.“

Endlich wurde also der gesunde Menschenverstand in seiner gottgegebenen Bedeutung anerkannt. Man darf noch weitergehen und ergänzend sagen, daß die „Wirklichkeiten des profanen Bereiches und die des Glaubens“ nicht bloß auf zwei parallelen Geleisen fahren und sich so nicht in die Quere kommen können, sondern daß zwischen beiden Bereichen im Grunde eine innigste Personalunion, eine Art „hypostatische Union“, besteht, so daß man keine Rollenverteilung vornehmen und das eine dem Heiligen Geist, das andere dem Menschenverstand zuschreiben kann. Denn im Offenbarungsgeschehen wirkt der Heilige Geist nicht im luftleeren Raum, sondern nur mit und durch und im Maß des Verstandes des partnerlichen Propheten. Er paßt sich dem zeitgenössischen Rahmen des Denkens jeder Epoche an. Er macht mit seiner Offenbarung keine Sprünge, die der Prophet mit seinem Verstand nicht nachvollziehen könnte. Und umgekehrt, wann und wo immer der gesunde Menschenverstand am Werk ist – selbst bei Atheisten und solchen, die sich dafür halten – und seine Fortschritte an Wahrem und Gutem erzielt, da trägt das auch die Unterschrift eines unsichtbaren, aber unabstreitbaren Ko-Autors, des Heiligen Geistes, der den Erdkreis erfüllt und alles, auch Offenbarung und Wissenschaft, Glauben und gesunden Menschenverstand, zusammenhält (vgl. Weis 1,7). Das ist das wunderbare Geheimnis des Zusammenspiels zwischen Gott und Mensch.

So sind also die Konflikte zwischen Glauben und Wissen grundsätzlich überwunden. Es hat sich auch praktisch seit Jahrzehnten ein fruchtbares interdisziplinäres Gespräch zwischen beiden Bereichen angebahnt.

Wiederum eine Illustration, ein Verweis auf Karl Rahner, der als junger Priester in der Mitte der 30er Jahre zum Philosophiestudium bestimmt wurde und das nicht an einer der berühmten kirchlichen Hochschulen absolvierte, sondern beim Existentialisten Professor Martin Heidegger, von dem er entscheidende Impulse erhielt. Ohne Heideggers Denken wäre Rahner vielleicht nicht zu seiner zentral gewordenen Kurzformel des „übernatürlichen Existenzials" gekommen, womit er ausdrücken wollte, daß der Mensch, jeder Mensch, vorausgehend jeder sakramentalen Rechtfertigung, schon immer unter dem allgemeinen, auch Erbschuld und persönliche Schuld umgreifenden Heilswillen Gottes steht, erlöst ist, auf das endgültige „übernatürliche" Ziel ausgerichtet ist, und dauernd vom Gnadenangebot und der Heilssorge Gottes bearbeitet wird, daß wir also nicht in eine sinnlose Existenz hineingeworfen sind, mit der man sich zynisch oder zornig abfinden muß, sondern vielmehr in einem vorgegebenen Klima der wohlwollenden Zuneigung Gottes lebten. Damit hat Rahner das düstere Weltbild des heiligen Augustinus von der „verdammten Masse", woraus sich der einzelne durch die Taufe retten kann, ersetzt durch die Vorstellung der im voraus alle Menschen umgreifenden Huld und Gnade Gottes, wovon sich der einzelne durch Verhärtung ausschließen kann. Mit diesem neuen Weltbild hat Rahner nicht nur eine neue Schule, sondern eine neue Epoche der Theologie begründet.

Die Wissenschaften ihrerseits sind inzwischen ebenfalls bescheidener geworden. Sie haben ihre Selbstsicherheit verloren. Sie halten die Sache nicht mehr so fest in der Hand wie früher. Sie kommen in der quantitativen Explosion des Wissens – die wissenschaftliche Information wächst jährlich um 13 Prozent, d. h. sie wird in fünfeinhalb Jahren je verdoppelt – selbst nicht mehr nach. Sie erschrecken vor der eigenen Macht, die sie sich mit der Atomspaltung und der Genmanipulation angeeignet haben. Sie stehen gegenüber dem Makrokosmos und dem Mikrokosmos auch vor qualitativen Geheimnissen, die sie nie lösen, vor denen sie nur staunen können.

So sind die ehrlichen Wissenschaftler wieder geneigt, sich vom Glauben beraten zu lassen, sich von ihm über die Grenzen der eigenen Wissenschaft hinwegheben zu lassen, nach der kalten wissenschaftlichen Beobachtung mit Sympathie, mit Offenheit hinter den wissenschaftlichen Gegebenheiten eine verhüllte Realität zu ahnen, nach dem Ganzen der Welt, nach ihren Ursprüngen und Urgründen, nach einem letzten Lebenssinn zu fragen und ein ordnendes Weltsubjekt, einen Weltgrund, einen Welturheber, einen Weltgeist, einen vor und über und in der Welt wesenden Gott anzunehmen.

Gläubige Wissenschaftler fühlen sich heute nicht mehr isoliert wie damals. Sie finden leicht Glaubensgenossen. Man anerkennt die Komplementarität von Glaube und Verstand, von Wissenschaft und Religion. Man sagt, Wissenschaft allein sei lahm, Religion allein sei blind. Nichts hindere uns mehr, die Weltordnung der Naturwissenschaften und den Gott der Religion miteinander zu identifizieren. So werden die Naturwissenschaften plötzlich auch Geisteswissenschaften. Physik und Transzendenz reichen sich geschwisterlich die Hand. Albert Einstein geht so weit zu sagen, die ernsthaften Forscher seien in unserer materiell eingestellten Welt die einzigen tief religiösen Menschen.[10] Wie die alte, den Glauben leugnende Haltung der Wissenschaften sich mit Jahrzehnten Verzögerung auf die breite Masse auswirkte, so wird auch die neue, sich dem Glauben öffnende Haltung nicht ohne Folgen bleiben. Wenn auch viele überkommene apologetische Argumente zugunsten der Religion zusammenbrechen, so wird diese nun neu von den Wissenschaften gestützt. Wir brauchen nicht in Panik zu verfallen.

So scheint alles auf dem besten Weg zu sein. Aber die Italiener kennen das Sprichwort: „Tra il dire e il fare c'é il mare", „Zwischen dem Sagen und dem Tun liegt das Meer". Wiederum begegnet uns die Kluft zwischen Theorie und Praxis. Trotz aller schönen Worte und Dokumente schwelt der Konflikt Glaube–Wissen nach wie vor weiter, jetzt weniger mehr gegenüber den Profanwissenschaften, wohl aber gegenüber der Theologie als Wissenschaft. Auf innerkirchlichem und innertheologischem Gebiet hat der gesunde Menschenverstand noch immer nicht sein Recht erworben. Das will keineswegs heißen, daß dieser Verstand immer nur recht hat und recht bekommen soll. Er kann auch in der Suche nach der volleren Wahrheit in die Irre gehen. Aber meistens werden solche „Irrlehren", die ja meistens nur als Arbeitshypothesen vorgelegt werden, im Gespräch zwischen Theologen korrigiert und müßten also nicht gleich von der höchsten Autorität geahndet und über die Bestrafung der Autoren mundtot gemacht werden.

Nach dem Durchbruch des Konzils, das die von Congar, Rahner usw. unter Verdacht und Zensuren erarbeitete Theologie als offizielle Kirchentheologie anerkannt hat, brach erneut ein Konflikt aus zwischen Vorhut und Nachhut, zwischen der „neuen Theologie", die sich auf Glauben und Wissen stützt, und gewissen Kreisen der Basis, die „am guten, alten Glauben festhalten" wollen und, statt sich entsprechend weiterzubilden, wozu sie aus verschiedenen Gründen leider nicht fähig sind, umso gehässiger polemisieren. Mit solchen Reaktionen muß man rechnen. Schlimmer ist es, wenn auch das kirchliche Lehramt sich wieder vor allem auf den tradierten Glauben beruft und so, wie schon immer, die Glaubenswahrheit „sicher, aber steril verteidigt" (Karl Rahner), aber damit den heutigen Katholiken keinen Dienst erweist und der theologischen Forschung zuviel dreinredet, als ob man die mühsame Geschichte, die oben beschrieben wurde, hartnäckig verlängern wollte und daraus nicht gelernt hätte, daß die „Ketzer" meistens Pioniere der neuen Zeit wurden.

Es ist schon viel geredet und geschrieben worden über das Verhältnis von Lehramt und Theologie. Beide Partner haben ihren je eigenen Dienst in der Kirche zu leisten, müssen sich gegenseitig anerkennen und sollen, auch durch Konflikte hindurch, die ehrlichen und besseren Lösungen erstreben. Aber wenn im Vatikan allzuhäufig der das Konzil kennzeichnende Dialog nicht mehr gebührend weitergeführt wird, wenn man durch Denunziantentum und Geheimnistuerei die sachliche Auseinandersetzung unmöglich macht, wenn man zu rasch den gesunden Menschenverstand durch den Glauben, die Kompetenz durch die Autorität überfährt, wenn man sich übergewichtig vom „scandalum pusillorum" (daß sich kleine Leute an gewissen Aussagen stoßen) beeindrucken läßt und nicht an die vielen Christen denkt, die den heute vertretbaren und lebbaren Glauben verkündet haben wollen, dann kommt es eben immer wieder zu den unerfreulichen Zwischenfällen, zum Fall Küng, zum Fall Schillebeeckx, zum Fall Curran und schließlich zum Fall Pfürtner, der jetzt durch P. Ludwig Kaufmann SJ eine monumentale und klassische Darstellung erhalten hat.[11]

Die „Fälle" häufen sich zusehends – man denke an Spanien – und dehnen sich nun auch auf die Dritte Welt aus. Der Fall Boff machte sehr von sich reden. Weniger bekannt ist bei uns der Fall P. Luis Bermejo SJ, seit 25 Jahren Professor an der Päpstlichen Theologischen Hochschule in Pune/Indien, 1988 von Rom des Lehramtes enthoben. Er hatte 1984 ein Buch über die Wege zur Einheit der Christen veröffentlicht. Es hat auch in der westlichen theologischen Welt

Aufsehen erregt. Im Frühjahr 1987 wurde der Autor von Rom, ohne vorherige Aussprache, aufgefordert, einige Aussagen öffentlich zu widerrufen. Statt dessen sandte er eine eingehendere Erklärung dieser Aussagen ein. Rom ging gar nicht mehr weiter darauf ein, sondern reagierte sogleich mit dem Lehrverbot. Der Rektor der Hochschule und der ganze Professorenstab bekundeten in einem Brief an Rom ihre volle Solidarität mit P. Bermejo und ihre Entrüstung über die Art des Vorgehens: Man sei noch von der Kolonialzeit her sehr allergisch, einfach „von außen“ bevormundet und gesteuert zu werden.

Zu diesen Lehrverboten für amtierende Professoren kommen nun auch Lehrverweigerungen für Dozenten und Professoren, die von der Universität und vom zuständigen Bischof für einen theologischen Lehrstuhl in Aussicht genommen wurden, aber von Rom, das sich immer die Bestätigung vorbehält, als unannehmbar bezeichnet werden, nicht bloß, falls man in ihren Schriften gewisse nicht romtreue Ideen fand, sondern schon einfach aus dem Umstand, daß sie bei einem „gefährlichen“ Professor studiert hätten und so die Gefahr vorliege, sie könnten dessen Ideen weitertragen. Es ist einfach nicht recht und gerecht, daß man nach rechts, der Lefebvre-Gruppe, mit äußerster Geduld und sogar mit doktrinären Konzessionen entgegenkam, aber nach links progressive Theologen am laufenden Band „köpft“. Aber die Zeit arbeitet – wie eh und je trotz des römischen Widerstandes – für diese zweite Gruppe. Freilich muß unterdessen der gesunde Menschenverstand in der Kirche noch allzuoft den kürzeren ziehen.

Den klassischen Fall erlebte jene Expertenkommission von Demographen, Wirtschaftsfachleuten, Ärzten, Ehepaaren und Theologen, die im Februar 1964 von Papst Paul VI. ernannt wurde, um die Frage der Geburtenkontrolle zu studieren, damit verbunden auch die aktuelle Frage der „Pille“. Also ein sehr ernster Anlauf, um die Profanwissenschaften und den Glaubenssinn der Gläubigen zu Wort kommen zu lassen.

Die Kommission nahm ihren Auftrag sehr ernst und rang

sich in vielen Sitzungen zur Einsicht durch, der Gebrauch der Pille könne als eine Art der sehr dringlichen Geburtenkontrolle erlaubt werden. Die 20 Theologen der Kommission – man kann ruhig sagen, die besten Köpfe, welche die Kirche besaß – führten noch in besonderer Weise aus, daß man das nicht als Widerspruch, sondern als Weiterführung der Lehre Pius' XI. und Pius' XII. verstehen solle. Sie stimmten mit 16 gegen 4 Stimmen dieser Auffassung zu. Diese Minderheitsgruppe, die sich schon von Anfang an auf ihren Offenbarungspositivismus versteift hatte und für Vernunftgründe nicht zugänglich war, arbeitete ihren eigenen Bericht aus, der im Satz gipfelte: „Wenn erklärt würde, Empfängnisverhütung sei nicht in sich schlecht, dann müßte aufrichtigerweise zugegeben werden, daß der Heilige Geist Pius XI. und Pius XII. und einen großen Teil der katholischen Hierarchie ein halbes Jahrhundert lang nicht vor einem sehr schweren Irrtum geschützt hat; denn es würde damit unterstellt, daß sie höchst unklug Tausende und Tausende menschlicher Akte, die jetzt gebilligt würden, mit der Pein ewiger Strafe verdammt hätten." Man könnte diese Argumentation bösartig so umschreiben: Wir haben die Leute mit einer engen Ehemoral tyrannisiert, also müssen wir weiterfahren, sonst werfen sie uns die als ungerecht entlarvte Tyrannei der Vergangenheit vor.

Was folgte, wissen wir. 1968 kam die Enzyklika „Humanae vitae" heraus mit dem Ergebnis, zu dem sich der Papst von jener Minderheitsgruppe überzeugen ließ, daß man nach wie vor an der traditionellen Lehre festhalten müsse. Und das weitere Ergebnis: Daß erstmals in der Geschichte eine römische Entscheidung die Diskussion nicht abschloß, sondern erst recht auslöste und sich dann die Mehrzahl auch der guten Katholiken in ihrem Eheleben von ihrem gesunden Verstand und Gewissen leiten ließen und ihren Weg gehen, ohne länger in einer beständigen Angst vor schwerer Sünde zu leben.[12]

Damit ist nichts gesagt gegen diese Enzyklika an sich und ihre großartige Schau des christlichen Eheideals; nichts gegen die „natürliche Geburtenkontrolle", wenn auch eigenartig, um nicht zu sagen widernatürlich, erscheint, den ehelichen Verkehr nur dann zu „gestatten“, wenn die Frau wegen des Rhythmus ihres Organismus den „Trieb“, die Lust nicht so sehr spürt. Nichts auch gegen die Zweifel, ob die gegenwärtige Pille eine gute Lösung sei. Aber diese letztere ist eine medizinische Frage, und die Wissenschaft muß und wird wohl immer bessere Produkte auf den Markt bringen. Zur Diskussion steht nur die moralische Frage, und die wird doch offenbar am besten nicht von alten, zölibatären Männern entschieden, sondern von guten Ehepaaren, die in der Nachfolge Jesu leben wollen, vom Heiligen Geist geführt werden und besser erkennen, was der Liebe dient und mit dem Evangelium vereinbar ist oder nicht.

Man nennt das heute die sittliche Autonomie des Menschen, der selber merken muß, was zur wahren Entfaltung seines Lebens förderlich ist. Da aber dieser Mensch immer Gottes Ebenbild ist, wird diese menschliche Autonomie zugleich auch Theonomie, Gottgemäßheit. Der Mensch selbst muß in unübertragbarer Selbstverantwortung über Ziel und Zweck des sittlichen Lebens nach dem Heilsplan Gottes entscheiden. Er wird dabei auch erkennen, daß moralische Lehrsätze nicht starre Gesetze sind, sondern in neuen Situationen, in anderen Kulturen, neue Deutungen zulassen, sonst unterschiebt man dem Heiligen Geist eine Sturheit, die zwar bei Menschen vorkommt, aber bei ihm wirklich nicht zutrifft.

Wieder eine Illustration dazu. Der Auftrag Gottes: „Seid fruchtbar und vermehret euch und bevölkert die Erde“ (Gen 1,28), hatte natürlich am Anfang und während der Jahrhunderttausende, in denen die Kindersterblichkeit und die Katastrophen die Rolle einer brutalen Geburtenkontrolle ausübten, seine volle Bedeutung. Auf diese Weise war die Menschheit langsam und stetig gewachsen, um schließlich 1950 bei 2,5 Milliarden anzukommen. Aber nun ging es plötzlich mit einem überstürzten Tempo voran, so daß um 1987 bereits die 5-Milliarden-Grenze überschritten wurde. Indien beispielsweise zählte 1950 330 Millionen Einwohner, heute sind es 800 Millionen. Jedes Jahr wächst Indien um

16 bis 20 Millionen, die Bevölkerungszahl von Australien. Afrika hat seine Bevölkerung von 1950 bis 1980 verdoppelt, aber gegenwärtig rechnet man, daß sie sich schon in 20 Jahren wiederum verdoppeln wird. Und die Mehrzahl dieser Menschen wird geboren für ein Leben in Elend und Arbeitslosigkeit. War es da wirklich nötig, daß Papst Johannes Paul II. beim Eucharistischen Weltkongreß in Nairobi 1985 jenen Genesis-Satz aufmunternd über diesen Kontinenten ausrief?

Wir haben also gesehen, daß man für die Frage der Geburtenkontrolle eine Kommission einsetzte, aber auf den Rat der Fachleute nicht hörte. Wir werden im folgenden Kapitel erfahren, daß man auch für die Frage, ob die Frau von der Bibel her vom Priestertum ausgeschlossen werden müsse, eine Kommission befragte, aber wiederum nicht auf die Antwort der Fachleute hörte. Man gestattete zwar, daß Diözesan-, Landes-, Bischofssynoden abgehalten werden, da man am einmal festgelegten römischen Standpunkt nicht rütteln läßt. Das alles zeugt von Verengung, Angst, Inkompetenz, welche die vorkonziliäre, historische, tragische Haltung Roms dokumentieren und erneut zementieren.

In einer Zeit also, wo die Wissenschaften unerhörte Fortschritte machen, wo folglich auch das theologische Wissen in einem schwindelerregenden Rhythmus wächst, so daß selbst Karl Rahner nicht mehr nachkam und unter dem „Gefühl seiner wachsenden Dummheit litt"; in einer Zeit, wo die Leute des Clubs of Rome erklären, es komme gegenüber den drohenden Nuklear- und Umweltkatastrophen alles darauf an, ob die Leute rasch genug auf die Drohungen und Veränderungen reagieren und mit allen kreativen Kräften auf innovative, nicht bloß tradierte Weise lernen[13]; in einer Zeit, wo neben den Priestern nun auch Tausende und Abertausende von Laien und Ordensschwestern moderne Theologie studieren, wo alle jene Christen, auf die sich die Kirche der Zukunft wird verlassen müssen, gebildete und weltoffene Menschen sind und glauben, daß der Heilige Geist auch über ihren gesunden Verstand und ihr redliches Gewissen als Antennen seine Inspirationen zusende, da gibt es leider noch allzu viele Prälaten, in- und außerhalb Roms, die meinen, den Heiligen Geist gepachtet zu haben und ihn gegen den gesunden Menschenverstand der Basis ausspielen zu können; die sich bei allen Fragen statt auf das Evangelium nur auf das geltende Kirchenrecht berufen; die gegenüber dem System einen unkritischen blinden Gehorsam praktizieren und ihn auch von allen anderen erwarten; die sich über die „Theologen oder sogenannte Theologen", wie ich es mit eigenen Ohren hörte, lustig machen, „die in bloßer Psychologie und Soziologie aufgehen und schließlich im Marxismus enden, und hintennach kommt dann noch oft ihre moralische Armseligkeit an den Tag, und man merkt, daß sie nur ihre eigenen Interessen und Instinkte verteidigen . . ." In all dem gleicht die Kirche einer Mutter, die Pädagogik studiert hat und schöne Reden halten kann, aber es praktisch nicht versteht, ihren reifenden Söhnen und Töchtern die nötige Freiheit zu gewähren, damit aus Mutterkindern mündige Männer und Frauen werden. So betont die Kirche in Dokumenten immer wieder die Autonomie der Wissenschaften und die Würde des Menschen, aber praktisch kommt sie nicht über die Anmaßung ihrer veralteten Haltung hinweg. Wie sich Jesus selbst unbelehrbaren Menschen gegenüber verhielt, ist mehrfach bezeugt: „Er ließ sie stehen und ging hinweg." Die Basiskirche geht ihren Weg, und vielleicht kommt – in schmerzlichen Geburtswehen – eine neue Kirche zustande, wie es im 14. Kapitel weiter ausgeführt werden soll.

## 4. Kapitel
## Ihr werdet euch als Volk Gottes ernst nehmen: Die Laien in der Kirche

Wir haben im zweiten Kapitel mit Bewunderung gesehen, wie es mit der Kirche anfing. Jetzt werden wir mit Spannung verfolgen, wie es mit ihr weiterging.

Aus der Heiligen Schrift geht klar hervor, was Gott, was

Jesus mit der Kirche vorhatten. Sie schrieben ihr zwei konstitutive Elemente in die Grundverfassung, die bei jeglicher Entwicklung bewahrt werden müßten: den Einheitsgedanken (koionia, communio) und den Dienstcharakter (diakonia, servitium).

Jesus kann, nach dem Johannes-Evangelium, nicht genug die innerkirchliche und weltweite Einheit betonen. Vor allem seine Jüngerinnen und Jünger, aber auch die Menschen, die noch nicht zu seiner Herde gehören, sollen eins sein, umfangen vom Liebesbund zwischen Vater, Sohn und allen Menschen, darum ohne Unterschiede jeglicher gesellschaftlicher Schichten. Paulus schrieb seine Briefe „an die Kirche . . . an die Gemeinde . . . an die Auserwählten, Geliebten, Heiligen“ und versichert ihnen, daß alle ihre entsprechenden Gnadengaben haben, die Lehre zu verkünden, prophetisch zu reden, die Geister zu unterscheiden, die Kranken zu heilen, die Gemeinde zu leiten, und daß alle diese Gaben vom selben Geist kommen (1 Kor 12,4–11). Petrus übertrifft sich fast, wenn er den Christen ihre Größe und Würde bewußt machen will: „Ihr seid ein auserwähltes Geschlecht, eine königliche Priesterschaft, ein heiliger Stamm, ein Volk, das sein besonderes Eigentum wurde, damit ihr die großen Taten dessen verkündet, der euch aus der Finsternis in sein wunderbares Licht berufen hat. Einst wart ihr nicht sein Volk, jetzt aber seid ihr Gottes Volk . . .“ (1 Petr 2,9f.)

Dieser hohen Stellung vor Gott entsprach auch das Gewicht aller Getauften in der Gemeinde. Es ist lehrreich, etwas das Modell der ersten Christengemeinde von Jerusalem zu betrachten, die gewiß authentisch die Absichten Jesu interpretierte. Im Zusammenhang mit dem wichtigsten Ereignis der alten Kirchengeschichte, dem Apostelkonzil, wo man mutig den Sprung vom mosaischen Gesetz zur Freiheit der Kinder Gottes machte, heißt es in Apostelgeschichte 15 dreimal: „Die Apostel und die Ältesten traten zusammen, um die Frage zu prüfen . . .“ Aber zwei weitere Male: „Da beschlossen die Apostel und die Ältesten zusammen mit der ganzen Gemeinde . . .“ Und das Ergebnis wurde so angekündigt: „Der Heilige Geist und wir haben beschlossen ..." Das war also geschwisterlicher Führungsstil jener Kirche, wie es dem Geiste Jesu und der Gemeinschaft der Christen entsprach. Aber dann trat später eine Unterscheidung (Diskriminierung!) und Spaltung in zwei Klassen, in Kleriker und Laien ein, die als nicht weniger verhängnisvoll bezeichnet werden muß als eine Ehescheidung oder eine Kirchenspaltung, auch wenn alles unter dem Dach der einen Kirche blieb.

Der Dienstcharakter wurde von Jesus ebenso deutlich eingeschärft: „Die Könige herrschen über ihre Völker, und die Mächtigen lassen sich Wohltäter nennen. Bei euch aber soll es nicht so sein, sondern der Größte unter euch soll werden wie der Kleinste, und der Führende soll werden wie der Dienende ..." (Lk 22,25f.) Aber auch hier bahnte sich später eine Entwicklung nicht im Sinn des evangelischen Dienstes, sondern der menschlichen Dominanz an. Es wirkt bedrückend zu sehen, wie die Kirche die marianischen Dogmen so hoch hält, deren biblische Begründung man an den Haaren herbeiziehen muß, während die vielgepriesene „Tradition" – gegen die Bibel – die Haltungen der Einheit und des Dienstes entarten ließ.

Nach der konstantinischen Wende wurden also jene „Diener" (ministri) ein sozialer Stand mit Titeln, Territorien und Privilegien, wurden Fürstbischöfe, ließen sich Hochwürdigste Gnädige Herren, Exzellenzen und Eminenzen nennen, bauten in ihren Residenzen Thronsäle und Folterkammern – was erst und endlich zur Zeit der Säkularisierung gegen den Willen der Kirche, dank der „bösen Welt", ein Ende nahm.

Auch der Einheitsgedanke wurde verraten, indem man nun unterschied zwischen „Klerikern" – die mit dem „Anteil" am geistlichen Amt das bessere „Los" gezogen hatten – und „Laien", was im Judentum besagte, „weder Priester noch Levit", im hellenistischen Raum aber „das dumme Volk". Die ersteren, auch „Hierarchie" genannt, „Heilige Herrschaft", monopolisierten nun alle Ämter in der Kirche, identifizierten sich mit der Kirche, so daß die Laien entmachtet und entwürdigt wurden, sich nur noch mit Angst und Bangen um ihr ewiges Heil zu kümmern, aber sonst in der Kirche nichts zu sagen hatten. Es blieb ihnen die Aufgabe, wie man in den USA sagt, „to pray, to obey and to pay: zu beten, zu gehorchen und zu zahlen".

Als die Reformatoren diese Kirchenstrukturen mit gutem Grund unter Beschuß nahmen, wurde in der Gegenreformation das Amt umso mehr ins Zentrum gestellt und als Kennzeichen der katholischen Kirche apologetisch verteidigt. Das hielt an bis an die Schwelle des Zweiten Vatikanischen Konzils. Da aber erfolgte ein Beben der Erde wie am Ostermorgen und ein Brausen des Geistes wie an Pfingsten. Man kehrte zur ersten Liebe und zur ersten Schau zurück, erklärte in der Kirchenkonstitution die Kirche zuerst und vor allem als Volk Gottes und sprach erst hernach von der Hierarchie als im Dienst des Volkes Gottes stehend. Im Dekret über das Laienapostolat wurde allen Gläubigen die Teilnahme an Christi priesterlichem, prophetischem, königlichem Amt zugesichert und betont, daß sie nicht bloß der verlängerte Arm der Hierarchie seien, sondern Recht und Pflicht zum Apostolat kraft ihrer Vereinigung mit Christus besäßen und daß das neue Bewußtsein der Laien für ihre eigentümliche Verantwortung in der Kirche „dem unverkennbaren Wirken des Heiligen Geistes" zu verdanken sei (Apostolicam actuositatem Nr. 1).

Also für die 99,9 Prozent, welche die Laien in der Kirche ausmachen, schien eine neue Zeit angebrochen zu sein. Sie wurden wieder mehr ins Leben der Kirche miteinbezogen. Es folgte die Epoche des Räte-Katholizismus: Pfarrgemeinderäte wurden gewählt zur Prüfung der fälligen Fragen, Pastoralräte tagten auf diözesaner Ebene, Landessynoden wurden einberufen, wo Laien zusammen mit Priestern und Bischöfen im gleichen Heiligen Geist um das Heutig-Werden der Kirche rangen: eine euphorische Zeit, ein Aufbruch von guten Ideen, eine Bereitschaft der Laien, sich selber als Kirche ernst zu nehmen.

Aber wie die Höhe der ersten Zeit sich nicht halten konnte, so auch nicht der Schwung der Konzilseuphorie.

Allzubald mußten die Laien merken, daß den demokratischen Strukturen, die das Konzil nahegelegt hatte, durch die nachträglichen juridischen Verfügungen der Wind aus den Segeln genommen wurde, daß die zahlenmäßig schwache Kirchenspitze sich bedeutungsmäßig wieder stark machte und mit Sperberaugen darüber wachte, daß ja kein „Parallelklerus" entstehe und die Laien Laien bleiben, die also im Grunde doch nichts zu bedeuten haben. Die Reaktion blieb nicht aus: Leiden an der Kirche, Resignation, und als letzte Phase: „Ich leide nicht mehr, mir ist alles schnuppe geworden." R. Zerfaß: „Wie viele Pfarrgemeinderäte haben schon nach einer Wahlperiode das Handtuch geworfen? Und wen wundert es, daß die Gremien, die einmal als Orte der Animation und der Rückkoppelung von Basisinitiativen begonnen hatten, zu Einrichtungen verkommen sind, in denen vor allem aufgepaßt wird, daß nichts passiert? Gemeinden können nicht zu einem Ort der Hoffnung werden, solange nur ‚Mitsorge' und ‚Mitdenken' erlaubt sind – delikate, verräterische Wortbildungen aus dem kirchlichen Führungsjargon."

Ich gebe mir alle Mühe, in Briefen, Vorträgen, Artikeln die weitverbreitete Resignation zu bekämpfen und zu sagen: Resignation in der Kirche ist zwar, menschlich gesprochen, begreiflich, aber darf trotzdem nicht um sich greifen. Schon die Wortbedeutung macht das klar. Es kommt vom lateinischen „signum, signa", die Zeichen, auch die Standarten, welche die römischen Legionen durch das Reich trugen. Resignation würde also heißen: die Standarte, das Banner, zurückgeben, dem Feind überlassen, also zu gut deutsch: Fahnenflucht. Das aber darf nicht geschehen, weder im Staat noch in der Kirche. Zudem: Wer der Resignation in der Kirche verfällt, dem fehlt die nötige Dosis Mystik, der Glaube an den auferstandenen Herrn, der den Tod überwunden hat und alle todesähnlichen Situationen überwinden kann, an den Heiligen Geist, der uns immer neu mit seinen schöpferischen Lösungen überraschen kann. Freilich, das ist leichter gesagt als geglaubt, denn die ganze menschliche Evidenz spricht mit allen Tönen dagegen.

Die Bischofssynode 1987 über die Laien in der Kirche schien die Chance zu bringen, die Apathie und Müdigkeit der Laien zu überwinden. Viele Gruppen und Organisationen hatten sich zum voraus noch einmal aufgerafft und ihre Überlegungen und Erwartungen nach Rom gemeldet. Die Synode selber, so bestätigten die Teilnehmer, war ein schönes Erlebnis der Weltkirche. Die 232 Bischöfe und die 60 Laien, 32 Männer und 28 Frauen (noch schöner wäre es gewesen, gerade 30 : 30 zu sein!), äußerten freimütig ihre Einsichten und Empfehlungen: Vieles ließ aufhorchen und neu hoffen. Aber am Schluß schaute enttäuschend wenig heraus. Man konnte natürlich die reichhaltigen Aussagen des Konzils nur verkürzt wiedergeben, vor allem aber hat man 22 Jahre danach kaum etwas Neues zutage gefördert. Die „Botschaft an das Volk Gottes" begann richtig mit dem Gedanken der kirchlichen Communio und bestätigte Art. 1 der Menschenrechtserklärung über die gleiche Würde aller Menschen ohne jegliche Unterschiede auch für die Kirche, nämlich daß alle Christgläubigen ihre gleiche Würde zusammen mit den Priestern und Ordensleuten besitzen. Aber schon 20 Zeilen später steht als Überraschung und Widerspruch: Es gibt gewisse Gläubige, die das Sakrament der Weihe empfingen, „das eine besondere Würde verleiht"! Wie man erfahren konnte, hat ein Kurienkardinal die Redaktionskommission im letzten Augenblick unter Druck gesetzt, diesen Zusatz noch einzufügen. Er hielt es also, offenbar zusammen mit anderen Amtskollegen, unter seiner „besonderen Würde", einfach unters Volk Gottes eingestuft zu werden. In der deutschen Textausgabe wollte man den eklatanten Widerspruch etwas ausglätten und gab „besondere Würde" wieder mit „besonderen Stand". Aber das ist ebenso unglücklich. Es erinnert an die mittelalterliche Ständeordnung, Klerus, Adel, Mittelstand, Bauern, Leibeigene, Sklaven. Der richtige Ausdruck wäre gewesen: „ein besonderer Dienst", aber das hätte der Absicht des Kardinals nicht mehr entsprochen.

Die 54 recht ausführlichen Vorschläge, die man am Schluß formulierte, über die man abstimmte und die man zuhanden des päpstlichen Lehrschreibens hinterließ, kamen kaum über bloße Selbstverständlichkeiten und Appelle heraus. Sie wirken weithin wie „ein dürres Gerippe". Die einzelnen Abschnitte hielten nur den Minimalkonsens fest, „der die wirklichen Probleme und Spannungen eher verbirgt als ehrlich sichtbar werden läßt".[14] Wir werden bald im Zusammenhang mit dem Thema „Frau in der Kirche" sehen, wie sich dieses magere Ergebnis erklärt.

Man hätte eigentlich – durch bisherige Erfahrungen gewitzigt – von der Synode gar nicht mehr erwarten sollen. Denn abgesehen davon, daß sie von ihrer Verfassung her nur beratenden Charakter hat (man darf also mitreden, aber nicht mitbeschließen: eine der vorbeugenden juridischen Verfügungen, die der römischen Kurie alle Entscheidungen vorbehält!), sind wichtige konkrete Fragen ja schon zum voraus von Rom fixiert und urgiert worden, z. B. daß in den Pfarrgemeinderäten nur der Pfarrer Vorsitzender (Präsident) sein darf, daß das Thema „Priestertum der Frau" auf der Synode überhaupt nicht besprochen werden darf, daß die Laientheologen während der Eucharistiefeier nicht mehr predigen dürfen.

Zum letzteren: Man mag darüber theologisieren wie man will, aber pastoral gesehen ist das Verbot eine starke Zumutung und Belastung. Da soll also in den vielen Einmannpfarreien der Pfarrer jahraus, jahrein jeden Sonntag predigen und soll das arme Kirchenvolk jeden Sonntag den gleichen, womöglich nicht hinreißenden Prediger hören: kein besseres Mittel, um den Leuten den Gottesdienst zu verleiden. Da können nun die armen Pastoralassistenten als Kompromiß, „sofern kein Priester oder Diakon zur Verfügung steht", vor der eigentlichen Liturgie eine Ansprache halten und die Texte erklären, die erst nachher gelesen werden, nur damit dem Gesetz und der herausragenden Würde des Priesters Gerechtigkeit widerfahre! Man merkte es den Verlautbarungen der deutschen Bischöfe von 1987/88 an, wie ungern sie es taten. Man hatte in Rom wiederholt gebeten, die bisherige gute Erfahrung beibehalten zu dürfen. Man bekam nur schroffe „Nein". So mußten sie es widerwillig promulgieren.

Also: Nicht nur arme Laien, sondern auch arme Bischöfe! Man hätte es der Deutschen Bischofskonferenz, die in Rom theologisch und finanziell Gewicht hat, freilich zumuten sollen, daß sie nicht anfrage, mit dem Risiko des „Nein", sondern daß sie mitgeteilt hätte, im Blick auf die pastorale Notlage könne man diese Verfügung nicht einhalten. Wenn Bischofskonferenzen nicht anfangen, so mit Rom zu verhandeln, kommt man immer mehr unter das Joch des römischen Zentralismus und Juridismus.

Schon wiederholt sind bei den Bischofssynoden, vor allem bei jener vom Herbst 1985, Klagen laut geworden gegen diese zentralistische Haltung der vatikanischen Kurie, auch gegen die Schwerfälligkeit und Ineffizienz der Arbeitsweise der Synode selbst, gegen die vielfältigen Weisen der Manipulation durch das Synodensekretariat, gegen die unfreundliche Behandlung der Jounalisten.

Aber es hat keine Wirkung. Man läßt reden, aber geht darüber hinweg. Die Bischofssynode, die unter Paul VI. so hoffnungsvoll begonnen hatte, ist zu einer frustrierenden Routine geworden. Rom wünscht gar keine starke Synode, um die eigene Machtposition nicht antasten zu lassen, wie auch gegenwärtig die Bedeutung der Bischofskonferenzen theologisch heruntergespielt wird. Gegen die römische Abwehrhaltung, das Status-quo-Denken, die ein für allemal fixierten Verfügungen des Kirchenrechtes kommen auch alle Bischöfe nicht mehr auf. Jedes Landesparlament ändert laufend die Gesetze, um dem Volk besser zu dienen. Das „Ewige Rom" macht da eine unrühmliche Ausnahme.

Trotzdem soll man den Kopf nicht hängen lassen. Die Bischofssynode über die Laien hat weltweit eine vermehrte Bewußtseinsbildung ausgelöst, die nicht ohne Wirkung bleiben wird. Ein nicht geringer Teil von enttäuschten Laien wird zwar der Kirche den Rücken kehren, aber die Mehrzahl und die besten bleiben, gehen ihren Weg, lassen sich nicht mehr „bändigen", werden im gegebenen Fall zur Notwehr greifen und die allgemeinen, unverbindlichen Erklärungen in konkrete Konsequenzen ummünzen. Das ist nicht bloß Zukunftsmusik!

Vor allem in den Ländern der Dritten Welt kann man das bereits als Konzilsauswirkung feststellen. Man soll zwar die jungen Kirchen in Lateinamerika, Afrika, Asien keineswegs idealisieren. Man könnte auch ein Klagelied singen über die politische, wirtschaftliche und auch kirchliche Not. Trotzdem steht fest, daß dort das Konzil mehr eingeschlagen hat als bei uns. Fast möchte man sagen: Die westliche Kirche, unsere Bischöfe und Theologen, haben die Konzilstexte verfaßt, jene jungen Kirchen machen uns vor, wie man sie lebt. Es ist z. B. dort seither eine erfreuliche Aktivierung der Laien zustande gekommen. So versuchte die lateinamerikanische Bischofskonferenz von Medellin (1968) das Konzil konkret auf diesen Kontinenten anzuwenden und gab – neben der Option für die Armen – auch den Impuls zur Gründung kirchlicher Basisgemeinschaften.

Beide Losungen sind nicht schöne Worte geblieben, sondern haben jene Kirchen von Grund auf verändert. Nun versammeln sich, natürlich nicht überall im gleichen Maß und lange nicht das ganze Volk, in Tausenden von Basisgemeinschaften die Laien, um eine Analyse ihrer Lebenssituation zu machen, im Beten und Singen und Lesen der Heiligen Schrift Licht und Kraft, Freude und Mut zu bekommen, und dann ihr Alltagsleben in kleinen Schritten zu verändern. Vorher „geschah" dort Seelsorge von oben, als Monopol des Priesters, der alle Jahre etwa zweimal – wie ein Meteor – erschien, Taufen spendete, Beichten hörte, Messe feierte, wieder wie der Meteor verschwand – und weitere sechs Monate gab es hier keine Kirche mehr. Jetzt läuft dort „Seelsorge von unten", in Eigenregie der Laien, die während des ganzen Jahres Kirche sind und sich gegenseitig zum Leben nach dem Evangelium anspornen. Man hat das schon eine „kopernikanische Revolution" genannt.

Auf ähnliche Weise sind in Asien und vor allem in Afrika die Außengemeinden verselbständigt und aktiviert worden. Sie feiern priesterlosen Gottesdienst, laden ihre nichtchristlichen Verwandten und Freunde dazu ein, die kommen, Freude haben, sich als Katechumenen einschreiben lassen und nach zwei Jahren getauft werden. Fast möchte man sagen, der Priestermangel habe sich hier als „Glück" erwiesen, um das Volk Gottes zur Mündigkeit heranwachsen zu lassen. Vorher funktionierte das Apostolat durch Hauptamtliche des hierarchisch-monarchischen Systems Bischof–Priester–Katechisten. Jetzt ist man zum urchristlichen Modell der lebendigen Gemeinde zurückgekehrt.

Schon vor 30 Jahren hat P. Beyerhaus am Beispiel einiger junger Kirchen in Asien nachgewiesen, daß sie durch Verfolgung und nach Ausweisung ihrer Missionare erst zum vollen Selbstbewußtsein kamen und viel mehr erstarkten.[15] Ein neues Beispiel dieser Art liefert uns Guinea, wo der damalige Präsident Sékou Touré 1967 der Kirche einen Schlag versetzen wollte und beide Bischöfe und alle europäischen Missionare des Landes verwies. Es blieben acht guinesische Priester bei den 50.000 Katholiken zurück und Erzbischof R. Tschidimbo, der später übrigens auch ausgewiesen wurde. Als erste Reaktion ein totaler Kollaps der Gemeinden! Dann aber erwachte ein neues Kirchenbewußtsein: Wir sind Kirche! Man organisierte Pfarreigruppen, und aus passiven Konsumchristen wurden aktive Missionschristen. Damals machten die Katholiken ein Prozent der Bevölkerung aus, heute sechs Prozent. Der neue Präsident, ein Muslim mit einer katholischen Frau, läßt wieder Missionare zu. Aber die Pfarreiteams wollen nicht ins alte System zurückfallen und ihre Verantwortung nicht wieder preisgeben.

Freilich, diese aktiven Gemeinden können noch nicht die endgültige Lösung darstellen. Wenn schon die „Teilnahme am eucharistischen Opfer Quelle und Höhepunkt des ganzen christlichen Lebens ist" (Lumen gentium Nr. 11), sollte man ihnen nicht durch ein starres Kirchengesetz den Zugang dazu verwehren. Sie verfügen über gute und geschulte Gemeindeleiter, die oft eine theologisch-pastorale Ausbildung durch mehrere Jahre erhalten haben. Sie „könnten" sehr leicht auch noch die Eucharistie feiern, aber sie „dürfen" es nicht, weil sie verheiratet sind. Da verabsolutiert man einen bestimmten Priestertyp – Mann, zölibatär, 5–6 Jahre Hochschulstudium –, während doch der absolute Wert die Gemeinde und ihr göttliches Recht auf die Eucharistie sein müßte. Bischöfe von Lateinamerika kommen immer wieder auf dieses Anliegen zurück. Auch 99 Bischöfe aus Asien haben für die Bischofssynode 1987 eine Eingabe gemacht, darüber zu sprechen: Das Thema wurde nicht in die Traktandenliste aufgenommen.

In solchen Basisgruppen, auch bei uns, ist es einem wohl. Da trifft man tätigen Glauben und Gemeinschaft, Kirche in der Freiheit der Kinder Gottes, wie man sie haben möchte. Kürzlich schrieb mir jemand aus der Schweiz: „Veränderungen und Neuerungen kommen von unten, und ich bin froh, an der Basis leben und arbeiten zu können." Bei allen Vorbehalten kann man solche Basisgemeinschaften, seien sie nun Ableger der bekannten internationalen Bewegungen oder auf Pfarreiebene entstandene Spontangruppen[16], Ort der aktiven Kirche nennen. Hier finden sich erneuerungswillige Christen, die neben der schwerfälligen Großkirche eine Kirche bilden, wie sie ihren Wünschen und Träumen entspricht, von der auch Impulse, notfalls auch Proteste in die Großkirche eingehen.

Wirksamer als Proteste und Postulate sind Modelle. Ich habe einen Laien, Meinrad Hengartner, Familienvater von vier Kindern, sehr gut gekannt, der 1984 an Krebs gestorben ist, lange Zeit Obmann der katholischen männlichen Jugendverbände, glänzender Organisator des Missionsjahres der Schweizer Katholiken 1960/61, Gründer und Direktor des Fastenopfers der Schweizer Katholiken, Mitinitiant vieler anderer kirchlicher Institutionen. Er scheint uns zu sagen: Nicht jammern, sondern handeln! Nicht diskutieren, was der Laie in der Kiche sein sollte, sondern vordemonstrieren, was er ist! Ich wage zu behaupten, Meinrad Hengartner habe in den letzten drei Jahrzehnten der Kirche in der Schweiz mehr pastorale Impulse gegeben als alle Bischöfe zusammen. Eine solche Aussage verstößt nicht gegen die Ehrerbietung vor den Bischöfen. Denn diese haben durchaus nicht die Aufgabe, alles selber zu erdenken, zu beschließen und von oben auf die Gläubigen herunterfallen zu lassen. Sie besitzen vielmehr das Charisma und die Funktion der Einheit in der Kirche. Sie sollen nicht selbst mit gewagten Ideen und

Initiativen vorprellen, wohl aber ein Klima schaffen, in dem solche Ideen wachsen und reifen können. Sie sollen sich am frühlingshaften Blühen im Volke Gottes freuen, es ermutigen, darüber wachen und dann zur rechten Zeit das richtige Wort dazu sagen, eine formelle Approbation erteilen oder im Notfall einer falschen Entwicklung den Riegel vorschieben. Im vorliegenden Fall gelang dieses Zusammenspiel zwischen Laien und Hierarchie auf vorbildliche Weise.

Wenn es schon den Laien-Männern in der Kleriker-Kirche allzuoft nicht wohl sein kann, so müssen sich die Laien-Frauen in der Männer-Kirche erst recht diskriminiert vorkommen. Sie mußten sich das in den patriarchalischen Kulturen von alter Zeit her gefallen lassen, mehr Gehilfin als Partnerin des Mannes zu sein, mehr – ihm unterstellt – zur Verfügung zu stehen als gemeinsam und gleichberechtigt den Weg zu gehen. Das „starke Geschlecht" konnte sich alles leisten. Das „schwache Geschlecht" hatte sich anzustrengen, aber nicht zu reklamieren.

Leider färbte diese Minderbewertung der Frau auch auf die Kirche ab, wo die Pfarrgemeinde nur mit „Brüder" angesprochen wurde (obwohl das griechische Wort „adelphoi" in den Paulusbriefen nicht bloß Brüder heißt, sondern auch Geschwister, also Brüder und Schwestern) und wo die Frau in der Hierarchie weder Sitz noch Stimme hat. Jemand schrieb mir von der „trostlosen Kirche, wo Frauen nur zum Putzen, Kaffeekochen und Schmücken mit Blumen gebraucht werden". Ein anderer bemerkte bissig, aber berechtigt: „Frauen dominieren in der Kirche überall dort, wo sie nichts zu sagen, nichts mitzubestimmen, nichts zu entscheiden haben. Wo Macht ausgeübt wird, da fehlen sie. Die Herren denken, die Frauen beten."[17]

Ich will hier nicht wiederholen, was man inzwischen in vielen Büchern nachlesen kann[18], wie Jesus eigene Wege ging und entgegen den Gewohnheiten seiner Zeit mit Frauen sehr freundschaftlichen Umgang pflegte und ausgerechnet Frauen zu den ersten Zeugen und Verkündern seiner Auferstehung machte; wie Paulus alle trennenden Schranken niederriß und erklärte: „Es gibt nicht mehr Juden und

Griechen, nicht Sklaven und Freie, nicht Mann und Frau; denn ihr alle seid ‚einer' in Christus Jesus" (Gal 3,28); wie dann Papst Johannes XXIII. in der Enzyklika „Pacem in terris" erstmals offiziell als Kirche für die Frauen eine Lanze brach und die neue Bemühung um die Gleichberechtigung zu den Zeichen der Zeit, Ausdruck des Willens Gottes, zählte; wie das letzte Konzil in mehreren Zusammenhängen in der gleichen Richtung sprach; wie der gegenwärtige Papst diese Forderungen wiederholt, freilich in erster Linie für die Gesellschaft. Bei seinem Besuch in Australien 1986 z. B. rief er öffentlich die Regierung auf, für die Gleichberechtigung der Frauen besorgt zu sein.

Ich möchte jetzt ergänzend berichten, wie mir persönlich die Frage begegnete. Seit 1976 war ich wiederholt in den USA für Vorträge und Seminare, meistens eingeladen von CARA, dem Nationalen Zentrum für pastorale Forschung. In diesem Haus bestand damals schon ein eigenes Büro für die Frage „Frau in der Kirche". In den Seminaren merkte ich dann bald, wie sich da Ordensfrauen, alle in Zivilkleidern, elegant und gewandt, engagiert und passioniert einsetzten für eine zeitgemäße Kirche und die gebührende Stellung der Frau in ihr. Ich traf auch einmal Sr. Theresa Cane, die damals als Präsidentin der Vereinigung der Höheren Oberinnen den Papst bei seinem ersten Besuch im Land öffentlich die Frage gestellt hatte, warum die Frauen nicht zum Priestertum zugelassen würden. Der Befragte gab seine klassische Antwort: „Weil beim Abendmahl keine Frau zugegen war." Unbefriedigt schrieb Sr. Cane nachher dem Papst, sie möchte die Frage gelegentlich mit ihm noch etwas näher besprechen, und bat um eine Audienz. Antwort: Sie solle das mit der Kongregation für die Ordensleute tun. Wohl wissend, daß sie hier nur die bekannte vorfabrizierte Antwort erhalte, bat sie erneut um eine Audienz. Keine Antwort mehr.

In Europa fiel mir erst seit vier, fünf Jahren auf, wie das Thema plötzlich aktuell, akut wurde. Praktisch bei jedem Vortrag wird mir nun in der Diskussion die Frage gestellt, was ich von der Frau in der Kirche halte. Frauen wenden sich an mich als Advokaten, z. B. Margrit Schöbi (Lehrerin,

St. Gallen), die seit 1980 wiederholt an ihren Bischof und die Schweizerische Bischofskonferenz nicht mehr bloß Fragen, sondern Forderungen stellte und mir die ganze Dokumentation zusandte. Ich lese darin u. a. die Aussage einer Mutter: „Wir hoffen, daß das, was wir unter Kirche verstehen, genügend von uns und einem ‚aggiornamento' geprägt sein wird, daß wir uns im Jahre 2000 vor unserer dann 26jährigen Tochter nicht genieren müssen, sie in diese Kirche hineingetauft zu haben."

Nach einem Vortrags-Wochenende in Wien ließ mir Frau Elisabeth Carlsson keine Ruhe mehr und bedrängte mich in mehreren Briefen, ich müsse mein nächstes Buch über die Frau in der Kirche schreiben. Ich empfahl ihr, das selber zu tun. Ihre Antwort: „Sicher, ich könnte ein solches Buch schreiben – aber es wäre eines von vielen, wenig gelesen, ohne Echo. Sie, lieber P. Bühlmann, aber sind bekannt, . . . Deshalb meine Bitte an Sie . . ."

Eine andere Frau, Irma Büchler (Luzern), faßte hingegen den Mut, selbst ein entsprechendes Buch zu schreiben – mit dem rebellischen Titel: „Ich empöre mich, Herr Bischof! Erfahrungen einer Frau mit der Kirche" (Bern 1987). Sie berichtet darin u. a., wie sie in einem neunseitigen Brief ihre und vieler Frauen Sorgen und Erwartungen dem Präsidenten der Schweizerischen Bischofskonferenz unterbreitete und in einer 18zeiligen Antwort vertröstet wurde: „Ihre Fragen und Anliegen sind so weitreichend, daß sie den Rahmen einer Diözese, ja, der Kirche eines ganzen Landes übersteigen, und darum erfordert deren Studium auch sehr viel Zeit . . ." Enttäuscht dachte Frau Büchler daran, aus der Kirche auszutreten. Da las sie mein Buch „Von der Kirche träumen" und bekennt nun: „Das ist ein echter Aufhänger für mich, solche Menschen machen mir Mut . . . So bleibe ich denn in dieser Kirche, um mich als eines ihrer Mitglieder zu Wort zu melden. Mein Entscheid zu bleiben gründet sich auch auf der festen Hoffnung, daß die Frauen den großen Durchbruch schaffen werden und auch müssen. An jenem Tag aber möchte ich mich an ihre Seite stellen, erneut mit ihnen unterwegs sein."

Ein mir bekannter Laientheologe, Ch. Heldner-Blättler, lieferte 1987 an der Theologischen Fakultät Luzern die Diplomarbeit ab mit dem Titel: „Der Papst und das Konzil." Er untersucht darin die Themen Ökumene, Ortskirchen, Laien, Frau in der Kirche, in den Ansprachen, die Papst Johannes Paul II. auf seiner Schweiz-Reise (1984) gehalten hatte, und vergleicht sie mit den entsprechenden Aussagen des Konzils. Zum Thema „Frau" gab der Papst, von einer Frau herausgefordert, zu: „Wir haben uns darum ernsthaft zu fragen, ob die Frau heute in Kirche und Gesellschaft bereits jenen ihr vom Schöpfer und Erlöser zugedachten Platz einnimmt und ihre Würde und Rechte in gebührender Weise anerkannt werden . . ." Aber er thematisiert dann das Thema hier und auf der ganzen Reise nicht weiter. Ch. Heldner folgert also: „Insofern muß man feststellen, daß das Konzil dem Problem der Gleichberechtigung der Frau größere Beachtung geschenkt hat als der Papst in seinen Ansprachen in der Schweiz . . . Dieses Thema zum Nicht-Thema zu machen, ist bereits Ausdruck genug . . . Kaum ein innerkirchliches Thema ist in den Jahren nach dem Konzil so wichtig geworden wie dieses . . . Die männliche Kirche, die Johannes Paul II. vertritt, ist männlich und bleibt männlich. Weiblich dürfen darin nur Maria, einige Heilige und Ordensfrauen sein. Alle anderen Frauen sind zwar als Gläubige herzlich willkommen, jedoch ihrer Natur wegen zum kirchlichen Dienst, außer in ihnen entsprechenden Aufgaben, nicht zugelassen."

Über das Wochenende 7./8. November 1987 hatte ich im Bildungszentrum Schwarzenberg über die Frau in der Kirche in weltkirchlicher Sicht zu reden. Als Koreferentin wirkte Frau Anne-Marie Höchli-Zen Ruffinen, Dr. theol. h. c., durch zwölf Jahre Präsidentin des Schweizerischen Katholischen Frauenbundes. Sie vermittelte mir viele Reflexionen und Informationen, und die ganze Stimmung jener Frauengruppe ermunterte mich, diese Anliegen noch vermehrt voranzutreiben.

Natürlich höre ich auch andere Töne. Da schrieb mir eine Frau als Reaktion auf ein Rundfunkinterview, in dem ich nebenbei die Frauenfrage berührte: „Was die Frau betrifft: Eva war die Zweitgeschaffene im Paradies. Unser Herr hat keine Frauen berufen zum Apostelamt. Die Frauen, auch die modernen Frauen, hätten ein großes Arbeitsfeld in der Kirche, ohne daß sie gleich den Chor erstürmen müssen oder gar zu Priesterinnen geweiht werden müssen. Gott bewahre uns davor! Ich bin eine Frau von 80 Jahren und weiß um das Wesen, den Charakter, die Ambitionen der Frauen. Ich habe Lebenserfahrung oder doch eine gewisse Übersicht. Was heute fehlt, ist der Gehorsam, diese ganz große Tugend. Gehorsam ist der sicherste Weg zur Demut. Daran fehlt es den Frauen gar oft . . ." Da muß sich die Kirche freilich entscheiden, welcher Art von Frauen sie mehr Gehör schenken will!

Nach dieser in Crescendo anschwellenden Vorgeschichte setzte man natürlich alle Hoffnung auf die Bischofssynode 1987. Wie die Laien allgemein, haben vor allem auch Frauengruppen und -verbände vieler Länder Eingaben gemacht. In Brüssel hatte ein interkontinentales Kolloquium führender Frauen stattgefunden, das seine Visionen und Empfehlungen nach Rom sandte. Aber auch hier waren die strittigen Fragen bereits zum voraus und ein für allemal entschieden.

Unter Papst Paul VI. hatte die Glaubenskongregation Ende 1976 ein Dokument, „Inter insigniores", veröffentlicht, „Erklärungen zur Frage der Zulassung der Frau zum Priesteramt", worin das traditionelle „Nein" der katholischen (und der orthodoxen) Kirche zur Frauenordination bekräftigt wird. Es gipfelt in dem Satz, daß „die Kirche sich aus Treue zu ihrem Herrn nicht dazu berechtigt hält, Frauen zur Priesterweihe zuzulassen". In der Vorbereitung dazu hatte man auch die Fachleute der Päpstlichen Bibelkommission eingeschaltet, um die Frage vom Standpunkt der Heiligen Schrift her zu prüfen. Sie verabschiedeten mit 12 : 5 Stimmen die These, die Kirche könne das Priestertum Frauen anvertrauen, ohne gegen die Intentionen Jesu zu verstoßen. Aber einmal mehr ließ sich die Glaubenskongregation von ihrem Dogmatismus nicht abbringen und konstruierte ihre eigenen Argumente, die zum gegenteiligen Schluß führten – dem freilich Dogmatiker (Karl Rahner, Peter Hünermann) geringe dogmatische Verbindlichkeit zumaßen. Aber für Rom bleibt die Frage entschieden, und zwar so sehr, daß es laut dem Kirchenrecht nicht nur um die Erlaubtheit, sondern um die Gültigkeit der Weihe geht: „Die heilige Weihe empfängt gültig nur ein getaufter Mann" (Can. 1024), wobei man freilich fragen könnte, ob der Akzent auf „getauft" oder auf „Mann" stehe. Doch das ändert an Roms praktischem Standpunkt nichts.

Die aufgeweckteren Frauen aber nehmen die bekannten Argumente, Jesus habe das nicht getan und darum auch nicht gewollt (dabei stellte sich im patriarchalischen Judentum von damals die Frage von Priesterinnen einfach nicht), Jesus sei ein Mann gewesen und der Priester müsse ihn auch in dieser Eigenschaft vertreten, nicht mehr ab. Sie stehen dazu, daß sie sich physiologisch-biologisch vom Mann unterscheiden – eine wunderbare Einrichtung des Schöpfers! –, aber daraus zu folgern, daß sie deshalb als Menschen dem Mann unterlegen und nicht zum Priestertum qualifiziert seien, grenze fast an die vielen abstrusen Dinge, welche die Kirche so lange über die Frau gelehrt hatte, von ihrer größeren Geneigtheit zur Sünde, über die Besudelung beim Zeugungsakt bis zum Hexenwahn. Es genügt dazu, einen Blick in das neue Buch von Uta Ranke-Heinemann zu werfen, um sich möglichst rasch und radikal von einer solchen Vergangenheit abzusetzen.[19]

Wird mit der Behauptung, Jesus habe das nicht gewollt, ihm nicht ein Gesetzesdenken unterschoben, das er genau nicht hatte? Er hat der Kirche nicht einen Codex von ehernen Gesetzen hinterlassen, sondern die Vollmacht, von Fall zu Fall selber „zu binden und zu lösen" und im Sinn seiner Botschaft und gemäß der Weisung des gesunden Menschenverstandes zu handeln, wie er selber es getan hat. Er nahm Brot und Wein als Zeichen seiner besonderen Gegenwart, weil das in Palästina einfach zu einem einfachen Imbiß gehörte. Aber ich kann es einfach nicht glauben, daß er damit verfügen wollte, die Wiederholung dürfe nur mit Brot und Rebenwein geschehen, auch dort, wo man diese Stoffe zu hohen Preisen importieren müsse und wo eben Palmwein und Reis oder Maniok die angezeigten Zeichen sein könnten und der liturgisch-symbolischen Bedeutung entsprechen würden, „die Frucht der Erde und der menschlichen Arbeit“ zu sein. Nichtsdestoweniger urgiert das neue Kirchenrecht diese Praxis des Mittelmeerraumes nachdrücklich für alle anderen Kontinente (Can. 924).

Wenn man aus allem Handeln Jesu Gesetze ableiten wollte, müßte man ja auch folgern, die Sklaverei müßte für alle Zeiten bestehen bleiben. Jesus habe nie dagegen geredet, und Paulus hat sogar einen davongelaufenen Sklaven zu seinem christlichen Herrn Philemon zurückgesandt.

Damals war eben die Frage der Abschaffung der Sklaverei noch nicht aktuell. Obwohl Papst Gregor XVI. um 1839 in der Bulle „In supremis“ die Sklaverei strikte verboten hatte, wiederholte das Heilige Offizium um 1866 – auf eine Anfrage aus Afrika – noch einmal den traditionellen Standpunkt. Die Antwort lautete: „Es ist nicht gegen das göttliche noch gegen das Naturgesetz, Sklaven zu verkaufen oder auszutauschen. So dürfen Christen das mit ruhigem Gewissen tun.“

Wäre nicht auch für die Frage „Frau in der Kirche“ die Zeit reif, um von der traditionellen Antwort abzugehen? Die Problematik spitzt sich in der Frage vom Priestertum der Frau zu, aber erschöpft sich nicht in ihr! Schon 1972 hatte Papst Paul VI. durch das päpstliche Dokument „Ministeria quaedam“ die „Niederen Weihen“ des Lektorates und Akolythates wiederbelebt, aber nur für „männliche Laien“, was ebenfalls im neuen Kirchenrecht verankert ist (Can. 230). Nur im Notfall, ausnahmsweise, dürfen alle Laien solche Dienste verrichten. Dieser „Notfall“ ist freilich in sehr vielen Kirchen zur Selbstverständlichkeit geworden. Aber das Bewußtsein, daß es eigentlich nicht sein sollte, wirkt für die Frauen demütigend.

Würde nun die Synode diese zwei Dokumente im Licht der Zeichen der Zeit revidieren und den Frauen in der Kirche endlich Gerechtigkeit widerfahren lassen? Es schien gut anzulaufen. In nicht weniger als 32 Interventionen wurde das Thema während der ersten zwei Wochen von Bischöfen und Laien angestochen. Bischöfe sprachen von einer Diskriminierung der Frauen in der Kirche und forderten als Sofortmaßnahmen 1. die Zulassung von Laien, Männern wie Frauen, zu allen Aufgaben, die nicht von der Weihe abhängen, also zu allen administrativen Ämtern in den diözesanen und römischen Kurien, zu den Entscheidungsgremien, auch zum Diplomatischen Corps; 2. die Reinigung der kirchlichen und liturgischen Sprache von sexistischen oder antifeministischen Akzenten; 3. die Prüfung der Wiedereinführung des Diakonates für Frauen, wie es in der früheren Kirche üblich war. Die Frage vom Priestertum der Frau war zum voraus durch „höhere Autorität" gestrichen worden.

Auch in der zweiten Phase der Synode schien es gut weiterzugehen. In den verschiedenen Sprachzirkeln wurden die vorher geäußerten Ideen vertieft und zu konkreten Empfehlungen für den Papst formuliert. Aber dann geriet, wie gewohnt, alles in die Maschinerie des Synodensekretariats, praktisch der römischen Kurie. Nun wurden in der dritten Phase nicht die Vorschläge dieser Sprachgruppen dem Plenum vorgelegt, sondern eine „vereinheitlichte Form", in der die meisten konkreten Vorschläge nicht mehr auftauchten. Alle Proteste der Bischöfe nützten nichts. Es hieß, es werde jetzt nicht über den Inhalt diskutiert, sondern nur abgestimmt.

Man begründete dieses Vorgehen damit, um einen größeren Konsens zu erhalten, denn bei konkreten Fragen spalte man sich leicht, und die Frauenfrage sei nur in Europa und Nordamerika aktuell, nicht aber in den anderen Kontinenten. Diese beiden Prinzipien führen sich selbst ad absurdum. Wenn die Frauenfrage in den drei südlichen Kontinenten noch nicht als brennend empfunden wird, weil dort andere, noch dringlichere Anliegen das Feld beherrschen, dann soll man Europa und Nordamerika wenigstens nicht hindern, für sich die Frage zu lösen. Sonst gleicht Rom einer Mutter mit fünf Kindern, von denen die zwei mit 18 und 20 Jahren größere Freiheit beanspruchen, aber die Mutter antwortet: „Die anderen Kinder brauchen das nicht, also braucht auch ihr es nicht." Mit dem Prinzip des größeren Konsenses aber kann man überhaupt alles torpedieren, denn es gibt immer und überall reaktionäre Gruppen, die alle Neuerungen ablehnen. Da soll man doch auch in der Kirche wie in jedem anständigen Verein nicht um einer Minderheit willen die Mehrheit übertölpeln.

Am Schluß der Synode stand in der „Botschaft an das Volk Gottes" die magere Nummer 9 über die Frau zu lesen, worin die gleiche Würde aller Getauften betont und dann sofort abgelenkt wird auf die Diskriminierung der Frauen „in vielen Ländern", und wie mit zufriedenem Lächeln über den Status quo begrüßt man „die zunehmende Anerkennung der den Frauen zustehenden Rechte, die ihr die Erfüllung ihrer Sendung in Kirche und Welt ermöglichen". In den 54 Empfehlungen an den Papst kommt man fast zuletzt, in Nummer 46 und 47, auf die Frau zu sprechen, und neben allgemeinen Erklärungen heißt es als einzige konkrete Sache: „Im Leben der Kirche sollen Frauen ohne Unterschied bei der Beschlußfassung und der Urteilsfindung beteiligt werden."

Die Synode war unter großem Erwartungsdruck gestanden. Die Frauenfrage hatte sich im allgemeinen Rahmen der Laienfrage immer mehr als Zentralfrage herauskristallisiert. Hier war es wirklich fällig, etwas Substantielles zu sagen. Aber die Chance wurde einmal mehr verpaßt. Die italienische Tageszeitung „Corriere della Sera" schrieb am Schlußtag, am 30. Oktober, als Schlagzeile auf der ersten Seite: „Il Sinodo cancella la donna – Die Synode läßt die Frau fallen." Man hat früher – weil man die Zeichen der Zeit nicht erkannte – die Arbeiter verloren, dann die Intellektuellen, dann die Jugend, jetzt die Frauen – und mit ihnen die Kinder! Die Gemeinde St. Michael in Schweinfurt schrieb während des zweiten Deutschland-Besuches des Papstes 1987 mehrere öffentliche Briefe an den „Lieben Bruder Johannes Paul". In einem behandelte man das Thema „Frau in der Kirche" und stellte die Frage: „Meint Ihr in Rom, daß das Problem Frau dann gelöst wäre, wenn die letzte davongelaufen ist?"

„Die letzte" wird natürlich nie davongelaufen sein. Denn neben den guten, braven Müttern, denen diese Fragen nicht auf den Nägeln brennen – die freilich zusehends weniger werden –, gibt es eine beträchtliche Schar von Frauen, die durch dick und dünn und konservativ-kämpfend für die Linie Roms einstehen. Ihre subjektive Überzeugung sei ihnen nicht vorgeworfen. Die Frage ist nur, ob die Kirche mit einer solchen Miliz weiterkommt oder nicht eher einer uninteressanten Sekte, einem Arsenal alter Waffen gleichkommt.

Die dritte Kategorie von Frauen, an der man seine helle Freude hat, sucht zu retten, was zu retten ist, den Druck auf die Zukunft hin zu vermehren und zu hoffen wider alle Hoffnung. So hat z. B. der Schweizerische Katholische Frauenbund am 11. Jänner 1988 folgenden Brief an den Papst verfaßt und ihn später – mit 11.500 Unterschriften – über die Apostolische Nuntiatur nach Rom gesandt: „. . . Die Stellung der Frau in der Kirche ist für uns, die wir die Kirche lieben, ein brennendes Thema. Wir freuen uns über die Fortschritte im gesellschaftlichen Bereich und empfinden es daher umso schmerzlicher, daß Frauen von der Kirchenleitung noch immer zu wenig ernst genommen werden. Das traditionelle Frauenbild, wie es in den Dokumenten der Synode auftaucht, ist realitätsfremd und einseitig. Es entspricht weder uns noch unseren Töchtern. Wir sind in tiefer Sorge, daß die jungen Frauen in der Kirche keine Heimat mehr finden und sich von ihr lösen. Gleichberechtigung darf nicht nur in Familie, Gesellschaft und Staat gelten; vielmehr noch sollte sie in unserer Kirche verankert sein, die sich doch stets für Gerechtigkeit einsetzt . . . Wir hoffen sehr, daß in der postsynodalen Botschaft die Bereitschaft zu einem Dialog aufscheinen wird, der auch Frauen miteinbezieht. Es geht letztlich um die Weitergabe des Glaubens, d. h. um die Zukunft der Kirche."

Die Antwort des Papstes auf diesen Brief und auf alle derartigen Erwartungen der Frauenwelt erfolgte durch sein Schreiben „Mulieris dignitatem" (Über die Würde der Frau) vom September 1988. Es erregte eigentlich kaum viel Aufsehen, weil es eben nichts Neues sagte. Die Würde der Frau wurde zwar deutlich herausgearbeitet, aber leider zog er keine praktischen Konsequenzen daraus, so daß der Kirchenredakteur der „Neuen Zürcher Zeitung“ in seinem Kommentar (1. Oktober 1988) den Gesamteindruck auf die Kurzformel brachte, der längere erste Teil stelle eine „Verherrlichung“ der Frau dar, der kurze zweite Teil, wegen der mangelnden Konsequenzen, eine „Verhöhnung“. Diese Art des Vorgehens fiel schon öfter an diesem Papst auf. Schon einen Monat nach seiner Wahl veröffentlichte er ein Schreiben über das Latein in der Kirche (27. November 1978). Als Phänomenologe machte er darin eine sehr realistische Analyse, Latein sei nicht mehr, was es war, der heutige junge Mensch wolle nicht mehr alte, sondern moderne Sprachen lernen. Aber wo es nun darum ging, aus der Bestandsaufnahme den Schluß zu ziehen, kehrte er als Traditionalist unvermittelt zum Ausgangspunkt zurück und entschied, Latein bleibe trotzdem die Kirchensprache, und die Jugend solle wieder mit Elan Latein studieren – und die ganze Analyse war für nichts. Das Gute an diesem Schreiben über die Frau ist, daß es nur in Form einer Meditation, als persönliche Überzeugung des Autors, aufgrund einer theologischen Hypothese, stark beeinflußt von Hans Urs von Balthasar, vorgetragen ist. Die Mehrheit der Frauen und der Theologen werden seine Argumentation kaum teilen. Natürlich konnte man nicht erwarten, daß plötzlich entschieden worden wäre, die Frauen könnten nun zur Priesterweihe zugelassen werden. Aber die Frage müßte wenigstens für gründlicheres Studium offen bleiben. Aber gerade das unterbindet der Papst apodiktisch. Die US-Bischöfe veröffentlichten 1988 ihren dritten großen Hirtenbrief – über die Frau in der Kirche. Sie lassen darin vorsichtig durchblikken, daß man bei „Inter insigniores“ von 1976 „nicht alle Argumente, die darin vorgebracht werden, überzeugend finde“, aber klammern dann die konkrete Frage nach dem Priestertum der Frau aus. Hatten sie dazu nichts zu sagen in jenem Land, wo die Frage höchst akut ist? Nein, es geschah ganz offensichtlich unter Druck Roms, weil der Papst ihnen bei den verschiedenen Kontakten eingeschärft hat, die Frage sei entschieden, darüber sei nicht mehr zu reden.

Die Frage spielt auch stark in die Ökumene hinein. Nicht nur die katholische Kirche, auch die orthodoxen Kirchen können und wollen unterdessen in diesem Punkt nicht nachgeben. So bestärken sie sich gegenseitig in dieser Haltung, während die meisten anderen Kirchen schon bei der Vollversammlung des Weltkirchenrates in Nairobi (1975) die Türen öffneten. Papst Paul VI. und Johannes Paul II. beschworen förmlich die anglikanische Kirche, von der alten Tradition nicht abzugehen, weil damit ein neues und schweres Hindernis auf den Weg der Ökumene gestellt würde. Das hinderte diese Kirche nicht daran, vor zehn Jahren die Frauen zum Priestertum zuzulassen und auf der weltweiten Lambeth-Konferenz (1988) mit 525 Bischöfen aus 164 Ländern mit 423 Ja, 28 Nein und 19 Enthaltungen auch die Zulassung zum Bischofsamt freizugeben. Inzwischen wurde in den USA bereits eine Frau zum Bischof geweiht. Man wird also nicht müde werden, auch in der katholischen Kirche durch vertieftes Studium und vermehrten Druck dahin zu wirken, daß man nicht nur die alten Traditionen bewahre, sondern die von Jesus erhaltene Vollmacht ausnütze, um den Zeitbedürfnissen und der gesunden Theologie entsprechend neue Traditionen zu schaffen.

Bis es soweit ist, wird man auf Lokalebene die Frauen ermutigen, nicht aufzugeben, sondern sich überall da für jene Aufgaben zur Verfügung zu stellen, die nicht an die Weihe gebunden sind, und das ist doch recht viel: Ministrantinnen, Lektorinnen, Kommunionspenderinnen, Religionslehrerinnen (Katechetinnen), Pastoralassistentinnen, in den verschiedenen Räten und Kommissionen. Die Katholische Schweizerische Bischofskonferenz ernannte 1988 eine Frauenkommission, die als Sprachrohr und zugleich Antenne funktionieren und studieren soll, was im Bereich des Möglichen geschehen solle.

Die Geschichte der Menschheit zeigt uns, daß der patriarchalischen (männerrechtlichen) Kultur so viel Brutales, von den alten Machtkämpfen und Kriegen bis zur heutigen Ausbeutung der Armen und Zerstörung der Schöpfung, zuzuschreiben ist, während sich das matriarchalische System durch die Werte Leben, Liebe, Geborgenheit, nicht kalte Vernunft-Bezogenheit, sondern blutwarme Herz-Bezogenheit, auszeichnet. Nun aber gehörten die Semiten und die Römer dem Patriarchat an, mit den frostigen Folgen in die Kirche hinein bis heute. Zwar wissen wir seit C. G. Jung, daß auch der Mann etwas vom Fraulichen in sich trägt (anima), wie auch die Frau etwas vom Männlichen (animus). Trotzdem wurde in der Männer-Kirche das frauliche Element sehr vernachlässigt, während die produzierenden, konsumierenden, imponierenden, dominierenden Männertypen das Feld beherrschten. „Auf jeden Fall ist es so, daß die Frau heute im allgemeinen die tiefer Religiöse ist, die wärmer Liebende, die kräftiger Hoffende, die mehr zum Verzicht Geneigte, mehr zur Kommunikation Fähige, und die stärker dazu begabt ist, eine neue Verbindung herzustellen zwischen abstrakter Theologie und menschlicher Existenz, zwischen rationaler Einsicht in die Glaubenslehre und der ganzen lebensmäßig so wichtigen Symbol- und Mythenwelt, die allen Religionen wesentlich zugehört" (Luise Rinser). Die vermehrte Einflußnahme der Frauen kann also der Kirche nur wohlbekommen!

Wenn Jesaja träumte, daß einmal Wolf und Lamm, Löwe und Kalb friedlich zusammen weiden, weil das ganze Land erfüllt sei von der Erkenntnis des Herrn (Jes 11,6–9), dann sollte vielmehr damit gerechnet werden können, daß unter vernunftbegabten Menschen die Erkenntnis des Herrn und seiner Pläne dazu führe, daß Mann und Frau in Familie, Gesellschaft und als das Selbstverständlichste in der Kirche gleichberechtigt dastehen und sich gemeinsam um das gemeinsame Wohl kümmern. Um dies zu beschleunigen, lohnt es sich, zu träumen, zu kämpfen und zu beten. Das in wenigen Jahren so gewaltig gestärkte Selbstbewußtsein der Frauen wird früher oder später so oder so das Ziel erreichen.

## 5. Kapitel
## Ihr werdet euren Mitchristen die Hand reichen: Ökumene

Wenn man heute müde werden möchte, weil man in der Ökumene übers schöne Miteinander-Reden-und-Beten hinaus nicht vom Fleck kommt, muß man sich daran erinnern, wie es bis vor 30 Jahren war. Da hat man sich von der Zeit der Reformation und Gegenreformation an nicht brüderlich zu verstehen und zu versöhnen gesucht, sondern jede Seite hat die andere bekämpft und wollte darüber triumphieren. Da haben sogar Heilige wie Robert Bellarmin, Laurentius von Brindisi die Neuerer mit Ausdrücken wie „Apostaten, Kinder der Hure, Söhne des Teufels" betitelt. Da hat man jahrhundertelang nicht nur gewisse Lehren als irrig erklärt, sondern auch deren Vertreter, die treu nach dem Evangelium zu leben suchten, mit dem „Anathema sit", dem Wunsch des Verfluchtseins, belegt. Da hat man auf dem Missionssektor zu Hause mit Geist und Gift „wissenschaftliche Werke" gegeneinander geschrieben (G. Warneck und J. Schmidlin) und in den katholischen mehrbändigen Missionsgeschichten von Henrion, Marshall, Hahn, das Wirken der eigenen Missionare verherrlicht und die protestantischen Missionare, auch ihre Bemühungen um die Verbreitung der Bibel, lächerlich gemacht. Die Missionsgeschichte belegt in der Tat mit Tausenden von Beispielen den „Skandal dieser Spaltung" und den „Schaden für die heilige Sache der Verkündigung des Evangeliums vor allen Geschöpfen", wovon das Konzil redet (Ad gentes Nr. 29,6).

Ich habe Afrika 1953, nach dreijähriger Missionsarbeit, erstmals durchquert und konnte in verschiedenen Ländern beobachten, wie die verschiedenen Kirchen im besten Fall nebeneinander herlebten, oft aber sich bemühten, die anderen, auch mit Hilfe der Regierung, an die Wand zu drücken, einander Lehrer und Schüler abwarben, Schulplätze abrannten (denn wo eine Schule schon bestand, durfte keine andere errichtet werden), in Einzelfällen sogar Schulhütten abbrannten und in all dem meinten, eine Heldentat für den Glauben zu tun. Statt die dortigen Christen vor die Wahl zu stellen, zu Christus „ja“ oder „nein“ zu sagen, hatten wir die Entscheidung abgewertet in eine Wahl zwischen vielen rivalisierenden Kirchen, was oft noch einer Wahl zwischen der britischen oder französischen, der belgischen oder amerikanischen Macht gleichkam.

Sogar noch 1962 kam es z. B. in Uganda zu unglaublichen antiökumenischen Vorkommnissen. Es liefen die Wahlvorbereitungen für das unabhängig gewordene Land. Der politische Kampf war in einen konfessionellen Kampf ausgeartet, die Anglikaner-Lutheraner, mehr nach England-Deutschland ausgerichtet, gegen die Katholiken, durch die „Weißen Väter“ mehr mit Frankreich verbunden. Der afrikanische Erzbischof Josef Kiwanuka berichtete mir, wie seit Wochen Katholiken mit Wunden am Leib sich bei ihm beschwerten: „Das haben uns die Protestanten angetan, und sie verklagen uns als Verräter am Land.“ Nachdem der anglikanische Milton Obote gesiegt hatte, sandte ihm Kiwanuka ein Glückwunschtelegramm, besuchte auch den anglikanischen Erzbischof Leslie und sagte ihm: „Mein Bruder, so darf es nicht mehr weitergehen. Wir Kirchen dürfen das Land nicht mehr spalten. Wir sind es der jungen Nation schuldig, daß wir das Volk einen.“ Und Uganda wurde eines der ersten Länder, wo nicht bloß Dialog zwischen katholischer Bischofskonferenz und Evangelischem Kirchenbund gepflegt wird, sondern wo ein Christenrat erstellt wurde mit der katholischen Kirche als vollem Mitglied, um gegenüber dem Volk und der Regierung in wichtigen Fragen eine Stimme zu haben, eine Kirche zu sein. Inzwischen haben sich 35 Länder in Afrika und anderswo einen gemeinsamen Christenrat geschaffen.

Im gleichen Jahr, 1962, traf ich in Dar es Salaam die Situation an, daß die katholische Kirche, die schon länger das Neue Testament besaß, nun auch das Alte Testament druckfertig vorliegen hatte, aber von gewisser Seite vernahm, es sei eine sehr schlechte Übersetzung. Wie es in solchen Fällen zu geschehen pflegt, ernannten die Bischöfe eine Kommission, um eine Lösung zu finden. Da mischte ich mich ins Gespräch ein und legte nahe, bei den Lutheranern-Anglikanern nachzufragen, ob wir ihre neue Gesamtbibel in unseren Gebrauch übernehmen könnten. Ich flog eigens nach Nairobi, um den Fall dem damaligen Apostolischen Delegaten, Guido del Mestre, zu unterbreiten. Dieser reagierte spontan: „Ganz auf der Linie des Papstes Johannes XXIII. und des kommenden Konzils!" Daraufhin ging ich als Privatmann ins Christliche Sekretariat, um auszukundschaften, was ihre Reaktion wäre, falls ... Die Antwort: „Wir wären höchst überrascht und auch erfreut!" So kam es dort zur ersten Bibel-Zusammenarbeit von ganz Afrika. Das Konzil hat dann diese Zusammenarbeit nicht bloß erlaubt, sondern ermutigt, so daß gegenwärtig in Afrika – ebenso in Asien – je an die 80–90 gemeinsame Bibelprojekte laufen.

Es ist also wirklich eine Zeitenwende eingetreten, nach so viel menschlicher Verengung, eine Wende zu Gottes Weite. Früher meinte man, in den Christen anderer Kirchen „ein Gespenst" zu sehen, bis man schließlich merkte, daß es „der Herr" ist (vgl. Mt 14,25–33). Nach der Entdeckung der Neuen Welt vor 500 Jahren ist nun die Zeit der Entdeckung der „Neuen Kirche" angebrochen.

Man hat kirchliches Neuland entdeckt und in den „anderen", oft zur eigenen Beschämung, einen sehr tiefen Glauben wahrgenommen. Seither kam man in Afrika, Asien, natürlich auch in Europa, zu vielen gemeinsamen Studientagungen und Gebetstreffen zusammen. Aus Berichten darüber kann man etwa lesen: „Wir Priester, die wir an diesem Dialogtag teilgenommen haben, was halten wir von diesen Lutheranern? Um es kurz zu sagen: Wir bewundern diese Menschen. Wir haben es gesehen, wie es tatsächlich ist, daß es ehrliche, intelligente, gute Menschen sind. Wir fühlen uns mit ihnen verbunden. Wir wissen, daß das Rufen und Beten, das aus ihrem Herzen emporsteigt, dasselbe ist wie dieses, das aus unserem Herzen kommt, jenes von Christus: Daß sie eins seien ... Solche Treffen tun uns unendlich gut. Sie räumen eine Fülle von Vorurteilen weg. Wir lernen uns gegenseitig kennen. Wir entdecken überzeugte, aufrichtige, tief religiöse Christen. Wir spüren, wie nahe wir uns sind und wie tragisch und doch noch wirklich die Trennung ist." Bisher hatte man sich nur aus Distanz gekannt und verkannt und das unterscheidend Trennende verkündet. Nun kam man sich näher und staunte über das, was uns gemeinsam verbündet.

Die sachlichere Beurteilung begann freilich schon vor dem Konzil. In den zwei Standardwerken von H. S. Denifle und H. Grisar – zu Beginn dieses Jahrhunderts – wurde zwar der Reformator nach wie vor als Ausfluß von Wollust, Zorn, Hochmut, Herrschsucht, Heuchelei, Psychopathie gezeichnet. Aber mit Schmidlin, Algermissen, Iserloh, vor allem mit Lortz und Jedin setzte sich katholischerseits die sachgerechte Reformations- und Luthergeschichte durch, so daß man heute „mit Ehrfurcht vor Luther stehen kann, wenn man auch nicht blind sein soll für seine Mängel" (J. Lortz).

Dann erschien in Johannes XXIII. gleichsam „die Güte und Menschenfreundlichkeit Gottes" (vgl. Tit 3,4). Er fand Zugang zu den Herzen der Katholiken, der Protestanten, auch der Nichtchristen. Sein Nachfolger, der demütige Paul VI., eröffnete die zweite Konzilssession mit dem Schuldbekenntnis gegenüber den anderen Kirchen, das dann in den Konzilstext über den Ökumenismus einging: „In Demut bitten wir Gott und die getrennten Brüder um Verzeihung, wie auch wir unseren Schuldigern vergeben" (Unitatis redintegratio Nr. 7). In diesem Dekret stehen auch andere schöne Sätze, daß die Katholiken „den ersten Schritt zu ihnen tun sollen", daß es „billig und heilsam ist, die Reichtümer Christi und das Wirken der Geisteskräfte im Leben der anderen anzuerkennen, die für Christus Zeugnis gaben, manchmal bis zur Hingabe des Lebens", daß „alles, was von der Gnade des Heiligen Geistes in den Herzen der getrennten Brüder gewirkt wird, auch zu unserer eigenen Auferbauung beitragen kann" (UR Nr. 4). Es wird dann auch zu konkreten Schritten im Ökumenismus ermuntert.

Schon 1960 hatte Johannes XXIII. das römische Sekretariat für die Einheit der Christen errichtet, eindeutig unter Inspiration von Kardinal Augustin Bea, der dann auch dessen Leiter wurde und der als Bibelwissenschaftler vom Fach offener war für das Wehen des Geistes als gewisse juridisch denkende Kurienleute. Es folgte eine bewegte und frohe Zeit mit vielen Überraschungen, mit Besuchen der höchsten kirchlichen Führer hin und her, mit Ansprachen und gemeinsamem Gebet. „Genf" und „Rom", d. h. der Weltkirchenrat und der Vatikan, arbeiteten immer mehr zusammen in Fragen für Gesellschaft, Entwicklung und Frieden, ebenfalls im Dialog mit den anderen Religionen, wozu man viele gemeinsame Kongresse in Asien organisierte.

Doch mit dem Ende des ersten ökumenischen Jahrzehnts trat eine offensichtliche Krise ein. Es tauchten plötzlich in Zeitschriften Titel auf: „Krise des Ökumenismus?", „Ist der Ökumenismus gestorben?", „Hat der Ökumenismus seine Zugkraft verloren?". Nach der Eröffnung des Dialoges und der spontanen Bezeugung des Goodwill auf beiden Seiten schien man unversehens an einem toten Punkt angelangt zu sein. Bloßer Dialog konnte ja nicht Ziel und Selbstzweck bleiben! Er mußte seiner Natur nach dazu führen, „die Einheit aller Christen wiederherzustellen", womit das Konzilsdekret über den Ökumenismus beginnt. Aber nun schien man plötzlich Platzangst vor konkreten Schritten bekommen zu haben.

Offenbar war die Strukturfrage zu rasch gestellt worden. 400 oder gar 900 Jahre der Trennung mit allen inzwischen gewachsenen Verschiedenheiten und allem aufgestauten Mißtrauen können nicht in einem Jahrzehnt weggeblasen werden. In gewissen römischen Kreisen spielte ohne Zweifel auch eine Angst mit angesichts der verworrenen Lage der katholischen Theologie und der Krise der Autorität. Man sah darin eine „Ansteckung" durch die Protestanten und wollte die „Öffnung" eher wieder etwas schließen. Diese Kreise hatten sich offenbar noch nicht genügend abgesetzt von der traditionellen Haltung, die in den Mauern der Vatikanstadt herrschte und die den zaghaften Anfängen des Ökumenismus lange Zeit lauter Schwierigkeiten bereitete[20] und die im offenen Brief von Erzbischof Marcel Lefebvre an Johannes Paul II. vom 21. November 1983 ihren krassen Ausdruck fand, der alle ökumenischen Öffnungen anprangerte und behauptete: „Das alles ist in offenem Gegensatz zur göttlichen Offenbarung, welche ‚Trennung' vorschreibt und die Vereinigung verwirft ‚zwischen Licht und Finsternis, zwischen den Gläubigen und den Ungläubigen, zwischen dem Tempel Gottes und dem der Sekten' (2 Kor 6,14–18)." Der Erzbischof beschwört den Papst auch, „um des katholischen Glaubens und des Heiles der Seelen willen die diesen Irrtümern entgegenstehenden Wahrheiten neu zu bekräftigen – Wahrheiten, die durch 20 Jahrhunderte von der heiligen Kirche gelehrt wurden . . ." Der arme Mann dachte nicht bloß bezüglich des Ökumenismus, sondern auch bezüglich der Aufwertung der Laien, der Anerkennung der Gewissensfreiheit, der Öffnung zu den anderen Religionen. Er will also um jeden Preis die Tradition in all diesen Punkten aufrechterhalten, welche die Kirche im Blick auf die Geschichte als Untreue zur Haltung Jesu heute bedauern muß.

Eine so denkende Gruppe machte sich schon beim Konzil bemerkbar. Sie trat vor allem zur Zeit der Schlußredaktion der verschiedenen Konzilstexte, auch des Ökumenismus-Dekretes, durch taktisch „kluge" Machenschaften in Aktion. Otto Pesch hat unwiderleglich aufgezeigt, wie sich in der Aula meistens eine deutliche, ja überwältigende Mehrheit für offene, selbstkritische, in die Zukunft weisende Aussagen abzeichnete, wie dann aber jene einflußreiche Minderheit, zusammen mit Gleichgesinnten in der römischen Kurie, Abschwächungen und mehrdeutige Kompromißformeln durchzusetzen versuchte. Falls das nicht gelang, blockierte man die Verhandlung durch die Tricks der Geschäftsordnung, oder man appellierte an den Papst. Paul VI. stand zwar eindeutig auf seiten der Mehrheit der Konzilsväter. Aber er ließ sich trotzdem nicht selten auf die problematischen Initiativen der Minderheit ein, um ihr eine öffentliche Niederlage zu ersparen und um so eine hohe Einmütigkeit in der Schlußabstimmung zu erzielen. So verfügte er einzelne Male Änderungen bereits beschlossener Texte, was ihm in der Presse den Vorwurf der Manipulation des Konzils einbrachte. Auch das Konzil selbst gab dann und wann nach. Man handelte nach dem Grundsatz: „Nimmst du meinen

Text an, dann konzediere ich dir den deinen." M. Seckler nannte das „den Kompromiß der reziproken Unehrlichkeit". Die Mehrheit hoffte natürlich – fast etwas naiv –, daß das eigentlich Gemeinte sich nach dem Konzil trotz der abschwächenden Formulierungen durchsetzen werde. Diese Hoffnung hat sich leider nicht erfüllt. Die Parteigänger der Minderheit, unterstützt von leitenden Männern der Kurie, erreichten es, daß nun bei den nachträglichen kirchenpolitischen konkreten Maßnahmen diese von ihnen hineingeschmuggelten Verengungen viel zu viel Gewicht bekamen. So berufen sich nun die „Progressiven" auf den durchgehenden Gedankengang der Texte und sagen: „So hat es das Konzil gemeint!", während die „Konservativen" mit dem Hinweis auf gewisse Klauseln ebenfalls ihr Recht beanspruchen können. Damit ist der Ökumenismus in eine fast ausweglose doktrinäre Zwickmühle geraten.[21]

Aus dieser mit Vorbedacht konstruierten Situation heraus versteht man nun den unsympathischen Widerspruch zwischen dem schönen Reden des Papstes über Ökumene, eine „Ökumene der beschwörenden Worte", und der Bremsfunktion der römischen Kurie im konkreten Handeln. Da hält der Papst bei seinem Schweiz-Besuch (1984) auch im Ökumenischen Rat der Kirchen in Genf eine mit Spannung erwartete Rede, schildert mit bewegten Worten das Anliegen der Einheit, aber sagt im Grunde kaum etwas Neues, das nicht schon Paul VI. bei seinem Besuch im Jahre 1969 vorgetragen hätte. Also 15 Jahre Treten auf der Stelle! Da fliegt er 1982 nach Großbritannien, betet zusammen mit dem Primas der Anglikanischen Kirche in der Kathedrale von Canterbury, ein sensationelles Ereignis, aber der Text der anglikanisch-katholischen Theologenkommission, die in zehn Jahren Arbeit ein weitgehendes Konsens-Papier erstellt hatte, das die Hoffnung auf eine baldige gegenseitige Anerkennung durch die Kirchenbehörden geweckt hatte, wurde während des Besuches mit keinem Wort erwähnt – es war ja kurz vorher von der Glaubenskongregation in Rom mit einem kalten Antwortschreiben vom Tisch gewischt worden, da es nicht genügend in Einklang stehe mit den

Entscheidungen des I. Vatikanischen Konzils. Da besucht der Papst 1980 die Bundesrepublik Deutschland. In diesem Land der Reformation hat er – von seiner polnischen Vergangenheit her eher zurückhaltend in Sachen Ökumene – überraschend gezeigt, daß er fähig und bereit sei, auf dem ökumenischen Weg vorwärts zu schreiten. Vom Konfessionskundlichen Institut Bensheim des Evangelischen Bundes wurde damals in einer Analyse seiner Reden mit Genugtuung hervorgehoben, daß sein Stil gegenüber früher offener, drängender, brüderlicher geworden sei, daß der Akzent nicht auf dem Trennenden, sondern auf dem gemeinsamen Glaubensgut lag, daß er ökumenische Begriffe brauchte wie „organische Einheit", „Petrusdienst", daß er sogar ein Zitat aus dem Kommentar zum Römerbrief von Martin Luther wiederholte. Der hohe Gast hatte auch persönlich eine lutherisch-katholische Kommission angeregt, um die Frage der Einheit zu beschleunigen. Aber nun: 1987 bereiste er erneut das Land, legte jedoch bezüglich der Ökumene gar nichts Neues auf den Tisch. Er enttäuschte vielmehr, laut demselben Bensheimer Institut, die Protestanten durch seine „Verhärtung dogmatischer Positionen" und durch seine brüske Ablehnung der Interkommunion. Wenn Staatspräsidenten zu offiziellen Besuchen in andere Länder reisen, werden meistens neue Verträge, in Vorverhandlungen ausgearbeitet, unterzeichnet. So sollte eigentlich bei den vielen Auslandsreisen des Papstes, angesichts der Not der Ortskirchen, im Gespräch mit den Bischöfen, etwas vorangebracht und nicht bloß der unbewegliche Standpunkt Roms einmal mehr eingehämmert werden.

Da haben die zwei anerkannten Autoren Heinrich Fries (Fundamentaltheologe) und Karl Rahner (Dogmatiker), um aus der ökumenischen Sackgasse herauszuführen, acht Thesen aufgestellt, acht Voraussetzungen umschrieben, unter denen eine wirkliche, theologisch verantwortbare Einigung der Kirchen in der Vielfalt der kirchlichen Traditionen zustande kommen könnte.[22] Kardinal Josef Ratzinger aber stufte das Buch als „theologische Akrobatik" ein, und der „Osservatore Romano" vom 25. Februar 1985 stellte einem in ökumenischen Kreisen völlig unbekannten Daniel Ols OP die erste Seite zur Verfügung, um das Buch zu verreißen, es als „total unannehmbar, schwere Irrtümer, gefährliche Illusionen, gut gemeintes, aber schlecht beratenes ökumenisches Anliegen“ abzuqualifizieren. Eigenartig und bezeichnend: Die Fachleute im vatikanischen Sekretariat für die Einheit der Christen sind bei diesem Schlagabtausch überhaupt nicht konsultiert worden. Man verläßt sich nicht auf Fachleute, sondern auf verläßliche Vertreter des Status quo!

Ein weiterer Versuch der Fachleute, etwas voranzukommen: Eine Kommission von 50 Theologen beider Kirchen stellte sich die Aufgabe, der Frage nachzugehen, ob die gegenseitigen Verurteilungen des 16. Jahrhunderts nicht offiziell widerrufen werden könnten und sollten. Das ist ja 1965 geschehen zwischen Rom und Konstantinopel, wobei es hier beim damaligen Bruch freilich nicht um Lehrinhalte, sondern um kirchenpolitische Spannungen gegangen war. Bei der Reformation aber wurde die gegenseitige Verurteilung ausgesprochen, weil man vor allem in bezug auf die Rechtfertigung, Glaube allein, Heilsgewißheit, Verdienst, diametral entgegengesetzt zu denken schien. Die Kommission kam nun aufgrund der besseren Kenntnis der Heiligen Schrift, der vertieften Glaubensentwicklung beider Kirchen seither, des unvoreingenommenen ökumenischen Gespräches, zur Einsicht, daß keine Kirche heute noch vom Irrtum in Lehre und Praxis bestimmt sei, den die andere Kirche damals verurteilt habe – wobei damals ja auch viele gegenseitige Mißverständnisse vorlagen. Das hebt nicht auf, daß es heute noch Glaubensunterschiede gibt, aber – und das ist der neue Standpunkt der Kommission – man müsse für eine Einigung gar nicht volle Konvergenz voraussetzen. Man wollte also zum voraus kein Konvergenzpapier, keine „ökumenische Dogmatik“ schreiben, sondern ließ die Divergenzen als fruchtbares Spannungsfeld bestehen. Es gibt ja faktisch auch unter den Katholiken – man denke an Kinder und Erwachsene, an Progressive und Konservative – erhebliche Glaubensunterschiede, und doch fühlt man sich in der einen katholischen Kirche. So soll man auch von den verschiedenen Kirchen nicht erwarten, daß alle ganz gleich normiert, am ganz gleichen Punkt der Glaubensentwicklung angekommen sein müssen.[23]

Der Bericht liegt seit 1986 bei der Deutschen Bischofskonferenz und bei der Glaubenskongregation in Rom. Er könnte eine Sternstunde des Ökumenismus heraufführen. Aber es wird ihm wohl eher ebenfalls das Schicksal der anglikanisch-katholischen Studie beschieden sein. Wenn Rom 1987 auf das bekannte Lima-Dokument über Taufe, Eucharistie und Amt, wo man sich um eine möglichst große Konvergenz bemühte, zwar grundsätzlich positiv, aber doch noch mit vielen Vorbehalten reagierte, weil die römisch-katholische Lehre noch nicht genügend anerkannt sei, so wird man den neuen Bericht mit seinem radikal neuen Ansatz nicht verdauen können.

Rom hält nach wie vor am Grundsatz fest: „Alles oder nichts", mit dem es in Geschichte und Gegenwart schon so viele Möglichkeiten blockiert hat. Auch der Papst betont bei jeder Gelegenheit, es brauche eine „volle, volle, volle Einheit" . Bei dieser Haltung wird man auch im dritten Jahrtausend umsonst auf Einheit warten. Demgegenüber legt Oskar Cullmann dar, daß Einheit nicht trotz, sondern durch Vielfalt hindurch zustande kommen müsse, denn der eine, unerhört reichhaltige Geist verteile verschiedene Gnadengaben. Das treffe nicht nur auf die einzelnen Christen zu, sondern auch auf die verschiedenen Kirchen. „In der Vielheit besteht der Reichtum der Fülle des Heiligen Geistes. Wer diesen Reichtum nicht respektiert und Uniformität will, sündigt gegen den Heiligen Geist."[24] Ein starkes, aber richtiges Wort! Man weiß, daß der Papst Cullmanns Buch gelesen hat, aber er ließ sich davon offenbar nicht „bekehren".

Am Beispiel der Interkommunion soll – als Sonderfall – aufgezeigt werden, wie das Konzil nachträglich verengt praktiziert wurde. Die Konzilsväter wollten diesbezüglich wirkliche Impulse geben, indem sie sagten, durch das Sakrament der Eucharistie werde „die Einheit der Kirche bezeichnet und bewirkt" (Unitatis redintegratio Nr. 2), und weiterhin, die Gottesdienstgemeinschaft (communicatio in sacris, in unserem Fall die Interkommunion) werde durch zwei Prinzipien geregelt: Insofern sie Bezeugung der Einheit ist, sei sie „in den meisten Fällen (also nicht absolut! W. B.) verboten", aber insofern sie Vermittlung der Gnade ist, „in manchen Fällen empfohlen". Später wird noch beigefügt: „Wie man sich hier konkret zu verhalten hat, soll unter Berücksichtigung aller Umstände der Zeit, des Ortes, der Personen die örtliche bischöfliche Autorität in klugem Ermessen entscheiden (und jetzt folgt einer der typischen verengenden Nachsätze!), soweit nicht etwas anderes von der Bischofskonferenz oder vom Heiligen Stuhl bestimmt ist" (UR Nr. 8). Dieser Nachsatz tat seine Wirkung! Bevor die Bischöfe und Landessynoden etwas Gültiges dazu sagen konnten, schaltete sich die römische Kurie ein und engte das ganze ein auf „Todesgefahr oder wenn eine andere schwere Notlage dazu drängt" und falls man „einen Spender der eigenen Gemeinschaft nicht aufsuchen kann" (Kirchenrecht, Can. 844, § 4). Dazu wird noch gedroht: „Wer sich verbotener Gottesdienstgemeinschaft schuldig macht, soll mit einer gerechten Strafe belegt werden" (Can. 1365). So sind die beiden pastoralen Impulse der Konzilskirche von der Rechtskirche statt vorwärts rückwärts entwickelt, geradezu verkümmert und verkrüppelt und die echten Anliegen der konfessionell gemischten Ehen mit Füßen getreten worden. Kann man, darf man Schwestern und Brüdern in Christus das Brot Christi verweigern? Wird da die Zugehörigkeit zu einer Kirche nicht höher bewertet als die Zugehörigkeit zu Christus? Macht sich da die Kirche nicht zum Hindernis auf dem Weg zu Christus?

Den Bischöfen blieb nun die Pflicht, „aus Treue gegenüber Rom" diese Drohbotschaft zu promulgieren und auf deren Einhaltung zu insistieren. Das taten im Herbst 1987 die Schweizer Bischöfe mit einer Verlautbarung über die „Eucharistische Gastfreundschaft", die jedoch besser betitelt gewesen wäre: „Die Verweigerung der eucharistischen Gastfreundschaft." Sie glaubten, weit verbreiteten und selbstverständlich gewordenen Gewohnheiten einen Riegel vorschieben zu müssen, waren sich dabei freilich bewußt, damit viele Christen im Innersten zu treffen. „Wir teilen den Schmerz dieser Gläubigen, müssen ihnen aber ernst sagen: Eine wirkliche Lösung gibt es erst, wenn die Einheit der Christen wiederhergestellt sein wird, Gott allein weiß, wann und wie das geschehen wird. Er allein kann uns die Einheit schenken." Sie wollten die eucharistische Gastfreundschaft wirklich nur auf „Notfälle" eingeschränkt wissen, wie es der Codex formuliert hat. Dann aber brauste ein Sturm durch die Schweiz. Katholische wie reformierte Kreise und Verbände protestierten massiv. Ein vorgesehener Besuch der Arbeitsgemeinschaft christlicher Kirchen in Rom wurde abgesagt, weil bei diesem frostigen Klima die Lust dazu vergangen war. Die Bischöfe wurden in die Enge getrieben. Haben sie Gott nicht allzu rasch mit ins Spiel gebracht, als ob er eines Tages die Einheit vom Himmel fallen lasse, statt daß wir sie mehr und mehr wachsen lassen? Die Menschen machten sich schuldig bei der Spaltung, also müssen auch sie am Weg zur Einheit pickeln und schaufeln.

In der Folge artikulierten viele Frauen ihren Unmut in Briefen an die Bischöfe. So wurde mir ein von Frau Marlies Fuchs gezeichneter Brief übergeben, in dem es wörtlich heißt: „Wollen es unsere Bischöfe wirklich auf eine Zerreißprobe ankommen lassen, unsere Geistlichen in noch größere Gewissenskonflikte stürzen und unser gelebtes Christentum noch mehr in Frage stellen? Eben sind Frauen in unserer Gemeinde daran, einen ökumenischen Werktagsgottesdienst zu realisieren. Wir wollen Ökumene leben, nicht davon reden, aufeinander zugehen, voneinander lernen, statt einander auszuspielen, Vorurteile abbauen und einander in Offenheit und Liebe begegnen."

Mit der Zeit beruhigte sich die Lage wieder und die Praxis pendelte sich dann so ein, daß man zwar nicht ohne weiteres pfarreiweise ökumenische Gottesdienste hält und die Gläubigen praktisch zwingt, hier mitzumachen, wohl aber, indem man es dem Gewissen und den Gründen des einzelnen Christen überläßt, den Gottesdienst in einer anderen Kirche zu besuchen, auch mit dem Mahl. „Innerhalb der allgemeinen kirchlichen Ordnung und der allgemeinen Regelung muß immer auch der persönliche Gewissensentscheid der einzelnen Christen in ihrer je persönlichen und je verschiedenen Lebenssituation Platz haben. Dies gilt auch für die Frage des Gottesdienstes, und hier insbesondere für Christen, die in einer konfessionell gemischten Ehe leben. Ein Mischehepartner soll die christliche Einheit und Verbundenheit mit seiner Kirche, aber gewiß nicht weniger auch die christliche Einheit und Verbundenheit mit seinem Partner verwirklichen. Und wo solche Ehepartner den gemeinsamen Gottesdienst als wesentliche Quelle der christlichen Einheit ihrer Ehe und Familie erfahren, ist der gemeinsame Gottesdienstbesuch für sie nicht nur etwas Erlaubtes, sondern eine christliche Notwendigkeit" (Sigisbert Regli).

Die neueste, nicht vertane, aber nur halb genutzte Chance verbindet sich mit der Weltversammlung der Christen für Gerechtigkeit, Frieden und Bewahrung der Schöpfung. Das Ganze wickelt sich gegenwärtig in drei Stufen ab. Vom 6. bis 12. August 1988 fanden sich in Assisi über 500 Christen aus 14 europäischen Ländern zusammen, Vertreter aus verschiedensten Gruppen, die sich mit diesen Anliegen befassen, davon 40 Prozent aus evangelischen Kirchen und Freikirchen, um im Geist des Heiligen von Assisi durch Gebet und Bibelstudium den kommenden Großereignissen den Weg zu bereiten. Ein äußerst gut gelungener Auftakt. „Seit der Reformation hat es kein so umfassendes und überzeugendes, von gegenseitigem Respekt gezeichnetes gemeinsames Glaubens-, Gebets- und Tatzeugnis von Christen aller Benennungen zu einem brennend aktuellen Zeitanliegen gegeben" (Titus Neufeld).

Überboten wird Assisi natürlich noch durch das europäische Treffen in Basel in der Pfingstwoche 1989. Als verantwortliche und einladende Träger zeichnen der (katholische) Rat der Bischofskonferenzen Europas (CCEE) und die (evangelische) Konferenz Europäischer Kirchen (KEK), also ein voll ökumenisches Ereignis, endlich ein gemeinsamer Kirchentag! In der ersten Märzhälfte 1990 wird dann in Seoul die Weltversammlung stattfinden. Ob sie den krönenden

Abschluß setzt, wird man dann sehen. Die Idee einer solchen Weltversammlung der Christen für diese drängenden Anliegen lag schon länger in der Luft und wurde vom Deutschen Evangelischen Kirchentag in Düsseldorf 1985 auf Antrag von Carl Friedrich von Weizsäcker lanciert. Der Weltkirchenrat stellte sich dahinter und bat dann den Vatikan offiziell und inständig, als Kopartner mitzumachen. Leider hat Rom wissen lassen, daß man zwar Vertreter in die Planungskommission sende, aber „im Blick auf die Wesensunterschiede zwischen der römisch-katholischen Kirche und dem Ökumenischen Rat der Kirchen" nicht miteinladen könne.

Es stimmt, daß die eine katholische Kirche nicht auf gleicher Ebene steht wie der Weltkirchenrat, der keine Kirche, sondern ein Arbeitsinstrument von über 300 Kirchen darstellt. Es stimmt, daß es organisatorisch fast ein Zauberstück gewesen wäre, ein Gleichgewicht zu finden und die schon komplexe Arbeitsweise des Weltkirchenrates, der auf alle Mitgliedskirchen Rücksicht nehmen muß, nicht noch mehr zu belasten. Andererseits hätten die Kirchen vor der Welt ein wertvolles Zeugnis ablegen können, wie so verschiedenartige Institutionen ohne allzu viele Verfahrensfragen um einer gemeinsamen Sache willen eine gemeinsame Tagesordnung finden. Solche erste Erfahrungen eines „Friedenskonzils" hätten dann einem späteren „Glaubenskonzil" dienen können, wo einmal alle christlichen Kirchen das gemeinsame Fundament abstecken, auf dem man sich gegenseitig als Kirchen Christi in der Vielfalt der kirchlichen Traditionen anerkennen würde. Aber es sollte nicht sein. Man stellte Strukturfragen in den Vordergrund, statt sie im Hintergrund zu belassen, sie der Zukunft zu überlassen und unterdessen vordergründig gemeinsam Hand anzulegen für eine bessere Welt – was im Grunde viel wichtiger ist als alle Strukturfragen. Roms Zusage hätte eine neue Phase der Ökumene eingeleitet. Die Absage jedoch bedeutet eine beträchtliche Einbuße für das Unternehmen. Sie hat zur Folge, daß in Seoul unter den 600 Delegierten nur 50 Katholiken sein werden – während Basel halb, halb hat –

und daß die Schlußerklärung nicht ein Dokument der Christenheit, sondern nur des Weltkirchenrates sein wird. Insofern wird die Versammlung von Basel mehr in die Geschichte eingehen.

Schon 1967, als Paul VI. die Enzyklika „Populorum progressio" (Über die Entwicklung der Völker) herausgab, dachte ich mir: Sehr gut, nur schade, daß ein solches Dokument nicht die Unterschrift des Papstes und des Weltkirchenrates trägt, das hätte ihm bedeutend mehr Durchschlagskraft verliehen. Wiederum 1986, als Johannes Paul II. die Spitzenvertreter der Kirchen und Religionen zum Gebetstag für den Frieden nach Assisi eingeladen hatte, wäre es schöner und sinnreicher gewesen, wenn man nicht bloß für den Frieden gebetet, sondern eine Tat des Friedens gesetzt und das Treffen im Einvernehmen mit dem Weltkirchenrat einberufen hätte. Warum muß man die Spaltung mehr zur Schau tragen als nötig ist?

Gut, daß die Basis mutiger vorangeht! Der Ökumenismus hat sich von der Ebene der Charismatiker und Pioniere, die ihm zwischen 1920 und 1960 unter vielen Schwierigkeiten die Bahn brachen, seit Johannes XXIII. ostentativ und – Gott sei Dank – auf die Ebene der Kirchenspitzen verlagert. Jetzt scheint erneut die Stunde der Pioniere zu schlagen, die trotz allem ökumenisch leben, auf Lokalebene die Konfessionen versöhnen, Breschen schlagen, Taten setzen in vorauseilendem Gehorsam, die dann höchstwahrscheinlich von der Kirchenautorität in einer späteren Zeit bestätigt werden. So geschah es meist im Lauf der Kirchengeschichte. Die Basis behält also Recht und Pflicht, der Institution um zwei oder zehn Schritte vorauszugehen und zu hoffen, daß die vorläufigen und berechtigten Ausnahmefälle in Bälde zur Norm werden.

In einer säkularisierten Welt zählen die konfessionellen Grenzen und Fehden der Vergangenheit überhaupt nicht mehr. Die Kirchen müßten sich dessen vermehrt bewußt werden und etwas von der Kenosis, der Selbstentäußerung Jesu, lernen, sich nicht wichtiger nehmen als sie sind, um Christus wachsen und das verbindende Zentrum aller seiner

Jüngerinnen und Jünger werden zu lassen. Viele Christen – und sie gehören zu den besten – protestieren, wenn andere mit „klugem Realismus“, wie sie sagen, die Einheit der Kirchen aufs nächste Jahrtausend, d. h. auf unbestimmte Zeit oder gar auf die eschatologische Erfüllung ansetzen. Sie möchten vielmehr mit Hoffnung gegen alle Hoffnung dahin wirken, daß die großen Spaltungen, die dieses Jahrtausend kennzeichneten, zu Beginn, 1054, die Spaltung mit den Ostkirchen, in der Mitte, 1517, die Spaltung der Reformation, noch in diesem Jahrtausend beglichen und nicht ins dritte hinübergeschleppt werden.

Lukas Vischer, ein prominenter Vertreter des Weltkirchenrates, antwortete in einem Interview auf die Frage, was noch das eigentliche Hindernis für die Ökumene sei: „Die Trägheit, die sich mit der gegenwärtigen Situation abfindet. Man ist nicht gewillt, Schritte ins Ungesicherte zu wagen. Ein wesentliches Hindernis ist auch der Mangel an Konsequenz. Ökumene zu träumen ist leichter, als sich nachher mit den Realitäten der eigenen Kirche auseinanderzusetzen.“ Und auf die zweite Frage, worin er die treibende Kraft der Ökumene sehe: „Im Evangelium! Es ist nahezu unmöglich, die Bibel zu lesen und sich mit der gegenwärtigen Spaltung abzufinden. Der Widerspruch ist zu groß, als daß wir auf die Dauer damit leben könnten.“

Es tut einem weh, daß man bei der Darlegung der ersten drei „neuen“ Gebote Gottes, die sich im besonderen auf die Kirche beziehen, von Fall zu Fall feststellen mußte, daß sich die höheren Kircheninstanzen so sehr hinter harten Strukturen verschanzen, so wenig den Mut aufbringen, sich aufgrund des Evangeliums und der Zeichen der Zeit zu neuen Haltungen durchzuringen. Der Vatikan verfügt über ein eigenes Amt, und zwar das ranghöchste, das sich um die Reinerhaltung der Lehre kümmert. Wo könnte man dort anklopfen und ein Amt finden mit dem Auftrag zugunsten des Lebens und zuhanden der konkreten Kirchenpolitik die „Zeichen der Zeit“ zu ergründen?

## B. KONTINENTALE PROBLEME

### 6. Kapitel
### Ihr werdet euch auf die Seite der Armen stellen: Gerechtigkeit: Lateinamerika

Seit der Reformation stand das Thema Gerechtigkeit, Rechtfertigung, im Zentrum heftigster Auseinandersetzungen. Die katholische Kirche legte das Gewicht mehr auf die verdienstlichen Werke, die lutherische Theologie einzig und allein auf den Glauben. Heute hat man sich durch bessere Verständigung weitgehend versöhnt. Dafür hat das Thema der innerweltlichen Gerechtigkeit an Brisanz gewonnen. Viele Menschen sagen sich: Was kümmert mich Rechtfertigung für den Himmel, bei so viel Ungerechtigkeit auf dieser Erde? Die Not dieser Welt, der man auf Schritt und Tritt begegnet, hat in ihren Ursachen viel mit Gerechtigkeit zu tun. Wir können hier nicht der Not mit ihren tausend Gesichtern nachgehen, sondern beschränken uns auf die wirtschaftliche Not der Dritte-Welt-Länder.

Ihr begegnete ich konkret und kräftig bei meinem Afrika-Aufenthalt 1950/53. Das dritte Jahr war ich Pfarrer und Superior der Zentralstation Ifakara. An sich wollte ich mich eher etwas zurückhalten, beobachten, fragen, Notizen machen, da ich bereits Weisung hatte, nach diesem Praktikum in die Schweiz zurückzukehren. Aber vom Jänner an meldete sich der Hunger an, wie er seit Menschengedenken nicht mehr erlebt wurde. Grund: Die ersten Regen im November ließen Reis und Mais, die man sofort pflanzte, aufsprießen, aber dann folgte eine hartnäckige Trockenheit und ließ alle Saat verdorren. Man mußte bis in den Februar auf neuen Regen warten, um wieder neu zu säen. Aber damit verschob sich die Ernte um vier Monate und der Hunger trat ein. Da konnte ich mich nicht mehr hinter das wissenschaftliche Arbeiten verschanzen. Ich erließ einen Appell an die Petrus-Claver-Sodalität, die mir überraschend schnell 4000 Schweizerfranken überwies, womit ich vom 180 Kilometer entfernten Kilosa zwei Lastwagen voll Maismehl kaufen und während drei Monaten an die 300 Personen = Familien gegen eine entsprechende Arbeitsleistung mit Nahrung versorgen konnte. Es gingen mir dabei drei Einsichten auf: wie klimatische Ursachen das arme Volk in Not stürzen; wie die Leute ihr Schicksal mit einer unerhörten Geduld ertragen; wie man in Not und Hilfe zusammenwächst: Wenn ich später, nach zehn und mehr Jahren, wieder nach Ifakara zurückkehrte, erinnerte man sich noch an meine damalige Aktion als „Brotvater“. Das unberechenbare Klima spielt seine tückischen Streiche auf lokaler, nationaler, kontinentaler Ebene, bald mit zuviel, bald mit zu wenig Regen, bald mit Fluten, bald mit Dürre. So kommt es, daß z. B. Tansania 1978, in einem normalen Jahr, 439.000 Tonnen Reis und Mais exportieren konnte, 1980 hingegen 258.000 Tonnen importieren mußte. Die Hungerkatastrophen der Sahelzone und Äthiopiens machen immer wieder Schlagzeilen für uns Fernstehende und dramatische Situationen für die Beteiligten. Dahinter steckt die kontinentale Bedrohung, die zunehmende Saharisierung Afrikas, eine Folge der Bodenerosion und Abholzung, der noch keineswegs Einhalt geboten werden kann, denn man verbraucht für die wachsende Bevölkerung immer mehr Bau- und Brennholz. So schnürt sich der Teufelskreis der Not immer enger zu: Infolge der Abholzung verschlechtert sich das Klima, bleibt der Regen aus und wächst der Wald nicht mehr nach. Im Endeffekt droht es so weit zu kommen, daß man selbst, wo noch Reis wächst, kein Brennholz mehr hat, um ihn zu kochen.

Vom explosiven Bevölkerungszuwachs war schon oben (3. Kapitel) die Rede. Klima und Bevölkerungszuwachs bewirken, daß Afrika, das sich vor 25 Jahren noch selbst versorgen konnte, dieses heute nur noch zu 80 Prozent kann und im Jahr 2000, laut Welternährungsbehörde, nur noch zu 60 Prozent wird tun können. Gegen diesen Trend konnten all die vielen privaten, kirchlichen, staatlichen, multinationalen Hilfswerke und Organisationen bisher nicht aufkommen. Trotzdem leisten sie nicht Sisiphusarbeit, denn ohne sie wäre es noch schlimmer.

Eine weitere Ursache liegt in der Landflucht und Verstädterung. Das drosselt einerseits die landwirtschaftliche Produktion und steigert andererseits die Not der Slums. Kürzlich erhielt ich von Br. Leo Egli (Christlicher Schulbruder) einen erschütternden Bericht aus Peru: „Zufällig habe ich dieser Tage von seinem Tod gehört. Seither kann ich diesen Kleinen von drei Jahren nicht mehr vergessen. Vor einiger Zeit hatte ich das hohle Geschrei eines Kindes gehört. Ich ging vor die Türe und entdeckte da den Schreihals auf allen Vieren, ganz nackt, zwischen unseren Gartenbeeten. ‚Die Hirten fanden Maria und Josef und das Kind, das in der Krippe lag.' Dieses Kind in der Krippe, dieses Kind in unserem Garten! Es spricht nicht, es kriecht der Türe zu und sucht sich im Katzenteller etwas zu essen. Es erhebt seinen Kopf, der mir wie der Kopf eines Alten vorkommt. Es schaut zu mir auf. Ich erkenne sofort, daß es an schrecklichem Durchfall leidet und fast in seinem Dreck erstickt. Furchtsam nähert sich nun ein anderes Kind, etwas größer, offenbar sein Bruder. Aber sie kümmern sich nicht um einander. Ich sehe allem zu. Was soll ich tun? ‚Die Sterndeuter holten ihre Schätze hervor und brachten ihm Gold, Weihrauch und Myrrhe als Gaben dar.' Viele gute Ideen stürmen mir durch den Kopf. Aber nach einiger Zeit kommt die Mutter und holt die beiden. Ja, was tun? Ist das ein Häufchen Elend oder ist das der verlassene Jesus heute? Nun ist dieser Kleine, den ich gesehen hatte, tot. Das fünfte Kind jener Familie, das stirbt. Mit ein paar Brettern zimmerten die Eltern einen Sarg und trugen es auf den Friedhof. Du Kleiner, den ich in deiner Not dir selbst überlassen habe, was wirst du mir beim Letzten Gericht sagen? Zwischen dir und mir hatte sich kein Band der Liebe angeknüpft. Immerhin, es war nicht bloßer Zufall, daß du an jenem Tag vor meine Tür gekrochen bist. Etwas bleibt in meinem Gewissen zurück . . ."

Was hätte Br. Leo tun sollen und können? Was nützt ein „Tropfen auf den heißen Stein"? Für einen bestimmten Menschen nützt er! Falls jenes Kind bereits unheilbare Folgen der Unterernährung an sich trug, war ja der Tod die beste Lösung. Wenn nicht, hätte er den Kleinen in ein Kinderheim liefern können – falls die Mutter ihn hergegeben hätte! –, ihn gesundpflegen, in die Schule schicken, ihm eine Aufstiegsmöglichkeit eröffnen, eine Chance zu einem menschenwürdigen Leben vermitteln können. Das wäre schön gewesen. Aber wäre der Kleine dann nicht einer der vielen Emporkömmlinge geworden, die ihrerseits sich nicht mehr um die andern kümmern? Darin besteht die Tragik: Soviel Egoismus und Korruption auch in den armen Ländern! Fast hoffnungslos! Man sieht, mit punktueller Hilfe ist es noch nicht getan. Es braucht Veränderung der Systeme, der Strukturen. Aber trotzdem bleibt der Caritas-Slogan wahr: „Eine Welt, in der ein Mensch weniger leidet, ist eine bessere Welt!"

Dieser Einzelfall wiederholt sich millionenfach in den Slums, Bidonvilles, Banlieus, Favelas, Nebenprodukten der rapiden Verstädterung. Die Verstädterung ist neben der Zunahme der Weltbevölkerung der bemerkenswerteste demographische Trend unserer Zeit. Die Zahl der Stadtbewohner stieg zwischen 1950 und 1986 um mehr als das Dreifache, von 600 Millionen auf über zwei Milliarden. Noch keine Regierung hat es zustande gebracht, die Landflucht unter Kontrolle zu bringen. Man flieht vor der Not. Man träumt von einer besseren Zukunft und fällt vom Regen in die Traufe. Wenn diese Entwicklung anhält, wird um die Jahrhundertwende die Hälfte der Menschen in Großstädten wohnen. In Lateinamerika leben bereits 65 Prozent der Bevölkerung in den städtischen Ballungsräumen. Dort finden wir auch einige der größten Städte der Welt, Mexico City mit 18, São Paulo mit 14 Millionen Einwohnern, Ausdruck einer himmelstürmenden Hoffnung, für die Mehrzahl Erfahrung einer bodenlosen Erniedrigung. Es sollen gegenwärtig über eine Milliarde Menschen keine würdige Unterkunft haben, 100 Millionen leben buchstäblich ohne ein Dach über dem Kopf. In Lima hausen fast drei von den sechs Millionen Einwohnern in Slums. In ganz Lateinamerika schlafen über 20 Millionen auf der Straße. Mit Recht spricht das vatikanische Dokument zum Wohnungsproblem vom Februar 1988 von einer „skandalösen und alarmierenden Obdachlosigkeit“. Man stelle sich auch die vom dichten Autoverkehr, von den unsauberen Industrien, von der sich drängenden Menschenmasse und der ungeregelten Kanalisation verpestete Luft vor! Die Behörden müßten eigentlich verbieten, hier zu leben. Aber sie haben nicht überall die Initiative und die Mittel, die Stadt zu sanieren, wie es etwa in Tokio geschehen ist. Der Tropengürtel zieht sich um den Erdball als Zone der klimatischen Katastrophen, aber auch der grassierenden Krankheiten. Es wimmelt da von allerhand für Menschen schädlichen Bazillen, Bakterien, Viren. So staunenswert der Biologe die Lebensweise dieser minimsten Wesen findet, so beklagenswert erfährt der betroffene Mensch die heimtückische Aktion dieser Krankheitserreger. Sie bewirken die Malaria, von der Anopheles-Mücke übertragen, mit den hartnäckigen Fieberschüben. Man glaubte vor 20 Jahren, sie mit DDT fast ausgerottet zu haben. Aber die Erreger wurden resistent und breiten sich heute erneut aus. Dann der Hakenwurm, eine der verbreitetsten Seuchen, an der mehrere hundert Millionen leiden, die zu Blutarmut und nicht selten bis zum Tod führt. Die Amöbendysenterie mit den chronischen Verdauungsstörungen und depressiven Wirkungen . . . Die Tropenärzte könnten noch viel mehr berichten. Man kann nur staunen über jene sonnigen Menschen, die überleben und sogar noch fröhlich sind.

Wir Menschen der nördlichen Zonen wissen gar nicht, wie sehr wir privilegiert sind, aber auch, wie sehr wir eben deshalb in Solidarität den Benachteiligten helfen müßten, ihre Situation zu überwinden. Da genügt es nicht, Gott zu danken, daß wir nicht sind wie die anderen, daß wir gutes Klima und gute sanitäre Einrichtungen haben. Sonst würde uns auch das Urteil Jesu über jenen Pharisäer im Tempel treffen: „Er ging nicht gerechtfertigt nach Hause“ (Lk 18,9–14).

Eine weitere und die traurigste Ursache der Not steckt im individuellen und kollektiven Egoismus jener Menschen selbst. Der Graben zwischen Armen und Reichen erstreckt sich nicht nur zwischen der nördlichen und südlichen Hemisphäre, sondern auch in den armen Ländern selbst zwischen der armen Masse und der neureichen Oberschicht. Wer sich obenauf schwingen kann – nicht selten dank der Missionsschulen –, vergißt dann nicht selten seine Mitmenschen in Not und beutet sie noch aus.

Bei einem meiner Indien-Aufenthalte berichteten mir indische Kapuziner von der verheerenden Korruption. Für ein gutes Schulzeugnis vom Lehrer, für eine gute Spritze vom Krankenpfleger, für das flüssige Fortschreiten im Bau usw. müsse man, wenn man das Ziel erreichen wolle, Bestechungsgelder zahlen. Als ich antwortete, ich hätte in meinem Leben noch nie ein Bestechungsgeld gegeben und doch immer erreicht, was ich wollte, konnte man mir das nicht glauben. Diese Situation trifft nicht nur in Indien zu, man begegnet ihr praktisch überall in der Dritten Welt – freilich, auf etwas subtilere Weise, auch in Europa!

Als Papst Johannes Paul II. 1980 erstmals Afrika bereiste, rief er während der Liturgie in Kinshasa, in Gegenwart des Staatspräsidenten Mobutu, den Bischöfen zu: „Eine eurer Aufgaben besteht darin, ernsthafte und mutige Bürger heranzubilden, deren das Land bedarf, Feinde der Bestechung, der Lüge und der Ungerechtigkeit." Da unterbrach ein langer Applaus die Ansprache, Zeichen der Zustimmung, auch Ausdruck des Leidens des ausgebeuteten Volkes. Früher machte das „goldene Bett" von Kwame Nkrumah die Runde durch die Weltpresse, heute das Luxusdorf Gbadolite, das sich Mobutu mitten im Busch für seine Angehörigen erbauen ließ, seine Villen in europäischen Ländern und sein persönliches Vermögen von fünf Milliarden Dollar; ferner die fünf Milliarden Franken, die Ex-Präsident Marcos auf Konten verschiedener Banken in verschiedenen Ländern gelegt hat. Von Ex-Kaiser Haile Selassie redet man schon nicht mehr, weil seine Milliarden vom Geheimnis der Schweizer Banken behütet sind.

Diese Namen bezeichnen nur die Spitze des Eisberges. Das Washingtoner Institut für Internationale Wirtschaftsbeziehungen führt aufgrund von Studien aus, daß in Ländern wie Mexiko ein Drittel der Geldsummen, die der Staat im Ausland aufnimmt, als privates Fluchtgeld wieder ins Ausland abwandere; daß aus den fünf am meisten verschuldeten Ländern zwischen 1976 und 1984 mindestens 86 Milliarden Dollar im Ausland angelegt wurden; daß die Schweiz allein 1984 230 Milliarden Franken an Auslandsgeldern im Depot hatte. Man kommt zum Schluß, daß es ohne Fluchtgelder keine Schuldenkrise gäbe. Wo soll man nur anfangen, solche Strukturen der Ungerechtigkeit zu beseitigen?

Gewiß, es gibt Ausnahmen! G. Gutierrez schreibt in seinem Buch über die Befreiungstheologie, daß in Lateinamerika jetzt die erste Generation von Christen heranwachse, d. h. Christen, die nach Jahrhunderten des weltfremden und auf den Himmel vertröstenden Glaubens merken, daß Christsein auch mit Ehrlichkeit und Gerechtigkeit in Wirtschaft und Politik zu tun habe. Vorher gab es nur unpolitische Christen, die sich mit Prozessionen und Rosenkranzbeten zufriedengaben, und unchristliche Politiker, die, selbst wenn sie getauft waren, mit ihrem Gebaren zum Himmel spien. Jetzt sei eine Generation christlicher Politiker im Kommen. Auch Präsident Julius Nyerere von Tansania, den ich 1952 das erste Mal persönlich traf, gehörte zu dieser hoffnungsvollen Garde. Er versuchte, mit seinem „afrikanischen Sozialismus" ein Modell zwischen Kapitalismus, der den Tüchtigen und Schlauen zugute kommt, und Kommunismus, der dem Volk das Joch der Unfreiheit und Ideologie auferlegt, aufzurichten, nicht raschen Fortschritt für die Elite, sondern langsame Entwicklung für das ganze Volk zu erstreben. Während zehn Jahren verfolgte ich das Experiment mit großer Hoffnung. Aber man muß sagen, es ist falliert. Wir sind um eine Hoffnung ärmer!

Die Verantwortlichen der Kirchen haben hier offenbar nicht genügend ihre Chance wahrgenommen, den Glauben in die irdischen Wirklichkeiten zu inkarnieren. Die christlichen Stämme, die gerade dank der Missionsschulen groß geworden waren, zeigten sich nicht bereit, ihren Vorsprung den zurückgebliebenen Gegenden zugute kommen zu lassen. Man sieht heute ein, weder Kapitalismus noch Sozialismus an sich sind gute Systeme. Sie können mißbraucht werden und bedürfen beständiger Erneuerung. Vielleicht wird man einmal die gesunde Mischform finden, die aus den Realitäten von Wirtschaft wie des von Natur aus egoistischen Menschen das Beste herausholt.

Das Versagen von Menschen der Dritten Welt kann keine Entschuldigung liefern für die letzte und folgenreichste Ursache der Not, das gegenwärtige Welthandelssystem der Industrienationen. Durch diesen Mechanismus werden die Preise der Fertigwaren, die wir exportieren, immer höher und die Preise für die Rohstoffe, die die Dritte Welt anbietet, immer geringer. Sie sind im vergangenen Jahrzehnt auf die Kaufkraft von 1938 gefallen. Mit einem Beispiel veranschaulicht, heißt das, daß man in Tansania 1960 für einen Traktor 5 Tonnen Sisal zahlen mußte, 1970 10 Tonnen, 1980 28 Tonnen. Seit Jahrzehnten wies man auf den verschiedenen Welthandelskonferenzen die Vorschläge der Dritten Welt, die Preise für die Rohstoffe zu stabilisieren, gemäß dem Recht des Stärkeren als Eingriff in die freie Marktwirtschaft ab. So kommen jene Länder nie aus ihrer Not heraus, und ihre Verschuldung wird immer größer. Sie stieg von 650 Milliarden Dollar 1980 auf 1080 Milliarden im Jahre 1987.

Die reichen Länder werden immer reicher, die armen immer ärmer. Auf das Beispiel Schweiz, meine Heimat, das reichste Land der Welt, angewandt, heißt das, daß sich dieses Land bezüglich der Pro-Kopf-Einfuhren aus Entwicklungsländern an 10. Stelle befindet, aber hinsichtlich der Ausfuhren dorthin weit an der Spitze steht. Dank des Handels mit den Dritte-Welt-Ländern sind in der Schweiz rund 100.000 Arbeitsplätze gesichert. Man exportiert für rund 8 Milliarden Franken, gibt aber an öffentlicher und privater Hilfe nur 559 Millionen Franken. Pro Kopf des Schweizers macht man mit der Dritten Welt Geschäft für 1245 Franken, gibt aber als Entwicklungshilfe nur 87 Franken. Dabei rühmt sich diese Schweiz, daß sie ihre öffentliche Entwicklungshilfe im Jahre 1985 von 0,30 Prozent des Bruttosozialproduktes auf 0,31 Prozent gesteigert habe, und hofft, bis 1990 auf 0,34 Prozent zu kommen, während doch die westlichen Industrienationen vor Zeiten beschlossen hatten, ein Prozent dafür freizustellen, was bisher einzig Norwegen erfüllt hat. Ein weiterer „Streich": Die Schweizer Großbanken haben zwischen 1980 und 1984 ihre Kredite an Südafrika von rund 800 auf 3680 Millionen Franken erhöht und so den internationalen Boykott gegen das Land der Apartheid praktisch wieder wettgemacht. Geschäft ist Geschäft!

So kommt es nicht von ungefähr, wenn das erste von der UNO ausgerufene Entwicklungsjahrzehnt 1960/70 euphorisch anfing und melancholisch ausging, das zweite Jahrzehnt 1970/80 tragisch endete und das dritte Jahrzehnt 1980/90 in Bälde geradezu dramatisch auslaufen wird. Die Zukunft im ganzen Nord-Süd-Dialog – oder eher Nord-Süd-Konflikt – sieht düster aus. Das wird in einem offiziellen Bericht nach dem anderen bewußt gemacht. Aber es ändert unterdessen an der Sache wenig.

1969 gab L. B. Pearson in Zusammenarbeit mit anderen Fachleuten einen Bericht heraus, worin eine Evaluation des ersten Entwicklungsjahrzehnts und eine Prospektive für das zweite gemacht wurde, noch eher in zuversichtlichen Tönen. Zehn Jahre später stellte Präsident J. Carter eine von ihm aufgetragene Studie, „Global 2000", vor, welche die wirtschaftliche und ökonomische Zukunft in viel dunkleren Farben malt: „Weltweit werden mutige und entschlossene neue Initiativen – und die Bereitschaft, sie in Taten umzusetzen – erforderlich sein. Die notwendigen Veränderungen gehen weit über die Möglichkeiten dieser oder jener Nation hinaus. Es muß eine Ära der globalen Zusammenarbeit beginnen, wie sie in der Geschichte ohne Beispiel ist." Die nachfolgende Reagan-Administration hat die Studie in der Schublade verstaut und der bisherigen Entwicklung weiter freien Lauf gelassen.

In jener Zeit amtierte der deutsche Bundeskanzler Brandt auch als Präsident der Nord-Süd-Kommission, die 1977 gegründet wurde und ebenfalls eine sehr bedrückende Analyse publizierte. 1985 fragte sich der Präsident, was daraus geworden sei: „Ich habe versucht, eine ehrliche Antwort zu geben, und die konnte nicht positiv ausfallen." Er weist darin auf den Zusammenhang hin zwischen dem unsinnigen Wettrüsten und dem unsäglichen Welthunger und nennt das einen „organisierten Wahnsinn," dieses „immer weitere Anhäufen von Zerstörungsmaschinen, die schon töten, ohne daß sie benutzt werden, weil sie das Geld fressen, das Menschen vor dem Tod des Verhungerns bewahrt". Es sollen gegenwärtig noch jährlich 13–18 Millionen Menschen an Hunger sterben, das ist durchschnittlich jeden Tag eine Katastrophe mit 3500 Opfern. Eine Milliarde Menschen, also ein Fünftel der Menschheit, lebt chronisch und akut unterernährt. Dafür gibt man jährlich weltweit 1000 Milliarden Dollar für die Kriegsrüstung aus. W. Brandt zitiert resigniert das Wort von A. Einstein: „Die Atombombe hat alles verändert, nur nicht das Denken der Menschheit."[25]

Wie Brandt den Nord-Süd-Bericht in seiner Wirkung unter die Lupe nahm, so L. R. Brown die Analyse „Global 2000" . Seine Schlußworte: „Keine Generation hat bisher vor so komplexen Problemen gestanden, die noch dazu keinen Aufschub dulden. Frühere Generationen haben sich immer Sorgen um die Zukunft gemacht, aber wir sind die ersten, die vor der Entscheidung stehen, ob die Erde, die unsere Kinder erben, noch bewohnbar sein wird."[26]

Also viele Studien, viele Dokumente, viele Aufrufe, aber wenig Taten! „Wenn die Hand täte, was die Zunge sagt, gäbe es keine Armut!" Darum von Weizsäcker: „Noch nie haben so viele Menschen so im Wohlstand gelebt wie heute, in einem Wohlstand, der materiell denjenigen aller früheren Zeiten übertrifft. Noch nie haben so viele Menschen so in Elend und Hunger gelebt wie jetzt. Die Anzahl der Menschen, die an den Folgen des Hungers sterben, übertrifft die Anzahl der Toten aller Kriege unseres Jahrhunderts. Noch nie hat sich das Bewußtsein von der Ungerechtigkeit der Güterverteilung so weit verbreitet wie heute. Was ist zu tun?"[27] Um uns endlich zu diesem Tun zu nötigen, hatte von Weizsäcker die Idee der Weltversammlung der Christen für

Gerechtigkeit, Frieden und Bewahrung der Schöpfung lanciert, weil er sich mit Recht sagte, daß die ganze Frage mit den Christen als Christen zu tun hat.

Man predigte solange eine individualistische Frömmigkeit (du und dein Jesus), eine spiritualistische (rette deine Seele), eine supernaturalistische (die Güter dieser Welt verachten und nur die ewigen erstreben). Man hat inzwischen wieder entdeckt, daß der Gott der Bibel sich sehr in Politik einmischt, Partei ergreift für die Armen, den Schrei seines Volkes hört, es aus der politisch-wirtschaftlichen Not Ägyptens herausführt. Er ließ auch durch die Propheten sagen, daß er gern auf Weihrauch und Tieropfer verzichte, dafür Einsatz für die Armen fordere: „Das ist ein Fasten, wie ich es liebe: Die Fesseln des Unrechts zu lösen, die Stricke des Jochs zu entfernen, die Versklavten freizulassen, jedes Joch zu zerbrechen, an die Hungrigen dein Brot auszuteilen, die Obdachlosen ins Haus zu nehmen . . . Dann wird dein Licht hervorbrechen wie die Morgenröte, deine Gerechtigkeit geht vor dir her, die Herrlichkeit des Herrn folgt dir nach" (Jes 58,6–8). Auch Jesus hat Zeichen der Macht und Liebe Gottes zu allen Menschen, vor allem zu den Armen, Kranken, Hungernden und Sündern gesetzt.

So wissen wir Christen heute wieder besser, daß es nicht genügt, „Herr, Herr!" zu rufen, in schönen liturgischen Feiern „Halleluja" zu singen und Glaubensformeln aufzusagen. Es gehört mit zur marxistischen Fehlinterpretation des Christentums, wenn die Marxisten behaupten, sie kämpften für das Diesseits, die Christen hofften auf das Jenseits. Man darf nie um des Himmels willen die Erde vernachlässigen. „Die christliche Hoffnung geht nicht auf etwas jetzt noch ganz und gar Ausstehendes, sondern auf etwas, das jetzt schon da ist, das nur noch stärker in die Sichtbarkeit hervortreten soll."[28] Wir wissen heute um die „Sünde der Welt", die grauenhaft ist, die zum Himmel schreit: Das ist die globale Kriegsrüstung, die brutale Ausbeutung der Armen, die totale Zerstörung der Schöpfung. Wie die ökumenische Öffnung und die missionarische Dynamik nicht zusätzliche Traktätchen darstellen, sondern einen durchgehenden Zug jeder echten christlichen Theologie und Spiritualität, so auch die soziale Dimension. Hier teilnahmslos abseits zu stehen, statt eine Wende zu erzwingen, hieße das Christentum verraten.

Es fällt einem geradezu auf, wie Autoren aus der Dritten Welt – ich denke z. B. an neuere Bücher von L. Boff, J. M. Ela, A. Pieris – fast hartnäckig den Zusammenhang zwischen Eucharistie und der Weltnot aufzeigen und betonen, daß es weder erlaubt noch gottgefällig sei, Eucharistie zu feiern, wenn man sich gleichgültig verhielte zur Ungerechtigkeit in der Welt; daß Eucharistie nicht christlich sei, wenn sie die Millionen von Menschen, die in der anderen Erdhälfte darben, ihrem Schicksal überlasse; daß man nicht sinnvoll des Leidens Christi von damals in der Kirche gedenke, wenn man nicht Anteil nehme am Leiden Christi heute in der Welt, in seinen Schwestern und Brüdern.

Von der Kirche erwartet man nicht einen technischen Beitrag. Der bleibt der Verantwortung der Wirtschafts- und Finanzfachleute vorbehalten. Aber der Kirche obliegt die Aufgabe der Konszientierung, der Bewußtseinsbildung, und der Motivierung, um den Teufelskreis der nationalistischen Egoismen zu durchbrechen. Ohne neue und höhere Motive wird das nicht gelingen. Die Kirche muß die Diskrepanz auf unserer kleinen Erde unablässig ins Bewußtsein rufen und prophetisch warnen: Es ist dir nicht erlaubt, dich deines Wohlstandes zu erfreuen, solang dein Nachbar Hungers stirbt!

An diesbezüglichen kirchlichen Dokumenten fehlt es beileibe nicht. 1961 betonte Johannes XXIII. in der Enzyklika „Mater et magistra“, das Recht auf Privatbesitz sei immer bedingt vom Interesse „des ganzen Volkes“. Das Konzil fügte in „Gaudium et spes“ (Nr. 69) neu bei: vom Interesse „aller Völker“. Das wurde von Paul VI. bestätigt in „Populorum progressio“ (1967), einem Appell von unerhörter Dramatik, der heute noch so aktuell ist wie damals. Dann lehrte die Bischofssynode 1971, daß Einsatz für Gerechtigkeit und Entwicklung ein wesentlicher Bestandteil der Evangelisierung selbst sei, also nicht bloß Mittel zum Zweck, Prä-Evangelisierung, damit die Menschen in den Missionen eher getauft werden. In der ersten Enzyklika Johannes Pauls II. (1979) lesen wir: „Das bekannte Nord-Süd-Gefälle erscheint wie die gigantische Vergrößerung des biblischen Gleichnisses vom reichen Prasser und dem armen Lazarus. Diese Strukturen bewirken, daß sich die Zonen des Elends mit ihrer Last an Angst, Enttäuschung und Bitterkeit unaufhörlich weiter ausdehnen. Um diese dramatische Lage zu ändern, braucht es eine wahre Umkehr der Mentalität, des Willens und des Herzens."

Viele Bischöfe und Bischofskonferenzen vor allem der Dritten Welt rufen in ihren Hirtenschreiben nicht nur auf zum Kirchenbesuch, sondern zum Einsatz für Gerechtigkeit und für Frieden, zum Protest gegen Korruption und Ausbeutung aller Art. Besonders erwähnt sei der Brief der US-Bischöfe über die Wirtschaftssysteme, worin sie dem kapitalistischsten Land der Welt ins Gewissen reden: Die absolute Priorität der ganzen Wirtschaft hätten nicht die Aktionäre, sondern die Armen im eigenen Land und in der ganzen Welt.[29] Eindringliche Appelle ertönen in den Dokumenten der Päpstlichen Kommission „Justitia et Pax", 1977 über die Abrüstung, 1987 über die internationale Schuldenkrise, 1988 über das Wohnungsproblem. Eine sehr deutliche Sprache, die gerade in der westlichen Welt nicht gern gehört wurde, spricht Johannes Paul II. in der Sozialenzyklika „Sollicitudo rei socialis" vom Februar 1988: Die Lage in der Dritten Welt verbessere sich nicht, weil sie nicht nach ihren eigenen, sondern nach den Interessen des Ost- bzw. Westblockes betrachtet und behandelt werde; beide dieser zwei Blöcke, der liberalistische Kapitalismus wie der kollektivistische Marxismus, bergen auf ihre Weise die Tendenz zum Imperialismus und gehören, zusammen mit den Gesetzen des Welthandels und den diktatorischen Regimes in manchen Staaten zu den sündigen Strukturen. Es müsse endlich eine weltweite Solidarität entstehen zum Wohle aller. – Ob diese Enzyklika eine Wende zum Besseren zustande bringt, die „Populorum progressio" nicht erreicht hat? Die Chancen wären beträchtlich größer – um es noch einmal zu sagen –, wenn nicht bloß der Papst, sondern auch der Weltkirchenrat unterzeichnet hätte, da die Weltwirtschaft doch vorwiegend in protestantischen Händen liegt.

An Klarheit der Lehre fehlt es also nicht. Trotzdem stößt man in allen Kirchen auf Gruppen, die von dieser „Verpolitisierung" des Glaubens nichts wissen wollen und energisch wünschen, wenigstens in der Kirche mit diesen Fragen in Ruhe gelassen zu werden. Sie können ostentativ den Raum verlassen, wenn ein „progressiver" Pfarrer anfängt, von wirtschaftlicher Ungerechtigkeit, von politischer Unfreiheit in Ost und West und Süd zu sprechen. Sie organisieren sogar Gegenaktionen gegen die kirchlichen Hilfswerke, weil diese nicht bloß die Symptome der Weltarmut behandeln, sondern deren Ursachen, die vorwiegend im Welthandel liegen, beheben möchten. Es stellt sich im Ernst die Frage, ob es dann einen Sinn hat, in der Kirche auf den Zusammenhang des Glaubens mit solchen Problemen einzugehen, falls die Mehrzahl der Kirchgänger sich nur daran ärgert. Dann freilich ergibt sich sofort die zweite Frage, ob die Kirchenführung die Zukunft der Kirche auf solche „frommen Beter" abstützen wolle oder nicht vielmehr Anschluß und Einfluß bei jenen Kreisen suchen müßte, die die Welt von morgen tatsächlich gestalten. Wer also, ob Volk oder Hierarchie, gewissen Kreisen vorwirft, sie verkürzten den Glauben auf sozialpolitisches Engagement, müßte sich die Gegenfrage gefallen lassen, ob es nicht eine andere Verkürzung des Glaubens gebe, die ebenso unchristlich und dazu noch verhängnisvoller ist, nämlich bei den Christen, die sich nur um die Vergebung der Sünden und um ewiges Leben kümmern.

Die Frage der Gerechtigkeit ist Thema Nummer 1 in allen drei südlichen Kontinenten. Aber es hat sich in besonderer Weise in Lateinamerika herauskristallisiert. Mit Lateinamerika begegnen wir nun der ersten der drei südlichen Kontinentalkirchen. Sie galten früher als „quantité négligeable", als „Missionen" . Inzwischen ist uns bewußt geworden, daß sie das Schwergewicht der Kirche und der Menschheit ausmachen, nicht nur zahlenmäßig, auch bedeutungsmäßig. Natürlich könnte man auch ein Jammerlied über diese

Kontinentalkirchen singen. Sie leben in wirtschaftlicher Misere, oft unter politischer Diktatur, und auch kirchlich ist keineswegs alles ideal. Trotzdem zeigt uns der Tatbestand, daß sie offenbar das Zweite Vatikanische Konzil mutiger und mit mehr Elan durchgeführt haben als wir von den geschichtlichen Strukturen zu sehr fixierte Westkirche. Man kann mit Recht sagen: Die westliche Kirche hat das Konzil gemacht, d. h. die Texte verfaßt und gedruckt, die Südkirchen aber machen uns vor, wie man das Konzil lebt. Ich wiederhole das zur Verdeutlichung. Man muß das Volk von Lateinamerika bewundern, daß es nach Jahrhunderten der Unterdrückung, in den Phasen der Conquista, dann des Feudalismus, jetzt der Nationalen Sicherheit, die Hoffnung nicht verloren hat, im Gegenteil, gegenwärtig als Kontinent der Hoffnung dasteht. Die Kirche dort kann sich ihrer Vergangenheit nicht rühmen. Sie war Teil der Systeme, hatte zwar dann und wann Aufrufe zugunsten der Indios und Campesinos erlassen, aber duldete im übrigen das System als solches und wurde für die Komplizität mit goldschimmernden Kathedralen und prunkvollen Bischofspalästen honoriert.

Aber es ist anders geworden! In der lateinamerikanischen Bischofsversammlung von Medellin (1968) versuchte man, das Konzil konkret auf diesen Kontinenten anzuwenden. In einer ehrlichen Gewissenserforschung kam man zur Einsicht, daß die bisher betont hierarchische Kirche sich nun in der Linie des Konzils viel mehr auf das Volk Gottes, auf die Laien, abstützen müsse, und man gab die Losung aus: Kirchliche Basisgemeinschaften; ferner daß die bisher betont reiche Kirche sich vielmehr nach den Armen ausrichten müsse, und es ergab sich die zweite Losung: Option für die Armen. Auch dazu hatte das Konzil den Weg gebahnt. Während der ersten Session – im Herbst 1962 – hielt Kardinal Lercaro von Bologna, man sagt, inspiriert von Johannes XXIII., eine vielbeachtete Rede. Er führte aus, daß Jesus auf zweifache Weise in besonderer Art in der Kirche gegenwärtig sei: in der Eucharistie und in den Armen; er habe sich mit den Armen nicht bloß solidarisiert, sondern total identifiziert. Nun aber hätte er den Gedanken der Armen in allen vorbereiteten Texten umsonst gesucht. Es müsse dazu kommen, daß dieser Gedanke in allen Texten erscheine. Und es kam dazu! In fast allen Dokumenten, genau an 23 Bezugsstellen, kann man nun über das Verhältnis der Kirche zu den Armen nachlesen. Es entstand daraus schon während des Konzils die Bewegung „Kirche der Armen" mit den Kardinälen Lercaro, Montini, Suenens und Erzbischof Helder Camara an der Spitze.

Option für die Armen in Medellin wollte also besagen, daß die Kirche fortan ihre ganze Pastoral vom Standpunkt der Armen aus, im Interesse der Armen verstehen und ausführen solle, nicht etwas „für" die Armen tun, sondern es „mit" ihnen tun, sich auf ihre Seite stellen, für sie Partei ergreifen, nicht gegen die Reichen, aber die Reichen müßten sich nun in Funktion zu den Armen sehen. Man kann ja die Probleme der Armen nicht lösen ohne das Mittun der Reichen. Die Kirche hat also einen Standortwechsel vollzogen. Leonardo Boff hat das wiederholt illustriert mit dem Beispiel des heiligen Franziskus von Assisi.[30] Zuerst lebte er als König der Jugend in Saus und Braus vom Reichtum seines Vaters. Dann ging ihm plötzlich auf, daß ein solches Leben nicht weit führe. Er suchte nach einem neuen Weg. Er fing zuerst damit an, Geld und Kleider unter die Armen auszuteilen, bis er die radikalere Entscheidung traf, den Palast des Vaters und das Zentrum der Stadt verließ, sich an der Peripherie, unter den Armen, ansiedelte, um für die Armen, mit den Armen, wie die Armen, als Armer zu leben.

Niemand wird behaupten, Medellin habe die lateinamerikanische Kirche im Nu von Norden bis Süden an Haupt und Gliedern verwandelt. Aber erfreulich viel ist geschehen. In den meisten Ländern hat nun die Kirche kritische Distanz zum System bezogen und ist Teil jener geworden, die keine Stimme haben. Nicht bloß Alt-Erzbischof Helder Camara hat – schon vor dem Konzil – eine „Bekehrung" zu den Armen durchgemacht[31], auch viele Bischöfe mit ihm.

Auch die Theologen, vor allem Ordensleute, haben sich zu den Armen bekehrt und eine neuartige Theologie entwickelt, die man Befreiungstheologie nannte. Sie will sich nicht als widersprüchlich, wohl aber als ergänzend zur klassischen Theologie verstehen und das ganze Evangelium vom Standpunkt der Armen aus durchdenken, vor allem den Glauben nicht lehren, sondern tun. Unsere westliche Theologie blieb ja so kopflastig, war vom Professor im Studierzimmer niedergeschrieben, in Universitätssälen, abgeschirmt von den Problemen der Welt, vorgetragen, vom Studenten im Examen aufgesagt, aber sie veränderte wenig am Leben. In Lateinamerika kommen nun einfache Leute in Gruppen zusammen, machen eine Analyse ihrer konkreten Lebenssituation und suchen vom Evangelium her Licht und Kraft zu bekommen, diese Situation in kleinen Schritten zu verändern. Die Befreiungstheologie versteht sich als nachträgliche Reflexion über diese befreiende Praxis.

In diesem befreienden Tun erfährt man Heilsgeschichte heute, glaubt an den Namen Jahwe = „Ich bin da, ich bin dabei, um mein Volk immer zu befreien" und an die Verheißung Jesu, daß er bei seiner Kirche, jetzt bei uns, sei alle Tage, bis ans Ende der Zeit.

Also den Glauben tun! Und als zweite Eigenart: Die starke Betonung des integralen Heiles. Zu lange hatte man die armen Leute auf den Himmel vertröstet. Jetzt leugnet man den Himmel nicht, aber ergänzt diese Hoffnung mit der anderen Dimension des Heiles. Gott will in der Tat dem Menschen ein volles, integrales Heil schenken, das auf zwei Ebenen verläuft: Himmel und Erde, im Dort und Dann wie im Hier und Heute, in der Auferstehung der Toten, aber auch in der Auferstehung der Lebenden und Leidenden, das eine mit dem Schwerpunkt Auferstehung Jesu, das andere mit dem Schwerpunkt Exodus, Befreiung aus Ägypten, das eine mit einer letzten Absolutheit, das andere mit einer unmittelbareren Dringlichkeit.

Als dritte Eigenart entwickelte man die Dependenztheorie: Armut sei nicht einfach ein zufälliges Schicksal, sondern ein Nebenprodukt eines bestimmten Wirtschaftssystems, das vor allem die Interessen der Reichen, der Mächtigen, der

Aktionäre, der multinationalen Gesellschaften im Auge habe. Es gehe nun darum, die Abhängigkeit davon zu überwinden, sich auf eigene Füße zu stellen und gemäß der sozialen Analyse nicht zu warten, bis – wie konservative Leute in Aussicht stellen – die menschliche Gesellschaft sich selbst wie ein Organismus kuriere; auch nicht bloß – wie gemäßigte Reformer es sagen – durch vermehrte Investitionen das Heil zu erhoffen, sondern eine radikale Umformung durch möglichst starke Teilnahme des Volkes zustande zu bringen.

Diese Bewußtseinsbildung und folglich dieser „Aufstand" des lange unterdrückten Volkes gefiel natürlich den Mächtigen nicht. Sie sahen dahinter subversive Elemente und den Kommunismus. Auch Rom wurde von gewissen „Kirchenfürsten" in diesem Sinn informiert und reagierte entsprechend im Dokument vom Herbst 1984, worin den Befreiungstheologen vorgehalten wurde, sie schwämmen im Fahrwasser des Marxismus. In gewissen Kreisen der liberalen Weltwirtschaft und auch der Kirche spukt Kommunismus als das große Schreckgespenst. Man unterstützt lieber Systeme der „Nationalen Sicherheit", auch wenn sie die Gerechtigkeit mit Füßen treten, sofern sie nur antikommunistisch sind, statt sich radikal für die Beseitigung der Ungerechtigkeiten einzusetzen und auf diese Weise die kommunistische Radikalkur unnötig zu machen.

Zu welchen Absurditäten diese Haltung führen kann, ist durch die Rolle der argentinischen Bischöfe aufgedeckt worden. Die Mehrzahl von ihnen hat in den Zeiten der Diktatur, 1976 bis 1983, als die Mütter nach ihren verschwundenen Söhnen und Männern schrien, das Morden durch die Regierungstruppen moralisch entschuldigt und sich der Version der Generäle angeschlossen, man müsse – auch auf diese Weise – Argentinien vor dem Kommunismus schützen. Jetzt versuchen diese Bischöfe, das Volk zum Vergessen und Verzeihen aufzurufen. Aber so leicht und rasch kann man über getanes Unrecht nicht Gras wachsen lassen, auch nicht mit christlichen Motiven.[32]

Als großes Ereignis in der Theologiegeschichte kann gewertet werden, daß nun in Lateinamerika ein Standardwerk „Bibliothek Theologie der Befreiung" erscheint, auf 53 Bände berechnet, wovon jedes Jahr drei, vier erscheinen (auch deutsch im Patmos-Verlag). Damit wird erstmals außerhalb des abendländisch-europäischen Kulturkreises ein eigenständiger Entwurf von Theologie vorgelegt. Nachdem Lateinamerika bereits 42 Prozent der Katholiken zählt – Europa noch 32 Prozent –, war es an der Zeit, daß jene Kontinentalkirche nicht länger bloß europäische Theologie konsumiere, sondern sich ihre eigene Theologie schaffe, auch zur Bereicherung der Gesamtkirche. Man lese z. B. das Buch von Leonardo Boff über den dreieinigen Gott oder von J. Comblin über den Heiligen Geist, und man wird gleich merken, daß man zwar die klassische Theologie auch kennt, aber sie – ein wirklicher Durchbruch – verbindet mit den existentiellen Fragen des täglichen Lebens, daß also Dreifaltigkeit, Heiliger Geist, nicht bloß Ereignisse „im Himmel" darstellen, sondern Ereignisse unseres täglichen Lebens werden, indem sie uns Kraft vermitteln zur Verwirklichung der integralen Befreiung.

Zurück zur wirtschaftlichen Weltsituation. Es herrscht gegenwärtig eine große Ratlosigkeit. Die drei Entwicklungsjahrzehnte haben die Dritte Welt nicht aus der Sackgasse der menschenunwürdigen Armut herausgeführt. Der Club of Rome konstatiert in seinem Bericht von 1986, daß man dort zu viele industrielle Großprojekte nach westlichem Muster erbaut habe, die den Bedürfnissen des Volkes nicht entsprachen; daß zuviel vom investierten Geld nur den wenigen Privilegierten zugute kam; daß man eine Entwicklungspolitik betrieben habe, die frontal mit den dortigen Strukturen und Kulturen zusammenprallte und darum eine Abwehrreaktion von seiten der Bevölkerung auslöste. Dazu kommt, daß auch unsere Wirtschaft in der Krise steckt und man den Elan der 60er Jahre verloren hat.

Wie soll es weitergehen?

In der Dritten Welt scheint sich eine Trendwende anzubahnen. Man merkt dort allmählich, daß man das Heil nicht mehr vom Westen erwarten, sondern es mit eigener Anstrengung leisten solle. Selbstverantwortung wird das neue dynamische Element, indem man von der Berücksichtigung des eigenen Lebensraumes zu einer eigenständigen Wirtschaft und einer von innen gesteuerten Entwicklung kommt unter großer Subsidiarität und voller Teilnahme des Volkes.[33] Auch die Weltorganisationen, UNESCO, OMS, FAO, haben ihre Ziele bescheidener formuliert. Von den globalen Plänen, wo sie Mammutstudien erstellen ließen, die zu nichts führten, kamen sie zu nationalen Projekten (country projects), indem sie die Regierungen der einzelnen Länder ihre Projekte planen ließen und sie dann mit Experten und Finanzen unterstützten. Auch das funktionierte nicht befriedigend. So verläßt man sich jetzt auf Lokalprojekte (grassroot projects). Denn mehr und mehr organisieren sich jetzt in Lateinamerika, Afrika, Asien Bauerngruppen und Dorfgemeinschaften, die aus Notwehr handeln und zum Überleben die Initiativen zu ihrer Entwicklung selbst in die Hand nehmen. Man hat das schon die „Revolution der Barfüßer" genannt. In dieser Optik erkennt man auch die Bedeutung der nichtstaatlichen Organisationen, die aus ethischen, humanitären oder religiösen Beweggründen an Kleinprojekten mitwirken und jenen eigenen Initiativen Ermutigungsprämien zur Verfügung stellen.

Gewisse Kreise formulieren noch radikalere Alternativvorschläge und postulieren eine völlige Abkoppelung von der westlichen Wirtschaft. Jene Kontinente hätten früher ihre Autarkie, ihre Selbstversorgung, gehabt. Sie könnten sie auch heute wiederherstellen. Doch so gewaltsam kann man offenbar das Rad der Geschichte nicht zurückdrehen.

Wir erwarten gegenwärtig auf dem Gebiet der Weltwirtschaft wahre Propheten, die – vom Geiste Gottes inspiriert – und – mit Fachwissen ausgerüstet – Realutopien aufstellen, welche aus den verfahrenen Geleisen herausführen, die überzeugend aufzeigen, daß die Wirtschaft des Westens nur gesunden kann, wenn sie die Wirtschaft des Südens in echter Solidarität integriert; daß die wahnsinnige Rüstungsindustrie, die nichts einbringt, weltweit umfunktioniert werden müßte, um Projekte zu fördern, die der Gerechtigkeit und dem Frieden dienen, die also die neue Wirtschaftsordnung, von der seit Jahren die Rede ist, mit kühnen Vorstößen in die Tat umsetzen.[34]

Am 26. Jänner 1988 hat man im Europarat offiziell eine europäische Öffentlichkeitskampagne gestartet, welche die Nord-Süd-Interdependenz und -Solidarität ins Bewußtsein rufen sollte. Es müßte allen einsichtig werden, daß kein Volk mehr die Probleme der Zeit auf sich selbst zurückbezogen lösen kann, daß die Nationalismen, welche ihre Träume im Alleingang oder gar auf Kosten anderer zu verwirklichen suchten, nicht mehr statthaft seien, sondern alle Völker zusammen Vergangenheit, Gegenwart und Zukunft der Menschheit bewältigen müßten. Es scheint also etwas zu dämmern, das neue Hoffnung weckt.

Man wird also gewiß die Hauptverantwortung den Dritte-Welt-Ländern überlassen, aber nach dem Prinzip des Sowohl-Als-auch die westliche Wirtschaft nicht von der diesbezüglichen Anstrengung dispensieren. Jene Propheten müßten zu einer Art „Marshallplan" zugunsten der Dritten Welt aufrufen. Als sich nach dem Ende des Zweiten Weltkrieges die Wirtschaft Europas in einer katastrophalen Lage befand, lieferten die USA mit Hilfe des Marshallplanes von 1948 bis 1951 elf Milliarden Dollar für Europas Wiederaufbauprogramm. Das wirkte wie ein Wunder. Europa hat sich überraschend schnell vom Krieg erholt, freilich auch, weil Europa damals über ein starkes Kontingent qualifizierter Arbeitskräfte verfügte, was genau in der Dritten Welt weitgehend nicht der Fall ist. Gewisse Kreise erblickten damals auch im Marshallplan ein Instrument des amerikanischen Imperialismus. Beide Feststellungen mahnen also zur Vorsicht. Trotzdem sollte es möglich sein, nach entsprechenden Verhandlungen mit den interessierten Nationen, parallel zu ihren eigenen Anstrengungen, gewisse Friedensprojekte zu realisieren, zu denen sie allein nicht in der Lage sind, Aufforstungs- und Wasserprojekte, Verkehrs- und Energieprojekte, Gesundheits- und Ernährungsprojekte.

An einem solchen Projekt, „Transaqua" genannt, arbeitet eine italienische Technikergruppe. Man möchte vom Zaire, nach dem Amazonas der zweitgrößte Fluß der Welt, 5 Prozent seiner Wassermasse abzweigen und in einem 2400 Kilometer langen Kanal nach Norden lenken bis zum Tschadsee. Dieses Gewässer, früher ein Binnenmeer, verdunstet mehr und mehr und droht völlig auszutrocknen mit der Folge der immer größeren Saharisierung Afrikas. Mit dem Kanal könnte man eine gewaltige Gegend für Ackerbau und Viehzucht erschließen, für Millionen von Menschen, die jetzt nur mit fremder Hilfe überleben können, eine Existenzgrundlage schaffen und durch diesen neuen Wasser-Transportweg auch den Handelsaufschwung begünstigen. Die Techniker versichern, daß sie bis 1990 den betreffenden Regierungen die Pläne vorlegen und 1995 mit dem Bau beginnen könnten. „Wir haben die technischen Mittel dazu, nur fehlt es an Geld.“ Nur mit Hilfe internationaler Zusammenarbeit kann der Kanalbau zustande kommen. Ob man an eine solche Utopie glauben darf, daß Ost und West zusammen, als Zeichen einer neuen Ära der Weltpolitik und der Weltwirtschaft, ein solches Projekt realisieren helfen und so ein gelungenes Beispiel menschlicher Solidarität aufstellen? Das wäre wahrlich viel einsatzwürdiger als das gemeinsame Projekt eines Mars-Ballons durch die USA und die UdSSR.

Zuletzt sind auch wir noch gefragt: Gilt die Losung „Option für die Armen“ nur für Lateinamerika und die übrige Dritte Welt oder nicht auch bei uns? Hockt nicht auch hinter den Kulissen unserer Wohlstandsgesellschaft eine versteckte Armut, die wir aufspüren und eliminieren müßten? Finden wir nicht wahrscheinlich in unserer eigenen Straße Gastarbeiter, Asylwerber, körperlich-geistig Behinderte, junge Arbeitslose, alte, einsame Leute, Alkoholabhängige vor und nach Kuren, Haftentlassene, die wir nicht allein ihrem Schicksal überlassen sollten? Man schätzt, daß in Westeuropa 8 bis 10 Millionen Menschen unter dem Existenzminimum leben, von den Vorteilen des gesellschaftlichen Lebens ausgeschlossen sind und von den Dörfern in die Anonymität der Städte fliehen. Wir dürfen sie nicht einfach der Caritas überlassen, so froh wir um diese Organisation sind. Wir alle sollen als Christen die Liebeszeichen Jesu in unserem Quartier gegenwärtig setzen.

Im Blick auf die Armut bei uns und in der Welt sind wir herausgefordert, nicht mehr bloß etwas zu geben, sondern uns selber zu geben, unsere Intelligenz, unsere Energie, unser prophetisches Reden und Handeln, um Strukturen zu verändern und die Wurzeln der Armut auszureißen. Es wird von uns eine „asketische Weltkultur" gefordert (C. F. von Weizsäcker). Niemand kann das Elend rechtfertigen. Wer aber dazu schweigt, scheint einverstanden und somit mitschuldig zu sein. Luxus der einen wie Elend der anderen sind ein Skandal! Eine zufriedene Armut, ein bescheidener Lebensstil aller könnte zu einem Ausgleich und zur neuen Menschheit führen.

## 7. Kapitel
## Ihr werdet die Weite des Schöpfergeistes bewundern: Inkulturation: Afrika

Schon im Buch „Weltkirche" habe ich je ein Kapitel den drei südlichen Kontinentalkirchen Lateinamerika, Afrika, Asien gewidmet. Hier soll nicht einfach wiederholend, sondern ergänzend – und darum nicht umfassend – auf neue Aspekte hingewiesen, mein persönlicher Zugang geschildert und nach Impulsen für uns gefragt werden.

Wer Afrika schon bereiste, wird es liebgewonnen haben. Auch wenn die Organisation für vieles weniger gut klappt als früher, auch wenn die wirtschaftliche Lage an den meisten Orten bedrückender geworden ist, auch wenn sich auf hygienischem Gebiet neben den bisherigen Tropenkrankheiten noch AIDS, die moderne Seuche, ausbreitet, Afrika bleibt der Kontinent der bezaubernden Naturschönheiten, der paradiesischen Tierwelt, vor allem der fröhlichen Menschen, die mit Abstand lauter, spontaner, zugänglicher erscheinen als etwa die Indios oder auch die Asiaten.

Afrika hatte schon dreimal die Chance, christlich zu

werden. Die erste dauerte sechs Jahrhunderte, beschränkte sich auf Nordafrika, brachte dort eine blühende Kirche hervor, fiel aber inneren Streitigkeiten und dem Einfall des Islams zum Opfer. Die zweite Chance begann mit der Umsegelung des Kontinents durch die portugiesischen Seefahrer vom 16. bis zum 19. Jahrhundert und sah da und dort kurzfristige Missionsversuche, im Kongo sogar eine starke Einwurzelung der Kirche. Aber es blieb auch davon nur wenig übrig. Vor gut 100 Jahren begann die dritte Chance. Sie führte unter heroischen Opfern der damaligen Missionare zum endgültigen Erfolg, so daß Schwarzafrika, nach den Berechnungen von D. Barrett, ums Jahr 2000 zu 57 Prozent christlich sein wird.

Wir können also von einer geographischen Katholizität der Kirche in Afrika sprechen. Das Christentum ist in Afrika nun fest begründet und wird nicht mehr von der Bildfläche verschwinden. Man hört zwar oft beängstigende Informationen, der Islam mache da viel mehr Fortschritte als die christlichen Kirchen zusammen. Es handelt sich da weitgehend um eine optische Täuschung. Dank des Geldes aus den Ölstaaten konnte der Islam in vielen Städten neue Moscheen und Sozialzentren bauen. Daraus machte man den Trugschluß, er sei gewaltig im Vormarsch. Aber haben die christlichen Missionen nicht auch schon seit Jahrzehnten dasselbe getan, in Stadt und Land mächtige Kirchen und Kathedralen, Schulen und Spitäler errichtet? So muß man dem Islam die gleiche Entfaltungsmöglichkeit zugestehen. Das Recht auf Religionsfreiheit ist nicht ein Monopol der christlichen Kirchen, sondern ein Menschenrecht für alle. Wir sollen also nicht in Panik verfallen, nicht in Polemik über die anderen herfallen, sondern in echter und zuvorkommender Dialogbereitschaft die Lage entschärfen. Zahlenmäßig sieht es übrigens gar nicht so schrecklich aus wie man sagt. Die Muslime in Afrika nehmen zwar leicht mehr zu als die Christen, aber vor allem dank der starken Bevölkerungsexplosion in Nordafrika. Ihr Zuwachs aufgrund neuer Bekehrung von Erwachsenen macht nur 6 Prozent aus, bei den Christen jedoch 32 Prozent.

Diese geographische Katholizität soll nicht mißbraucht werden, um die Machtposition der Kirche zu verstärken. Sie soll der kulturellen Katholizität dienen. Kirche in Afrika schafft die Voraussetzung für Kirche von Afrika, die afrikanischen Bodengeruch und Charakter verrät. Wir hatten leider zu lange in europäischer Überheblichkeit die Afrikaner verkannt, verurteilt, gedemütigt. Wie ein Kehrvers tönte es jahrhundertelang: „Die Neger wissen von Gott überhaupt nichts. Sie leben und fressen wie das Vieh. Wir müssen sie zivilisieren." Im Buch „Missionsprozeß in Addis Abeba" habe ich die Anklagepunkte zusammengestellt, die heute gegen die Mission erhoben werden: Man hätte ihren afrikanischen Weg zur Ehe und die Polygamie als schwere Sünde erklärt, hätte ihre ganze Lebensphilosophie verlacht, ihnen statt die Bibel die „Summa theologica" gebracht, sie statt zu Mystikern zu Mini-Europäern gemacht . . . Freilich kommt auch die Verteidigung zu Wort, welche die bessere Seite der Missionstätigkeit ans Licht rückt, dank der das christliche Afrika von heute entstehen konnte.

Aber man kann die Missionsgeschichte nicht reinwaschen von diesem Makel, daß sie der afrikanischen Kultur und Religion großes Unrecht angetan hat. Das gleiche tat man auch gegenüber den Indios beider Amerika, sogar gegenüber den alten Kulturvölkern Asiens, Indien, China, Japan. Heute sind wir beschämt und gedemütigt, solange so verächtlich auf jene Völker herabgeschaut zu haben. Aber Afrika litt mehr als die anderen Kontinente unter dieser unserer Taktlosigkeit. Umso mehr suchte man das in den letzten 30 Jahren gutzumachen. Das neu erwachte Nationalbewußtsein und der rasch entfachte Entkolonialisierungsprozeß blieben nicht ohne Einfluß auf die Kirche und bewirkten zuerst einmal einen eigentlichen Frühling des afrikanischen Kirchenliedes. Vorher hatte man nur europäische Kirchenlieder gesungen mit übersetztem Text, je nach der Herkunft der Missionare französischen, italienischen, deutschen Ursprungs. Jetzt aber fingen Lehrer, Priester, auch ungebildete Leute spontan an, einen biblischen Text zu singen, wozu das Volk einen rhythmischen Kehrvers wiederholte.

Auf meiner Afrikareise im Jahre 1962 durch viele Länder und wiederum 1966 konnte ich mit Freude feststellen, wie nun das neue Kirchenlied von Land zu Land zu hören war.

Ich erinnerte mich an meinen ersten Versuch zu einer Initiative in dieser Richtung. Im Jahre 1951, damals Missionar in Tansania, sprach ich vor Weihnachten mit den Missionaren, ob man nicht aufgrund der afrikanischen Wiegenlieder einige Weihnachtslieder gestalten könnte. Ihre Antwort: „Es gibt keine afrikanischen Wiegenlieder." Davon nicht überzeugt, ging ich zu einem Lehrer, der etwas von Musik verstand und auch die Noten schreiben konnte. Ich bat ihn, seiner Frau zuzuhören, wie sie ihr Kindlein in den Schlaf singe, und dann in dieser Art zum mitgebrachten Text eine Melodie als Weihnachtslied zu schreiben. Seine Bedenken: „So etwas darf man nicht in der Kirche singen." Ich erklärte, daß auch unsere europäischen Weihnachtslieder weitgehend von Wiegenliedern herkämen und darum so ansprechen. Maria sei schließlich auch eine Mutter gewesen wie alle anderen Frauen. Jetzt ging es ihm auf, und er antwortete: „Dann höre ich nicht bloß meiner Frau zu, sondern gehe zu meiner Nachbarin, die kann es noch viel besser." Also lag der Beweis da, daß es afrikanische Wiegenlieder gibt! Nach ein paar Tagen brachte er mir ein Lied, aber damals war es noch gar nicht denkbar, es in der Kirche zu singen. Es brauchte noch das Erwachen des nationalen und kirchlichen Selbstbewußtseins.

Jetzt folgte auch von der offiziellen Kirche ein ganzer Stoß von Dokumenten zum Thema der Inkulturation, besonders im Blick auf Afrika. 1967 veröffentlichte Paul VI. die Botschaft „Africae terrarum", worin erstmals, nicht bloß introvertiert, eine Lanze gebrochen wird für die Intensivierung der Afrikamission, sondern auch extrovertiert für die Respektierung der afrikanischen Kultur. Zwei Jahre später machte dieser Papst seinen Überraschungsflug nach Uganda, um Afrika die Botschaft zu überbringen, daß seine Stunde nun gekommen sei, daß es nun erwachsene, gleichwertige, vollverantwortliche Kirche geworden sei: „Wir haben kein anderes Verlangen, als euch in dem zu bestärken, was ihr schon seid: Christen und Afrikaner. Deshalb wünschen wir, daß unsere Gegenwart unter euch die Anerkennung eurer Reife zum Ausdruck bringe . . ." 1974 fand in Rom die Bischofssynode über Evangelisierung in der Welt von heute statt, wo die afrikanischen Vertreter mit Vehemenz den Anspruch auf eine personelle und kulturell afrikanische Kirche erhoben und Paul VI. infolgedessen im Schlußdokument „Evangelii nuntiandi" diesem Begehren voll entsprach: Inkulturation dürfe nicht bloß, sondern solle geschehen, und zwar auf dem Gebiet der Liturgie, der Theologie und der sekundären kirchlichen Strukturen. Das ergebe sich aus dem Reichtum der Kulturen, aus den Erwartungen der Völker, und es bereichere auch die Kirche.

Nach dieser Synode haben die afrikanischen Bischöfe, die dabei waren, noch eine eigene Erklärung abgegeben: Die Zeit der bloßen Akkommodation oder Adaptation, wo man nur äußere Dinge, wie Gesang, Kleider, Kunst, anzupassen suchte, sei vorbei, es komme jetzt die Epoche der vollen Inkarnation des Evangeliums in die afrikanische Kultur. 1975 hielten die afrikanischen Bischofskonferenzen ihr Symposium ausnahmsweise in Rom über das Hauptthema: „Die religiös-kirchliche Inkulturation in Afrika." Im selben Jahr fand in Rom ein internationaler Missionskongreß an der Universität Urbaniana über Evangelisierung und Kulturen statt, dessen Vorträge drei dicke Bände füllten. Schließlich ermuntert auch Johannes Paul II. auf seinen wiederholten Afrikareisen die Afrikaner immer wieder, ihre Kulturwerte zu schätzen und eine afrikanische Kirche aufzubauen.

Bei all diesen Äußerungen geht es nicht bloß um Zugeständnisse oder Taktiken, sondern um ein neues Gespür für die Weite des Schöpfergeistes, der am Anfang über den Wassern schwebte und das Chaos in Kosmos verwandelte, der eine unvorstellbare Fülle von Formen, Farben, Arten hervorkommen ließ – wo immer man näher in einen Sektor hineinschaut, in die Welt der Orchideen, der Schmetterlinge, der Meermuscheln, in den Makrokosmos oder Mikrokosmos, kommt man nicht aus dem Staunen heraus! –, der auch am Anfang der Kirche dabei war, sich in allen Sprachen vernehmen ließ und den Aposteln den Mut verlieh, in alle Welt hinauszugehen und die „Frohe Botschaft“ „allen Geschöpfen“ zu verkünden (Mk 16,15). Dieser Schöpfergeist zeichnet verantwortlich für alles Gute, Wahre, Schöne, wo immer es sich findet, und man kann ihm wirklich nicht zumuten, es sei sein Wille, seine Kirche, aus schöpferischen Menschen gebildet, solle auf eine rigide Uniformität eingedrillt sein, solle die in römisch-westlicher Geschichte entstandene Form zur einzig gültigen Art des Kircheseins erklären.

Nach dieser Lawine von Dokumenten und Theorien über die Inkulturation, speziell in Afrika, sollte man eigentlich erwarten, daß, wie in Lateinamerika in den letzten zwanzig Jahren in Sachen Option für die Armen sehr viel geschehen ist, wie in Asien in derselben Zeit auf dem Gebiet Dialog mit den Religionen ebenfalls eine neue Epoche anfangshaft, aber doch wirklich begonnen hat (vgl. folgendes Kapitel), nun auch in Afrika auf dem Sektor Inkulturation etwas in Gang gekommen sei und eine Fülle von inkulturierten Formen des Christseins hervorgebracht habe, an denen der Heilige Geist und wir Freude haben könnten.

Aber leider werden wir da enttäuscht. So sehr die Kirche Afrikas in manchen Punkten eine positive Bilanz aufweisen kann, ihr dynamisches Wachstum, ihre mitreißenden Gottesdienste, sei es in den großen Stadt- und Landkirchen wie in den vielen priesterlosen Gemeinden, auch ihr Mut, in der politisch-wirtschaftlichen Depression durchzuhalten, in Sachen kirchlicher Inkulturation schauen wir umsonst aus nach einem eigentlichen Durchbruch. Hier gilt einmal mehr: Die Worte hör ich wohl, allein es fehlen Taten. Das hat seine verschiedenen Gründe. Zunächst einmal nimmt die politisch-wirtschaftliche Situation allen anderen Bestrebungen den Wind aus den Segeln. „Primum vivere, deinde philosophari: Zuerst leben, dann erst philosophieren.“ Oder ebenfalls die andere römische Erfahrung: „Inter bella silent musae: In der Kriegszeit schweigen die Musen.“ Man muß also auf bessere, stimmungsvollere, inspirierendere Zeiten warten!

Dazu kommt, daß Afrika gut 50 Staaten zählt und auch innerhalb der einzelnen Staaten der Tribalismus, das Stammesdenken, ein nationales Bewußtsein erschwert; daß man an den meisten Orten über keine nationale Sprache verfügt, sondern sich mit einer verbindenden europäischen Sprache behelfen muß. Es haben sich noch keine großen Kultureinheiten geschaffen, um eine „afrikanische" Kultur hervorbringen zu können. Kleinere Versuche auf Lokalebene setzen sich nicht durch, und man begreift es fast, wenn Kirchenstrategen nicht wünschen, daß jeder Staat und jeder Stamm „seine" Inkulturation vornimmt.

Ein dritter Faktor muß genannt werden: Allzu viele afrikanische Priester handeln wie typische Emporkömmlinge, legen Gewicht auf ihre europäische Bildung und ihren europäischen Lebensstandard und wollen nicht in die alte „primitive Kultur zurückfallen", wobei natürlich echte Inkulturation nicht einfach umstrittene folkloristische Elemente um jeden Preis retten, sondern die Kirche im Afrika von heute und morgen heimisch machen will.

Wie damals aus griechisch-römisch-germanischer Kultur plus Christentum das Mittelalter entstand, so sollte sich in Afrika aus westlichem Christentum, westlicher Technik plus afrikanischer Kultur eine neue Form ergeben für die afrikanische Neuzeit. Auch von nicht wenigen Bischöfen gewinnt man den Eindruck, daß sie gern in ihren farbigen Gewändern einhergehen, sich gern als Exzellenzen in ihren mit Hilfe Roms erbauten Residenzen sehen, daß sie theologisch auf eher konservativen Geleisen fahren und noch nicht, wie in Lateinamerika, eine volksnahe Befreiungstheologie erfahren.

Die eigentliche Blockierung für eine konkrete Inkulturation kommt jedoch ausgerechnet von Rom, das sich zwar in Dokumenten zugunsten der Inkulturation fast überbietet, aber sobald es Konsequenzen zeitigt, es sogleich verbietet. Wenn ein Bischof für die Aufwertung der Laien, für Ökumene, für die Afrikanisierung der Sakramente etwas Besonderes unternehmen will, bekommt er sogleich eine Verwarnung durch den päpstlichen Vertreter, im Ernstfall auch eine

Kürzung der Beiträge Roms, und wenn es nichts nützen sollte, wird ihm ein Weihbischof zur Seite gestellt, der absolut linientreu ist und auf Ordnung schaut. Auf diese Weise wird der römischen Einheit = Einförmigkeit nachgeholfen und allen konkreten Formen der Inkulturation das Genick gebrochen. Nicht nur die Nuntien wachen über die Erhaltung der römischen Doktrin und Disziplin. Seit einiger Zeit gibt es in Abidjan, Kinshasa und Nairobi, wo höhere theologische Institute gut wirken und auf längere Frist hinaus eine afrikanische Theologie erarbeiten, je ein Opus-Dei-Zentrum mit der Kontrollturm-Funktion.

Inkulturation in Afrika geschieht also nicht in einem Klima der Ermunterung, sondern der Ängstlichkeit. Rom gesteht zwar zu, man solle die Fragen erforschen, studieren. Dahinter steckt eine bloße Verzögerungstaktik. Wehe, wenn dann die Theologen oder gar die Bischöfe etwas beschließen und tun, das nicht mit dem weltumspannenden Kirchenrecht in Einklang steht.

Es scheint, daß die Bischöfe sich dem Druck Roms beugen. Noch in den siebziger Jahren herrschte in ganz Afrika und im besonderen im Bereich der ostafrikanischen Bischofskonferenzen (AMECEA) eine pastorale Dynamik und Offenheit. Man wollte viele Fragen der Evangelisierung, auch bezüglich der afrikanischen Eheformen, neu überlegen. Bei der 9. Vollversammlung der AMECEA im April 1986 in Moshi spürte man nur mehr wenig von jener Dynamik. Man entschied sich einfach für die strenge Einhaltung der kirchenrechtlichen Bestimmungen – als ob damit die pastoralen Probleme gelöst wären. Die AMECEA-Untergruppe, die für das Apostolat unter den Nomaden zuständig ist, spürte dieses Handicap. Sie startete im Laufe von 1988 eine Befragung, auch von Fachleuten in Europa, ob die polygame Eheform dieser Nomaden wirklich – für die erste Generation – ein Hindernis sein müsse für die Taufe.

P. J. Henschel, Chefredakteur der deutschen Missionszeitschrift „Kontinente", begleitete im Oktober 1985 ein Kamerateam des Zweiten Deutschen Fernsehens (ZDF) nach Tansania, um den Film „Christus war Massai" zu drehen.

Man muß mit Sperberaugen nach solchen vereinzelten Glücksfällen von Inkulturation – wie auch etwa die Filme von Hans Schotte (u. a. „Wie Abraham lebte") – Ausschau halten und merkt dann, daß Inkulturation eigentlich nur im geheimen von einzelnen mutigen Missionaren und afrikanischen Priestern durchexerziert wird. P. Henschel kommentiert dazu: „Da gehen Missionare ganz neue Wege der Verkündigung. Nicht aus Leichtfertigkeit, sondern aus Liebe und Achtung vor den Menschen einer anderen Kultur und auch aus Liebe zur Botschaft Jesu Christi. Da wird modellhaft deutlich, daß die Botschaft Gottes Kulturen zu übersteigen in der Lage ist. Da stehen wir heute vor einem ähnlichen Problem, wie es sich damals der jungen Kirche im Apostelkonzil von Jerusalem stellte. Aber heute erleben wir, daß Inkulturation, sobald sie die Bereiche der bloßen äußeren Adaption übersteigt, wieder abgeblockt wird zugunsten einer Universalität und Uniformität . . ."

Wir haben schon bei der Behandlung der Laien und der Ökumene auf den Kontrast zwischen Theorie und Praxis hingewiesen, daß man schöne Erklärungen abgebe, aber bei konkreten Schritten sofort ein Veto einlege. Das gleiche gilt auch hier in Sachen Inkulturation. Muß man eine solche Zwiespältigkeit einfach „aus Loyalität zur Kirche" schlukken? Es gibt zwar Fälle, wo man die theoretische Forschung, die legitim sein mag, nicht in die Praxis umsetzen darf, die verbrecherisch würde. C. F. von Weizsäcker dachte diesbezüglich anders und hat schon 1954 im Blick auf die Atombombe von Fällen gesprochen, „in denen der Wissenschaftler so weit gehen muß, nicht nur auf Anwendungen, sondern auch auf das Vorsehen in einem bestimmten Gebiet bewußt zu verzichten, weil er weiß, welche Folgen bestimmte Entdeckungen in einem bestimmten Augenblick haben würden, da der Zusammenhang zwischen Theorie und Praxis immer enger und unausweichlicher wird."[35]

Ein solches berechtigtes Sträuben gegen die Umsetzung der Theorie in die Praxis müßte man auf dem Gebiet der Inkulturation nicht haben wie bei der nuklearen Physik. Im Gegenteil, man müßte Afrika Mut machen, Breschen zu schlagen, Experimente zu wagen, Modelle der Inkulturation zur Schau zu tragen, das auch im Interesse der anderen Kontinentalkirchen, sogar auch im Interesse der evangelischen Kirchen. Denn solange innerkatholisch auf so strikte Uniformität gepocht wird, besteht wenig Aussicht, daß Rom einmal gegenüber den anderen Kirchen ein Ökumene-Modell mit größerer Toleranzbreite akzeptieren würde. Und doch widerstrebt alles Enge und Uniforme der Weite des Schöpfergeistes und verrät menschliche Beschränktheit und übersteigertes Verantwortungsgefühl, man könnte auch sagen, verstecktes Machtstreben.

Dabei gab Jesus seiner Kirche ganz andere Lehren mit auf den Weg. Mit dem Gleichnis von der selbstwachsenden Saat (Mk 4,26–29) wollte er sie von allem zwanghaften Machenmüssen, von allem Dirigismus, von aller Überschätzung der eigenen Wichtigkeit und entsprechender Unterschätzung der sich frei entfaltenden Kräfte anderer befreien. Mit dem Gleichnis vom Unkraut unter dem Weizen (Mt 13,24–30) wollte er sie ferner von einer puritanischen und im Endeffekt zerstörerischen Fixierung auf Reinheit und Ordnung befreien. „Warum habt ihr so wenig Vertrauen?"[36] Wenn das schon für die Autorität in den Ortskirchen, für die Bischöfe, als Mahnung und Empfehlung gilt, wieviel mehr für eine Autorität, die glaubt, aus 10.000 Kilometer Distanz alles kontrollieren und maßregeln zu sollen!

Wenn man sich nicht vom Evangelium belehren lassen will, sollte man doch etwas aus der Geschichte lernen. M. Hay hat eindrücklich nachgewiesen, wie damals die unglückliche Entscheidung Roms im chinesischen Ritenstreit den freundschaftlichen Beziehungen zu China, wie sie von den Jesuiten Ende des 16. Jahrhunderts angebahnt worden waren, ein jähes Ende versetzten, wie also der Fehlschlag der Mission im Fernen Osten nicht zu Lasten der schlechten Welt draußen fällt, sondern der schlechten Welt drinnen, in der Kirche, indem nämlich die römische Kurie aus Inkompetenz und falschem Verständnis von Einheit die „Zeichen der Zeit" nicht erkannte und mit – heute müßte man sagen, mit blasphemischer – Berufung auf den Heiligen Geist die

Methode der Jesuiten verurteilte, „damit Gott verherrlicht werde in vollkommener Einheit des Denkens und Redens".[37] Aber genau zu dieser römisch verstandenen Art von „vollkommener Einheit" stand und steht der Heilige Geist nicht. Gott sei Dank geschieht in Afrika an der Basis, im stillen, ohne daß man es an die große Glocke hängt, viel mehr als man weiß. Man denke an die vielen Außenposten, die sonntags ohne Priester ein, zwei Stunden lang Gottesdienst feiern; an die vielen Basisgruppen, welche die Heilige Schrift lesen, darüber beten und reden und vor allem sie ins Leben umzusetzen suchen. Es kommt hier vieles vor, das nicht immer den römischen Regeln folgt. Man lebt hier unter einem anderen Himmel und macht sich seine eigenen Rubriken, die vom gesunden Menschenverstand diktiert und von Gott approbiert sind und die dem Leben dienen. Man sollte einmal systematisch solchen Gemeinden nachgehen, um zu erspähen, wie hier Pastoral und Theologie des Volkes entstehen, wie hier Apostelgeschichte im 20. Jahrhundert und das „Fünfte Evangelium" aussehen.[38] Schon die vier klassischen Evangelien drücken die eine Botschaft Jesu je verschieden aus, weil sie für verschiedene Milieus und von einem theologisch verschiedenen Stand aus geschrieben wurden. So darf diese „Evangelien-Entwicklung" auch in unserer Zeit stattfinden.

Man denke auch an die vielen afrikanischen – und europäischen – Priester, welche die konkreten Fälle nach dem gesunden Menschenverstand und dem wahren Interesse der betreffenden Leute lösen. Sie möchten freilich auf die Dauer nicht bloß „Ausnahmen machen, die die Regel bestätigen", nicht bloß eine Schlupfloch-Taktik üben, nicht bloß das Gesetz durchlöchern, sondern manche Gesetze selbst hinterfragen und saubere Lösungen finden. Das könnte praktisch nur in einem „afrikanischen Konzil" erreicht werden, wo man z. B. die Gesetze über den afrikanischen Weg zur Ehe, die eucharistische Materie, die Funktion der verheirateten Gemeindeleiter neu formulieren würde.

Rom wird bei der gegenwärtigen Denkweise nicht so rasch ein afrikanisches Konzil zulassen. Umso mehr sollte man erwarten, daß die afrikanischen Theologen, einem solchen Konzil vorausgehend und es vorbereitend, ihre theologischen Ansätze einmal in einem Gesamtentwurf herausgeben, sinnvoll das europäische Standardwerk „Mysterium salutis“ und die lateinamerikanische Buchreihe „Mysterium liberationis“ weiterführend mit dem Titel „Mysterium incarnationis“ (Geheimnis der Menschwerdung). Man würde darin vom Zentralgeheimnis der Menschwerdung Jesu aus die radikalen Schlüsse ziehen für eine echte inkarnierte, inkulturierte Kirche in Afrika. Was freilich die angekündigte Afrika-Synode bringen wird, ist noch nicht abzusehen.

So bleibt unterdessen nur die Türe des „vorauseilenden Gehorsams“ offen, indem man Dinge tut, die unterdessen vom menschlichen Gesetz nicht erlaubt, aber in sich sinnvoll sind und von denen man annehmen darf, daß sie zur rechten Zeit auch vom Gesetzgeber anerkannt werden. So geschah es im Lauf der ganzen Kirchen- und Menschheitsgeschichte! Das stets drängende Leben schafft sich laufend neue Bahnen, während das seiner Natur nach statische Gesetz dann fallweise das Leben wieder einholt. Neuere Beispiele dieser Art sahen wir in Romano Guardini, der in den dreißiger Jahren auf Burg Rothenfels mit seinen Studentengruppen eine neue, deutsche, sinnvolle Liturgie feierte, wie sie dann vom Konzil nicht nur erlaubt, sondern als Norm ausgegeben wurde. Ein noch unverdächtigerer Zeuge: Der heilige Papst Pius X., als er noch Pfarrer von Salzano war, fand, daß der damalige Brauch, die Kinder erst mit zwölf Jahren zur Kommunion zuzulassen, der Liebe Jesu zu den Kindern widerspreche, und er begann auf eigene Verantwortung hin, die Kinder mit sieben Jahren zur Kommunion zu führen. Die Vorsehung fügte es dann, daß er Papst wurde und seine gute Erfahrung mit der Frühkommunion der gesamten Kirche übermitteln konnte.

Ich frage mich ganz vorsichtig, aber bestimmt, ob nicht irgendwann irgendwo in Afrika – oder Lateinamerika – eine Bischofskonferenz (ein einzelner Bischof könnte sich das nicht leisten, er würde sofort des Amtes enthoben!) anfangen sollte, aus theologischer Überzeugung und aus pastoraler Not verheiratete Männer zu Priestern zu weihen, um nicht länger durch das kirchliche Gesetz des Zölibates den Gemeinden ihr göttliches Recht auf die Eucharistie zu verwehren. Befragt nach meiner diesbezüglichen Meinung würde ich antworten: Da kann keine äußere Instanz dazu „ja" oder „nein" sagen; da müssen jene Bischöfe, falls sie eine Zweidrittelmehrheit erreichen, mit ihrer eigensten Verantwortung die Entscheidung fällen – wenn ich unter ihnen wäre, würde ich mit „ja" stimmen! – und dabei alle Risiken auf sich nehmen. Rom müßte merken, daß die Bischöfe anfangen, ihre Eigenverantwortung wahrzunehmen. Wie immer dann seine Reaktion wäre, jene Bischöfe würden ein Zeichen setzen und spätere Zeiten würden ihnen dankbar sein. Falls diese „Bagatelle" einer pastoralen Lösung ein Schisma nach sich ziehen sollte, wäre es traurig. Aber dann würde die Schuld daran auf das Konto Roms fallen. Neue Schismen sollten um Gottes willen nicht mehr entstehen, aber wenn schon, dann sollte Rom wenigstens nicht mehr daran mitschuldig sein wie bei den Spaltungen von 1054 und 1517.

In Indien scheint man gegenwärtig in Sachen Inkulturation, konkret in der Beilegung des dortigen Ritenstreites, einen Schritt vorangekommen zu sein. Nachdem die in die ersten christlichen Zeiten zurückreichenden „Thomas-Christen" mit ihrem syrischen Ritus seit Beginn der neuen Mission durch die westlichen Missionare vom 16. Jahrhundert an bis heute unter einer unerträglichen römischen Bevormundung und dem Druck der Latinisierung ihres Ritus standen, hat Papst Johannes Paul II. in einem Brief (vom 28. Mai 1987) diese Riten (latein, syro-malabarisch und syromalankarisch) als gleichberechtigt anerkannt. Damit sind freilich noch keine Wunder geschehen. Es handelt sich nicht um eine sachliche, sondern nur jurisdiktionelle Neuregelung, mit der großen Gefahr, daß man sich nun über Gebühr auf innerkirchliche Streitigkeiten konzentriert, statt auf die Inkulturation ins Heute und Morgen des indischen Kontextes, auf das Wirken des Heiligen Geistes über den Bereich der Kirche hinaus. Das führt uns auf die dritte Stufe der Inkulturation: Nicht bloß äußere Akkommodation, auch nicht bloß Inkarnation der Kirche als Kirche in die Kultur des betreffenden Landes, sondern noch Interpretation der Realitäten außerhalb der Kirche, daß man alle Fragen um die Weltreligionen, die Weltarmut, den Weltfrieden, die Umwelt, prophetisch als Bereiche deutet, in denen sich der Heilsplan Gottes mit der Welt abwickelt, als Reich Gottes, das im Kommen ist, wovon die Kirche kraftvoller Keim und überzeugendes Zeichen sein soll.

Davon wird in den folgenden Kapiteln dieses Buches noch die Rede sein.

Die Ökumenische Vereinigung der Dritte-Welt-Theologen (EATWOT) hat das verstanden und setzt sich sehr ein für diese Interpretation und Transformation der irdischen Wirklichkeiten. Wenn schon die Kirche „Zeichen und Zusage des Heiles für alle Menschen ist“, dann umschließt das auch alles Menschliche, alles, was eine menschen- und gotteswürdige Welt gestalten soll. In dieser Optik werden Sakristeiprobleme wie Handkommunion, Laienpredigt, vorgeschriebene priesterliche Kleidung, Streit um spontanere Liturgien usw. nicht bloß lächerlich, sondern ärgerlich.

Wiederum die Frage: Drängt sich Inkulturation bloß in Afrika auf oder nicht auch bei uns? Wir sind zwar damals inkulturiert worden in den griechisch-römisch-germanischen Kulturkreis. Aber wir müssen doch alle zugeben, daß wir noch keineswegs genügend inkulturiert sind in den westeuropäischen Kulturkreis des ausgehenden 20. Jahrhunderts. Daher das Unbehagen über die vielen offiziellen kirchlichen Haltungen und Verlautbarungen, die einfach nicht heutig sind.

Der alte junge Papst Johannes XXIII. gab der Kirche die Weisung des „aggiornamento“ mit: Sie solle „heutig“ werden aufgrund der „Zeichen der Zeit“. Gewiß soll sie sich nicht blindlings der Welt anpassen – ihr obliegt immer auch eine kulturkritische Funktion! –, aber sich ebensowenig in alte Positionen verkrampfen. Einige Stichworte:

– Die Auseinandersetzung mit der säkularisierten Welt

muß neu durchdacht werden, sonst werden nur die Christen der verlierende Teil sein (vgl. 9. Kapitel).

– In bezug auf das Thema „Frau in der Kirche" spüren wir doch alle, daß man in der Kirche noch gar nicht heutig denkt, sondern noch im tiefen Mittelalter, um nicht zu sagen, im Altertum steckt (vgl. 3. Kapitel).

– Im Zeitalter der nuklearen und ökologischen Bedrohung müßte man unbedingt neue ethische Prioritäten setzen und über die zehn traditionellen Gebote Gottes hinaus alles, was mit Frieden und Abrüstung, mit Gerechtigkeit und Dritter Welt, mit Umwelt und alternativem Lebensstil zu tun hat, als eminent christliches Handeln deklarieren. Natürlich soll man beide Dimensionen, die jenseitige mit ihrer letzten Absolutheit wie die innerweltliche mit ihrer unmittelbaren Dringlichkeit, ernst nehmen. Aber wenn man schon nicht die ideale Fülle haben kann, würde ich jene Christen vorziehen, die sich für die genannten Anliegen kräftig einsetzen, auch wenn sie aus ihren Gründen – unterdessen – nicht mehr in die Kirche gehen, und nicht jene, die treu ihre Sonntagspflicht erfüllen, aber im übrigen die Welt Welt bleiben lassen. Man nenne das nicht Horizontalismus. In Jesus hat sich Gott als ein Gott geoffenbart, der sich des Menschen annimmt, und Jesus selbst wird es einmal an den Tag bringen, daß alles, was man den Menschen tat, Ihm getan war. Diese drei genannten Anliegen werden noch stark von Menschen außerhalb der Kirchen vorangebracht. Man klassiert sie dann noch rasch als die „Grünen", die „Roten". Es droht sich als Verhängnis des letzten Jahrhunderts zu wiederholen, wo die Arbeiterfrage vorwiegend unter roten Fahnen vorangetragen wurde und die Kirchen dann bei der Arbeiterwelt das Nachsehen hatten. Der „konziliare Prozeß für Gerechtigkeit, Frieden und Bewahrung der Schöpfung" bietet eine letzte Chance, diese Anliegen in die Kirche hineinzubringen.

Der geforderte Inkulturationsprozeß könnte und müßte in allen Pfarreien anlaufen, indem die Kirche von oben mit der Kirche von unten, die ältere Generation – Vertreter der „guten alten Zeit" – mit der jüngeren ins Gespräch käme, auf sie hörte, deren heutiges Fühlen herausspürte, dabei merkte, daß für die Jungen viele christliche Traditionen, zum Teil mit Recht, altmodisch klingen, sie aber vielleicht eine neue Art von Christlichkeit, verbunden mit Menschlichkeit, hervorbringen. Eine solche gegenseitige Fühlungnahme würde beiden Teilen frommen. Man könnte so einander näher kommen wenn auch mit gemäßigtem Tempo, gemeinsam vorankommen und allmählich einen Kirchenentwurf verfassen, der sich auch im dritten Jahrtausend könnte sehen lassen.

## 8. Kapitel
## Ihr werdet den „Ich-bin-da" aller Völker anerkennen: Dialog mit den Religionen: Asien

Das Konzil brachte uns die Öffnung zu den Laien, zu den Mitchristen, zur Welt und zu den Nichtchristen. Mit dieser letzten Öffnung erleben wir zahlenmäßig die größte Ausweitung, den Anschluß an die Masse der Menschheit, und inhaltlich die radikalste Wende zu Gottes Weite. Ziemlich genau zwei Drittel der Menschheit gehören anderen Religionen an. Sie leben vorwiegend in Asien. Dieser Koloß von Kontinent zählte 1985 2874 Millionen Menschen. Die Katholiken machten nur 72 Millionen oder 2,50 Prozent aus, wenn man die 46 Millionen Katholiken der Philippinen nicht mitzählt, nur 26 Millionen oder 0,90 Prozent, zusammen mit den 24 Millionen andere Christen 1,74 Prozent.

Dabei darf man die unübersehbare Kolonne von Menschen im Lauf der Geschichte nicht vergessen. Wenn man das Alter der Menschheit auf eine Million Jahre schätzt, so wanderten also während 998.000 Jahren Menschen über unsere Erde, ohne von Christus etwas zu wissen. Es war schon längst fällig, daß die Kirche, die ja nur Institution ist, um Interpretation zu sein, ein prophetisches Wort des Heiles über diese Menschheit spreche. Zusätzlich geht es auch um unser eigenes Selbstverständnis. Wir können uns selbst als Christen und Jesus Christus nur richtig und ganz verstehen im Zusammenhang mit der ganzen Menschheit.

Wir dachten leider so lange so eng über sie. Wir nannten die Indianer der beiden Amerika, die Schwarzen Afrikas, sogar die alten Kulturvölker Asiens samt und sonders „Heiden, Götzendiener, Ungläubige". Heute darf man sie mit guten Gründen als „Glaubende anderer Religionen" bezeichnen.[39] Wir meinten auch solange, wir seien das auserwählte Volk, aber nicht die anderen, und unser Gott sei der einzig wahre Gott, denn „alle Götter der Heiden sind nichtig" (Ps 96,5).

Inzwischen merkte man bei genauerem Studium, daß alle Völker einem ausgeprägten Ethnozentrismus huldigen und glauben, wo sie leben, sei das Zentrum der Welt, und „ihr" Gott, zu dem sie in besonderer Beziehung stehen, sei stärker als die Gottheiten der anderen Stämme und Völker. Das Phänomen des „Auserwähltes-Volk-Sein" erweist sich also nicht als spezifisch für Israel. Kurz, Israel und die Kirche machten aus der Auserwählungs-Theologie eine Auserwählungs-Ideologie, die heute richtiggestellt wird, insofern die Christen sich nicht länger als Monopolfall, sondern als Modellfall der Auserwählung betrachten können: An ihnen sollte es authentisch beglaubigt und geschichtlich sichtbar werden, wie sehr Gott sein Volk liebt. Wenn Gott aber Gott ist, liebt er auf gleiche Weise alle Völker.[40] Leider hatte sich unser verengter christlich-europäischer Ethnozentrismus dank unserer technischen Überlegenheit für die anderen Völker sehr unsympathisch, geradezu brutal ausgewirkt.

Nun haben wir also nach der geographischen und kulturellen (vgl. 7. Kapitel) auch die Schwelle der heilsgeschichtlichen Katholizität erreicht, indem wir mit Freude anerkennen, daß Jahwe, der „Ich-bin-da", der sich so auf dem Sinai dem Volke Israel bezeugte, auch schon dabei war, als die ersten Menschen auftraten, daß er „seine" Menschen durch die Jahrhunderttausende begleitete, also von Uranfang an bis heute allen Menschen aller Religionen seine Huld und Liebe schenkte, bei ihnen Propheten und Mystiker erweckte, ihnen Heiligen Geist und Inspiration gab.

Das schafft plötzlich ein ganz neues Verhältnis zu den „Glaubenden anderer Religionen". Vor 20 Jahren traf ich in

Indien Missionare, die bedrückt waren, weil nach so langer Missionstätigkeit so viele Menschen „noch nicht" in der Kirche waren. Heute ist man beglückt, weil man glauben darf, daß alle Menschen „schon" im Reiche Gottes, in der Huld und Liebe Gottes leben. In keinem anderen Bereich ist ein solcher Unterschied, wie Tag und Nacht, eingetreten wie hier. Auf keinem anderen Gebiet ist die Nachkonzilstheologie, vom Konzil angeregt, so kühn vorangegangen wie hier. Es zeigt einmal mehr, daß man nicht beim Konzil stehen bleiben darf, sondern in der Richtung, die das Konzil angab, achtend auf die „Zeichen der Zeit" und folgend dem gesunden Menschenverstand, voranschreiten soll.

Es soll nun etwas eingehender verdeutlicht werden, wie wir das allumfassende Heilswirken Gottes, und zwar des dreifaltigen Gottes, verstehen können. Ich mache dabei keinen Unterschied zwischen den verschiedenen Religionen, die ja bei allen geschichtlich verschiedenen Formen auf die letzte religiöse Grundausrichtung des Menschen reduziert werden können. Es sei nur nebenbei gesagt, daß wir ob der Faszination durch die sogenannten Hochreligionen (Hinduismus, Buddhismus, Islam usw.) die bescheideneren, aber zugleich älteren taditionellen Religionen nicht übersehen dürfen. Das vatikanische Sekretariat für die Nichtchristen hat am 27. April 1988 einen Brief an die Bischöfe in Afrika gesandt und sie ermuntert, Gruppen von fähigen Personen zu ernennen und an den theologischen Hochschulen Institute zu errichten, um diese Urreligion, von der auch die Christen noch weitgehend zehren, noch besser zu erforschen und den Menschen dieser Religion Dialog und pastorale Begleitung anzubieten. – Nun möchte ich unser christliches Gottbild mit den nichtchristlichen Religionen in Beziehung bringen:

Bezüglich der Pneumatologie (Heilig-Geist-Lehre): Über den Heiligen Geist kann man nicht groß genug denken. Alles Enge und Exklusive, alles Fanatische und Verdammende kommt nicht von ihm, sondern vom beschränkten menschlichen Geist. Er schwebte am Anfang über den Wassern (Gen 1,2) und verwandelte das Chaos in Kosmos.

Er kam ungezählte Male über die starken Gestalten des Alten Testamentes, die Richter, die Heerführer, die Propheten, die Könige, erfüllte sie, führte sie, sprach durch sie. Er „trieb" Jesus in die Wüste (Mk 1,12), und „erfüllt von der Kraft des Geistes" kehrte dieser Jesus nach Galiläa zurück (Lk 1,14), berief sich in der Synagoge auf die Jesaja-Stelle: „Der Geist des Herrn ruht auf mir" (Lk 4,18), jagte „im Geiste Gottes" die Teufel aus (Mt 12,28), jubelte „vom Heiligen Geist erfüllt" voll Freude über die Geheimnisse des Reiches Gottes (Lk 10,21). Seinen Jüngern und Jüngerinnen verhieß er, der Heilige Geist werde durch sie reden (Mt 10,20), er werde sie in die ganze Wahrheit einführen (Jo 16,13). Dieser Heilige Geist kam an Pfingsten unter Sturm und Feuer auf die Apostelschar mit Maria und wurde auch über alles Fleisch, über die Söhne und Töchter, die Jünglinge und Greise ausgegossen (vgl. Apg 2,1–4.17). Er stand hinter der großzügigen Entscheidung des Apostelkonzils: „Der Heilige Geist und wir haben beschlossen, euch keine weiteren Lasten aufzuerlegen . . ." (Apg 15,28), und fast auf jeder Seite der Apostelgeschichte scheint sein mächtiges Wirken auf. Darf man auch sagen: Fast auf jeder Seite der Kirchengeschichte? Da ist es nicht so eindeutig. Im Gegenteil, es liegen da scheinbar handfeste Beweise gegen diesen Glauben vor. Man kann es vielleicht aber auch so sagen: Ohne das Walten des Heiligen Geistes wäre die Kirche schon längst infolge ihrer allzu menschlichen Führung untergegangen.

Nun, das Neue und Überraschende ist, daß wir den Heiligen Geist auch außerhalb der Kirche am Werk sehen dürfen. Das lehren nicht bloß einige avantgardistische Theologen. Sogar Johannes Paul II. betonte in seiner ersten Enzyklika „Redemptor hominis" zweimal, auch die nichtchristlichen Religionen seien Wirkung des Heiligen Geistes, der wehe, wo er wolle. Ferner erklärte er während seiner Japan-Reise im Jahre 1981 vor Vertretern der japanischen Religionen: „Ich finde in den Tugenden der Freundlichkeit und Güte, des Taktes und der Tapferkeit, die von euren religiösen Traditionen so empfohlen werden, die Früchte jenes göttlichen Geistes, der nach unserem Glauben ‚Freund des Menschen ist, die Erde erfüllt und alles zusammenhält‘ (Weish 1,6–7). Vor allem bewirkt derselbe Geist in allen Menschen und allen Religionen diese Öffnung zur Transzendenz, dieses unermüdliche Suchen nach Gott, das nur als Antwort auf das Suchen Gottes nach dem Menschen gedeutet werden kann.“ Auch in den zwei Dokumenten des Sekretariates für die Nichtchristen von 1984 über Dialog und Mission und von 1989 über Dialog und Verkündigung sind lange und schöne Texte über den Heiligen Geist in den Religionen nachzulesen.

Von da aus ist es nur ein kleiner und logischer Gedankenschritt, zu folgern, daß wir auch in den heiligen Büchern jener Religionen Offenbarung und Inspiration annehmen dürfen, freilich nur analog, wie man wissenschaftlich sagen würde, nicht im ganz gleichen Sinn wie im Alten und Neuen Testament, aber eben doch. Das hat schon der Theologenkongreß in Bangalore/Indien 1974 überzeugend erarbeitet und folglich nahegelegt, daß man die schönsten Texte – nach entsprechender Vorbereitung des Volkes – auch in der Liturgie verwenden dürfe, nicht als Ersatz des Alten Testamentes, sondern als Ergänzung, um den indischen Christen bewußt zu machen, daß der Geist Gottes auch diese Völker seit alten Zeiten geliebt und auf Christus hin geführt habe. Die römischen Autoritäten konnten sich mit dieser Schau noch nicht einig erklären, aber der Heilige Geist wird sich zur rechten Zeit für die Anerkennung „seiner“ Schriften wehren!

Bezüglich der Christologie: Dem Geheimnis Christi kommt man nicht bei. Wenn man bei der „Christologie von unten“ anfängt, bleibt doch immer rätselhaft, warum dieser Jesus von Nazareth mit seiner Menschenfreundlichkeit und seiner tröstlichen Lehre vom sorgenden Vater im Himmel so wenig Anklang fand. Sogar seine Jünger verstanden es nicht, so daß Jesus seufzte: „Wie lange noch muß ich bei euch sein? Wie lange muß ich euch noch ertragen?“ (Mk 9,21) Die Juden aber suchten mehrmals Hand an ihn zu legen, ihn vom Berg hinunterzustürzen, und hatten keine Ruhe, bis sie ihn zuletzt ans Kreuz brachten. Das geht wirklich nicht auf.

Wenn man sich aber an die „Christologie von oben“ heranmacht, wie soll man das verstehen, was Johannes und Paulus von seiner Präexistenz, von seiner Gottessohnschaft und universalen Wirkkraft aussagen? „Im Anfang war das Wort (= Christus), und das Wort war bei Gott, und das Wort war Gott . . . Er war das wahre Licht, das jeden Menschen erleuchtet . . .“ (Jo 1,9). „Alles ist durch ihn und auf ihn hin erschaffen . . . Durch ihn haben wir die Erlösung, die Vergebung der Sünden“ (Kol 1,16.14). Das alles kann man nicht verstehend begreifen, sondern nur staunend glauben, sich dem Geheimnis übergeben, und plötzlich ahnen, daß das Christusgeheimnis mit uns selbst zu tun hat, daß wir „gesinnt sein sollen, wie es dem Leben in Christus entspricht“, erniedrigt wie ein Sklave, bis zum Tod, erhöht über alle Himmel, bekennend für immer: „Jesus Christus ist der Herr“ (Phil 2,5–11).

Diese Ansätze zur, wie man heute sagt, kosmischen Dimension des Geheimnisses Christi wurden später verengt. Das Reich Gottes wurde begrenzt durch die Grenzpfähle des Heiligen Römischen Reiches Deutscher Nation, das Wirken Christi beschränkt auf die Sakramente der katholischen Kirche. „Außer der Kirche kein Heil.“ Statt ein über alle Völker errichtetes Zeichen des Heiles zu sein, wurde die Kirche Arche des Heiles für die wenigen Geretteten. Statt sichtbare, privilegierte, authentische Modelle des allumfassenden Heilswirkens Gottes zu sein, wurden die Sakramente exklusive Kanäle der Gnade. Wir hatten Gottes Arm verkürzt und glaubten, wenn nicht eine menschliche Hand das Taufwasser über einen sterbenden Heiden gieße, könne selbst Gott ihn nicht retten.

Es war höchst fällig, vieles von dieser Enge in Frage zu stellen. Als Karl Rahner und andere anfingen, auch in den Religionen Strukturen des Heiles zu sehen, hielten sie nach wie vor fest, es handle sich immer um das Heil, um die Gnade Christi, der, allen Missionaren vorausgehend, schon immer und überall gegenwärtig und wirksam war. Man rüttelte also nicht am Satz: „In keinem anderen ist das Heil zu finden. Denn es ist uns Menschen kein anderer Name unter dem Himmel gegeben, durch den wir gerettet werden sollen" (Apg 4,12). In neuester Zeit aber scheint auch diese Grundfeste der ganzen christlichen Tradition erschüttert zu werden.

Nicht nur in der westlichen Welt stellte die Welle der Entmythologisierung die Wunder Jesu, die Jungfrauengeburt, sein Sühneleiden, seine leibliche Auferstehung, seine Gottessohnschaft in Frage, auch in Asien wird seine Einmaligkeit und folglich universale Heilsbedeutung mehr und mehr bezweifelt. Beim Theologenkongreß in Nagpur/Indien (1974) wurden Stimmen laut, die sagten, man könne die Religionen nicht für Christus vereinnahmen, Gott habe diese Religionen um ihretwillen, nicht bloß im Blick auf Christus gewollt. Man warf den westlichen Theologen vor, „in einer fröhlichen Unwissenheit über die anderen religiösen Traditionen zu theologisieren" und den kommenden theologischen Pluralismus nicht ernst genug zu nehmen. Als ich 1980 wiederum sechs Wochen in Indien weilte und von Kashmir bis Kerala Seminare und Vorträge hielt, ist mir an drei verschiedenen theologischen Hochschulen von katholischen Professoren in Gegenwart der Studenten bemerkt worden, mein Vortrag über die Religionen sei gut und recht, aber meine Christologie sei noch recht traditionell, recht westlich, recht provinziell, nicht genügend katholisch.

Wer so redet, anerkennt zwar die Einmaligkeit des Logos, des ewigen Wortes Gottes, des Sohnes Gottes. Sobald sich aber dieser Logos in einer „avatar = Inkarnation" den Bedingungen der Welt und der Geschichtlichkeit unterwerfe, könne er nicht mehr universal sein, sondern für eine bestimmte Gruppe in Ort und Raum beschränkt. Daraus folge, daß das Christentum in seiner historischen Ausgestaltung nicht den Anspruch auf exkluxive und volle Wahrheit erheben könne.

Auf eine „Kurzformel" gebracht, könnte es so heißen: Jesus von Nazareth ist ohne Zweifel identisch mit dem Logos, aber der Logos ist nicht exklusiv identisch mit Jesus von Nazareth, er hat sich auch inkarniert, manifestiert in Buddha, Krishna, Zoroaster, Mohammed usw. (R. Panickar).

Man kann dann diese Reihe endlos weiterführen: Die Fleischwerdung des Logos in Jesus ist der Modellfall unserer menschlichen Religiosität. So wie Jesus durch seinen Tod und seine Auferstehung „Christus" wurde, so ist auch die ganze Menschheit, ja der ganze Kosmos, zu einer „Christifikation", einer Christuswerdung, bestimmt. Diese Christuswerdung wird die wahre Erlösung des Menschen und des Kosmos sein. Alle Menschen sind zur Fülle des Lebens in Gott berufen. Alle müssen wie Christus werden (A. Sequeira). In einem sehr neuen Buch – von westlichen und asiatischen Theologen geschrieben – geht man der Frage mit brutaler Offenheit nach, spricht schon im Titel vom „Mythos der christlichen Einzigartigkeit" und hofft eine im vollen Ernst pluralistische Theologie der Religionen zustande zu bringen.[41]

Man fragt sich hier: Bedeuten solche Deutungen eine grandiose Ausweitung unseres Christusglaubens oder dessen gründliche Verwässerung? Einen epochemachenden Schritt in der Dogmenentwicklung oder den Anfang der Dogmenzerstörung? Als erste Reaktion soll man hier sehr behutsam vorgehen und nicht sofort apologetisch und mit westlicher Besserwisserei alte Positionen verteidigen. Man muß zuerst einmal hinhören und sich dann mit solchen Fragen sympathisch und kritisch zugleich auseinandersetzen. Ich möchte auch nicht den Eindruck erwecken, das sei nun „die neue Christologie" in Asien. Es sind vielmehr tastende Versuche. Aber sie breiten sich aus von Land zu Land. Man darf auch nicht übersehen, daß sich bereits im Johannes-Evangelium gewisse Ansätze zu einer solchen Ausweitung des Jesus-Ereignisses vorfinden, insofern alle Menschen, an die das Wort Gottes ergeht, „Götter sind" und Vollmacht haben, „Söhne Gottes zu werden" (Jo 10,34f.; 1,12).

Im Grunde geschieht hier ein ähnlicher Vorgang wie in bezug auf die Schriftinspiration, wie oben gesagt wurde. Man hebt die Aussage, daß im Alten und Neuen Testament Geistinspiration – wie immer man das im einzelnen deutet – am Werk war, nicht auf, aber nimmt nun daneben für die heiligen Bücher anderer Religionen etwas Ähnliches an. So auch hier: Man leugnet die Gottessohnschaft Jesu nicht, aber möchte meinen, daß sich der Logos daneben auch in anderen religiösen Gestalten inkarniert habe.

Kann man rein abstrakt sagen: Es besteht kein innerer Widerspruch, daß das nicht hätte geschehen können, wenn Gott es so gewollt hätte? Oder ist nicht doch der ganze Person-Begriff, auf den Logos angewandt, einmalig und ausschließlich? Die Einzigartigkeit Jesu ist in den Dogmen nicht im gleichen Maß betont wie die Gottessohnschaft – vielleicht einfach aus dem Grund, weil man damals, gegenüber den „heidnischen“ Religionen, diese Fragestellung gar nicht kannte. Heute können wir ihr nicht mehr ausweichen. Wir spüren jedenfalls, daß der Konflikt, der vor ein paar Jahren um die lateinamerikanische Befreiungstheologie ausbrach, ein Kinderspiel war gegenüber dem, was von Asien her auf Rom, auf uns zukommt.

Bei aller Bangigkeit, mit der wir diese Entwicklung verfolgen, dürfen wir doch den asiatischen Theologen und Bischöfen zumuten, daß sie im gemeinsamen Gebet und Gespräch den richtigen Weg finden. Ohne harte Spannungen wird es freilich nicht abgehen. Bischöfe sind von Amts wegen konservativer, ängstlicher, verantwortlicher, oft auch einfach nicht genügend auf dem laufenden und darum der neuen Theologie gegenüber abwehrend und sich auf ihre Autorität berufend; Theologen hingegen, ebenfalls von Amts wegen, vorantreibend, auf neue Ergebnisse der Wissenschaften und neue Fragen der Menschen neue Antworten suchend. Auf einem Treffen von 40 Bischöfen und Theologen im Dezember 1987 in Bangalore/Indien über die Inkulturation der Kirche in die sozio-ökonomischen und religiöskulturellen Gegebenheiten, nicht bloß in Dokumenten, sondern in Tat und Wahrheit, wurde den Bischöfen empfohlen, einen Teil ihrer Verwaltungsaufgaben zu delegieren, um sich mehr theologischen Überlegungen widmen zu können. Um eine bessere Zusammenarbeit zwischen Bischöfen und Theologen zu erreichen, wurde gewünscht, auf regionaler Ebene jährlich, auf nationaler Ebene alle drei

Jahre eine Begegnung zwischen diesen beiden Gruppen zu organisieren.

Mit der Zeit würde es dann fällig werden, wie in Afrika ein afrikanisches Konzil für pastorale und kirchendisziplinarische Fragen, so in Asien ein asiatisches Konzil für die christologische Frage zu halten. Es müßten also die damaligen Dogmen, die mit Hilfe der griechischen Philosophie formuliert wurden, neu in die asiatische Wirklichkeit hineingesprochen werden und für das, was bleiben muß – wofür sich letztlich Jesus und sein Geist einsetzen werden! – einen Ausdruck finden, der dem Heilsplan Gottes mit seiner ganzen Menschheit entspricht.

Wie immer die Entfaltung der Christologie in Asien weiterläuft, für mich und meinen Glauben ist es entscheidend, daß ich nicht mit dogmatischen Formeln agiere und andere widerlege – „beweisen" kann man das Geheimnis Gottes und Christi sowieso nicht, man kann nur sagen, daß Schrift und Kirche so lehren, aber das kann kalte Lehre bleiben, wenn ich nicht den Sprung in den Glauben hinein wage –, sondern daß ich, daß alle echten Jüngerinnen und Jünger Jesu sich frei und froh für die Nachfolge entscheiden, sich auf seine Botschaft einlassen, in ihm den fast unglaublichen Idealfall all dessen sehen, was Gott der Menschheit schenken wollte, sogar sich selbst, und was die Menschheit an Gutem, Edlem, Hilfreichem hervorbringen konnte.

Man kann auf zweifache Weise an die Religion herangehen. Von außen gesehen, religionswissenschaftlich betrachtet, gibt es verschiedene „wahre Religionen", die der wissenschaftliche Beobachter schildert, bewundert, als gleichwertig nebeneinanderstellt, wenn er wahrscheinlich auch geneigt ist zuzugeben, daß das Christentum als die geschichtsmächtigste und – sofern man nicht seine Mißbildungen, sondern seine Quellen, Jesus und das Evangelium gewichtet – idealste Religion dasteht, wobei ein Muslim natürlich zu anderen Schlüssen käme. Aber in dieser Beobachterrolle kommt man dem innersten Kern der Religion nicht bei, so wenig wie ein außenstehender Beobachter den Liebesbeteuerungen und -erfahrungen von zwei Verliebten gerecht werden kann. Religion ist ihrem Wesen nach nicht Sache der Wissenschaft, sondern des Glaubens, der Betroffenheit, der totalen Identifizierung.

Somit gibt es, von innen betrachtet, für mich als Christen, der ich an Jesus und seinem Evangelium orientiert bin, nur diese eine wahre Religion, die ich lebe und die ich bekenne. Man hat keine Religion im Tiefsten erfaßt, wenn man sie nicht von innen heraus, mit letztem existentiellem Ernst, bejaht. „Erst wenn aus einer Religion meine Religion geworden ist, gewinnt das Gespräch um die Wahrheit erregende Tiefe. Um Wahrheit für mich geht es also, um meinen Glauben, wie eben für den Juden und den Muslim das Judentum und der Islam, für den Hindu und den Buddhisten der Hinduismus und der Buddhismus seine Religion, sein Glaube und damit die Wahrheit ist. Nicht um eine allgemeine, sondern um eine existentielle Wahrheit geht es in meiner, geht es in der anderen Religion" (Hans Küng). In dieser Haltung können Christen Vertretern der anderen Religionen begegnen, mit ihnen Dialog führen, d. h. einander in der je eigenen Überzeugung respektieren, von der eigenen Glaubenserfahrung bekennend berichten, miteinander beten und leben, einander ergänzen und bereichern, vor allem miteinander handeln zum Wohl der Menschen.[42]

Was bleibt nun für uns Christen zu tun? Man kann das in drei Worte kleiden:

– Evangelisieren: Die „Frohe Botschaft" von der allumfassenden Liebe Gottes zu allen Menschen, wie sie uns Jesus lehrte, in die Welt hinaus verkünden.

– Schalomisieren: Nicht bloß von der Liebe Gottes reden, sondern sie erfahrbar machen, indem man gemeinsam Hand anlegt für eine bessere Welt.

Ob und in welchem Maß sich dann daraus das dritte ergibt, Christianisieren: durch die Taufe Menschen zu Christen zu machen, liegt nicht in unserer Hand, das kann man ruhig Gott überlassen. Der „Durst nach Seelen", der früher die Missionare in die Welt hinaustrieb, weil jene sonst verlorengingen, kann so jedenfalls theologisch nicht mehr gerechtfertigt werden, auch wenn evangelikale Kreise nach wie vor suchen, in den Taufstatistiken mit der Bevölkerungsexplosion Schritt zu halten. Andererseits ist der Übertritt von einer Religion in eine andere von der Religionsfreiheit gewährleistet, und die Kirche hat nach wie vor ein legitimes Recht, Jüngerinnen und Jünger zu werben, aus Liebe zu Jesus, und auch aus Liebe zur Menschheit, um ihre Aufgabe in der Welt auch weiterhin und immer besser erfüllen zu können.

Während wir uns in Europa innerkirchlich streiten über „ja" oder „nein" der Interkommunion mit Mitchristen, stellt sich in Asien sehr scharf die Frage nach der Dringlichkeit der eucharistischen Gastfreundschaft mit Nichtchristen. Es gibt z. B. in Indien viele Hindus, die das Evangelium lesen, Jesus lieben, praktisch überzeugte Jesusjünger sind. Kürzlich machte eine Erhebung in Madras bekannt, daß 60 Prozent der dortigen Hindus an die Auferstehung Jesu glauben, aber aus gesellschaftlich-historischen Gründen können sie nicht den Verband des Hinduismus aufgeben und sich der „westlichen" Kirche anschließen. Wäre es nun denkbar, solche Menschen zur Eucharistie zuzulassen? Im Jänner 1988 fand in Bangalore ein Seminar statt über das Selbstverständnis der Kirche im religiösen Pluralismus Indiens. Aus dem achthundertseitigen Bericht[43] geht hervor, daß man in großer Mehrheit glaubte, die Türe zum Abendmahlsaal müßte solchen Menschen offenstehen – solche Interkommunion wird auch da und dort unter der Hand praktiziert –, wobei man sich aber klar war, daß ein solcher Vorschlag unterdessen weder von der indischen katholischen Bischofskonferenz noch gar von Rom angenommen würde. Trotzdem hat es einen Sinn, so kühne Ideen aufzuwerfen, weil uns solche Situationen zwingen, das Verhältnis Jesu zur Kirche und zur ganzen Menschheit neu zu überdenken. Muß die Kirche eine zu nehmende Hürde zu Jesus sein, an der viele straucheln, oder soll sie einfach den offenen Weg zu ihm weisen?

Bezüglich der Theo-logie: Nun kommen wir, in umgekehrter Reihenfolge zur üblichen Dreifaltigkeitslehre, noch auf Gott-Vater zu sprechen. Man müßte diese Seite mit Patro-logie überschreiben. Aber da dieses Wort für die

Väter-Lehre, die Theologie der Kirchenväter, gepachtet ist, kann man es nicht für die Vater-Lehre verwenden, weshalb ich einfach von Theo-logie, Gottes-Lehre im engeren Sinn, rede.

Wenn Christus, der Logos, in Jesus von Nazareth und in seiner Kirche in einen begrenzten geschichtlichen Raum eingegangen ist, so weitet sich jetzt der Horizont über die fernen Grenzen des Universums hinaus in dieses unbegrenzte, unerschaffene, unergründliche Geheimnis hinein, das wir Gott nennen. Diesen Gott bekennen wir nicht nur in seiner zeitlosen Wesenheit, sondern auch als „Schöpfer des Himmels und der Erde", vor allem der Menschen. Wir wissen auch heute noch sehr wenig Exaktes über den Ursprung der Menschen. Aber wann immer und wo immer und wie immer es geschah, daß gewisse Wesen zu Menschen wurden, indem sie zum Selbstbewußtsein kamen und mit dem Selbstbewußtsein auch zu den Fragen nach dem Woher, Wozu, Wohin und mit diesen Fragen zur Ahnung eines Letzten Geheimnisses über ihrem Leben, da war auch Gott, der „Ich-bin-da" (Ex 3,14), bereits zugegen, nahm diese Menschen als seine Menschen an, und die Menschen nahmen ihn als ihren Gott an. Dieser sogenannte Schöpfungsbund wurde auch in den späteren Bünden mit Abraham, Mose, Jesus nie aufgehoben, sondern bestätigt, verdeutlicht und erfüllt. Er wirkt bis heute nach.

Wenn dann auch diese Menschen infolge der geographischen Distanzen und sprachlichen Differenzen anfingen, „ihren" Gott zu benennen und zu verehren und wir so vor einem praktischen Polytheismus stehen, so darf man doch heute theologisch deuten und sagen: Wann und wo immer Menschen zu „ihrem" Gott beteten, da hat der eine und einzig existierende Gott dieses Beten gehört und angenommen. Es gibt in der Tat nur eine Transzendenz. Man darf also hinter den tausend Namen Gottes, Mungu, Nzambi, Lesa in Afrika, Allah, Brahman, Kame in Asien, immer den einen und einzigen Gott sehen. „Alle haben denselben Gott" heißt eines meiner Bücher.

Natürlich gleichen sich die Gottesvorstellungen der vielen Völker nicht aufs Haar. Es hat sich da überall viel menschliches und zeitgeschichtliches Denken mitvermischt. Kein Mensch und kein Volk hat Gott je voll erfaßt und umfassend definiert. Es bleibt immer Gestammel und Stückwerk. Heute beobachtet man, daß durch den christlichen Einfluß auch in den asiatischen Religionen, wo Gott und All sich fast deckten, der Person- und Vaterbegriff mehr und mehr ins Gottesbild einzieht.[44] Es wäre wunderbar, wenn dieser Prozeß weiterginge und sich nicht bloß die Vorstellung eines Vaters, sondern des „Abba: Pappa, lieber Vater", wie es Jesus brauchte, in den Religionen einbürgern würde, wovon J. Jeremias schrieb, dieses Wort hätte eine ganze Revolution in der Geschichte des Christentums ausgelöst.

Mit dieser Schau des Gottes und Vaters aller Menschen bekommen wir wieder Anschluß an die ersten elf Genesis-Kapitel, in denen 539mal das Wort „Adam: Mensch" vorkommt, Mensch als Kollektiv im Sinn der gesamten Menschheit. In jenen Hunderttausenden von Jahren machte Gott seine Geschichte mit der ganzen Menschheit. Seine erste Liebe galt der ganzen Menschheit. Heute erkennen wir wieder neu diese allumfassende Liebe Gottes zu allen Menschen und Völkern. Wir Christen hätten als „auserwähltes Volk", das „Modell sein sollendes Volk", die Aufgabe, den Gedanken der Einheit aller Völker mit allen Mitteln und Konsequenzen zu fördern. Wir sind heute auf Gedeih und Verderb auf Einheit, auf allgemeine Geschwisterlichkeit, angewiesen, wenn wir nicht allesamt in einem Nuklearkrieg umkommen wollen. Wir sind zur Einheit verdammt, doch viel mehr, zur Einheit berufen, gemäß dem Heilsplan des einen und selben Gottes und Vaters.

Es wäre schön, wenn Asien einmal seine Theologie herausgebe mit dem Titel „Mysterium revelationis: Geheimnis der Offenbarung", um die kosmische Dimension des ganzen Offenbarungsgeschehens herauszuarbeiten und den Sinn der Religionen sowie den Standort des Christentums in ihnen zu umschreiben . . . Aufgrund einer solchen Gesamtschau könnte dann die „größere Ökumene" offiziell bestätigt werden, und wie sich die christlichen Kirchen um Jesus

Christus herum in einem Zweiten Konzil von Jerusalem gegenseitig anerkennen sollten als die eine Kirche Christi in der Vielfalt der kirchlichen Traditionen, so sollten auch die vielen Religionen in einem ersten Konzil von Hebron, beim Grab Abrams, dem Vater aller Glaubenden (vgl. Röm 4,16), sich gegenseitig um das Geheimnis Gottes herum anerkennen als die eine Weltreligion in der Vielfalt der religiösen Traditionen. Dann könnte der Cosmogral des österreichischen Architekten Clemens Holzmeister doch noch irgendwo gebaut werden, eine Anlage von acht runden Kapellen im Kreis herum für die acht großen Weltreligionen, im Zentrum, zugänglich von den Kapellen aus, ein Heiligtum, wo man zu bestimmten Anlässen zum gemeinsamen Gebet zusammenkäme.

Utopische Sphärenmusik für das dritte Jahrtausend! Denn unterdessen wurde schon eine zaghafte Vorstufe, das gemeinsame Friedensgebet in Assisi im Oktober 1986, von Erzbischof Lefebvre und anderen fundamentalistischen Kreisen als Greuel, Skandal, ja als Verrat am Glauben taxiert. Und doch betete man dort nicht miteinander, sondern nur voreinander, indem man vormittags in getrennten Räumen weilte und nachmittags zusammenkam, aber jede Gruppe der Reihe nach für sich betete. Wenn man behauptet, auch die Vertreter der anderen Religionen wünschten kein gemeinsames Gebet, so darf man daran erinnern, daß schon im März 1970, beim ersten Treffen des Weltkirchenrates mit Vertretern anderer Religionen in Ajaaltoun bei Beirut, am Abend des ersten Tages ausgerechnet ein Muslim aus Indien die Frage stellte, warum man nur über die Religionen rede und nicht auch gemeinsam bete. Es zeigte sich dann, daß die Muslims am wenigsten Bedenken dazu hatten, sich dann aber auch die Hindus und Buddhisten anschlossen. Einige Christen glaubten anfangs, das nicht verantworten zu können. Aber bei der Rückschau am Schlußtag gestand man einmütig, daß man bei diesem gemeinsamen Gebet, wer immer es leitete, am deutlichsten die menschliche Verbundenheit und die gemeinsame Situation vor Gott und in Gott gespürt habe. Seither wurde und wird in vielen ähnlichen

Treffen, auch kleineren Stiles, miteinander gelebt, gegessen, über die heiligen Bücher berichtet – und gebetet.

So sollte es bei einem zweiten Friedenstag in Assisi dann zumutbar sein, daß auch auf höchster Ebene alle wie aus einem Mund und Herzen z. B. das Vaterunser der Christen, den Psalm 23 der Juden („Der Herr ist mein Hirte, nichts wird mir fehlen . . .“), die erste Sure des Korans („Lob sei Gott, dem Herrn der Menschen in aller Welt, dem Barmherzigen und Gütigen . . .“), einen Teil aus den Veden („Vom Unwirklichen führe mich zum Wirklichen; von der Dunkelheit führe mich zum Licht, vom Tod führe mich zur Unsterblichkeit . . .“) beten könnten.

Man darf wohl annehmen, daß Jesus da mitmachen und jubeln würde, alle Kinder seines Vaters so in Lob und Dank und Bitten versammelt zu sehen. Das wäre ein großer Schritt voran in der Heilsgeschichte. Der „Ich-bin-da“ würde nun als Gott aller Völker anerkannt. Er würde sein „auserwähltes Volk“, das jetzt die ganze Menschheit ist, von der Knechtschaft befreien und in das Land führen, in dem Milch und Honig fließen, in dem Gerechtigkeit und Friede herrschen (vgl. Ex 3,8). Solche Anlässe würden, wie ins Wasser geworfene Steine, immer weitere Kreise ziehen und die Frohbotschaft von Gottes allumfassender Huld und Liebe über die ganze Erde verbreiten.

Bei solchen Visionen wird es manchen Christen froh ums Herz. Andere aber fragen sich bestürzt: Wo stehen wir denn jetzt? Was ist dann noch unsere eigene Identität? Geben wir uns bei dieser Öffnung zu den Nichtchristen nicht völlig auf? Die Fragen sind ernstzunehmen. Es war früher leicht – freilich auch unchristlich –, Feindbilder zu schaffen, sich gegen die anderen abzugrenzen, sich selbst zu verherrlichen, die anderen zu verteufeln. Es bleibt also eine wichtige Aufgabe, in der Gemeinschaft mit allen Kirchen und Religionen die eigene Identität neu zu bestimmen. Die zwei schon erwähnten Dokumente des römischen Sekretariates für die Nichtchristen von 1984 und 1989 bieten eine Hilfe dazu.

In erster Linie muß man das Verhältnis von Kirche und Reich Gottes mit allen Konsequenzen durchdenken. Die

Kirche hatte sich lange Zeit hindurch in einem übersteigerten Ekklesiozentrismus verabsolutiert. Sie wollte die ganze Geschichte auf ihre eigene Verherrlichung ausrichten, wie es etwa in den Barockkirchen zum visuellen Ausdruck kam. In der neuen Theologie wird der Akzent zusehends von der Ekklesiologie auf die Christologie, auf die Pneumatologie, auf die „Patrologie" verlagert. Die Menschheit, die im ekklesiozentrischen Weltbild gespalten und zerstritten war, kann nun im theozentrischen Weltbild zur Einheit finden. Kirche ist also nicht mehr Kirche für sich, sondern für die Welt, „Zeichen und Zusage des Heiles für alle Menschen" oder, mit anderen Worten, ebenfalls des Konzils: „Keim und Beginn des Reiches Gottes" (Lumen gentium Nr. 5.9). Jesus spricht 42mal vom Reiche Gottes, aber nur zweimal von der Kirche. Kirche ist vorläufig, historisch, zwar von Jesus gegründet, aber von Menschen gestaltet; das Reich Gottes ist endgültig, eschatologisch, reines Geschenk des gütigen Gottes an seine Menschen. In der Vollendung – schon beim Tod des einzelnen Menschen – wird Gott sein Reich als seine große Überraschung kundtun. Aber er will seine Liebe schon zum voraus wirksam werden lassen, nicht durch wunderähnliche Eingriffe, wohl aber durch bewundernswerte Einsätze der Menschen, die von seiner Liebe betroffen sind. Die Kirche hat nun – und Kirche sind wir alle! – in den Dienst des Reiches Gottes zu treten und ihre Identität darin zu sehen, um Jesu willen die Funktion der Vorhut, der Elitetruppe, des Animators zu übernehmen für diese endlose Karawane der Menschheit auf ihrem Weg durch die Geschichte, mit der zweifachen konkreten Aufgabe: den Glauben an die endgültige Verheißung zu wecken, die Hoffnung auf das Ziel zu stärken und das Wandern selbst, das Wohnen auf dieser Erde, für alle Menschen schöner zu gestalten, also bessere Politik, bessere Wirtschaft zu betreiben, Pionier zu sein für die Anliegen von Gerechtigkeit, Frieden und Bewahrung der Schöpfung, dabei kühnere Initiativen zu ergreifen und mehr Durchhaltevermögen und Zuversicht zu haben. Diese „neue Identität" ist faszinierend. Sie fordert sehr viel, so viel, daß wir es nie „haben", sondern immer neu versuchen sollen, es besser zu verwirklichen. Im Herbst 1987 kamen die (katholische) Vereinigung Asiatischer Bischofskonferenzen (FABC) und die (evangelische) Christliche Konferenz von Asien (CCA) in Singapore zusammen unter dem Leitwort „Leben und Arbeiten mit den Schwestern und Brüdern aus den anderen Religionen". Man verstand, daß sich die Kirchen in Asien gemeinsam der Herausforderung durch die anderen Religionen zu stellen haben und daß dies nicht mehr bloß auf der theoretischen, weltfremden, theologischen Ebene geschehen solle, sondern in der konkreten Bewältigung der Probleme dieses Kontinents, der Armut und Ausbeutung, der Kriege und der Unterdrückung, der Überbevölkerung und der Ökologie. Man fand eine Antwort in der Annahme, daß alle Religionen im Heilsplan Gottes ihren Platz haben, mit dem Christentum zusammen als gleichberechtigte Weggefährten für das Kommen des Reiches Gottes wirken sollen zum Nutzen aller Menschen. Also auch hier Verlagerung vom alten Streiten um Positionen und Prestige zum neuen Handeln für Gerechtigkeit und Fortschritt, von der Orthodoxie um jeden Preis zur Orthopraxis um jeden Preis, wobei die Orthodoxie nicht verdrängt, wohl aber zur Glaubwürdigkeit gedrängt wird.[45] Solche Tagungen verraten, daß in der Kirche etwas geht, daß man, im Blick auf die Zeichen der Zeit, im Aufbruch ist zu neuen Gestaden, zur zwischenkirchlichen und zwischenreligiösen Ökumene, zur heilsgeschichtlichen Katholizität, zur Weite Gottes.

Nun die wichtige Frage: Fördert diese neue Heilshoffnung in Asien auch für Euramerika etwas zutage? Europa ist daran, erneut ein Missionskontinent zu werden. Schauen wir diesem Prozeß tatenlos zu, oder sind wir noch in der Lage, uns entsprechend zu gebärden und umso energischer missionarische Kirche zu sein und die Heilsbotschaft des Evangeliums über alle unheile Welt auszustreuen? Es lohnt sich, dieser Frage nachzugehen. Antwort und Impuls werden wir auf den folgenden Seiten sehen. Bringen wir es zustande, aus unserer Hoffnungslosigkeit aufzuerstehen?

## 9. Kapitel
## Ihr werdet die religiösen Nomaden begleiten: Säkularisierung: Euramerika

Über die religiöse Lage Euramerikas (Europa und Nordamerika) kann man schwerlich etwas Einheitliches sagen. Gerade das macht seine typische Situation aus, daß es nicht mehr das geschlossene „christliche Abendland" darstellt, als das es durch die Geschichte ging. Delumeau hat uns freilich gelehrt, das Mittelalter mit der religiösen Unwissenheit, den Ängsten und dem Aberglauben des durchschnittlichen Volkes nicht zu idealisieren und die religiöse Lage der heutigen Zeit nicht zu dramatisieren, denn, so sagt er, Gott sei damals nicht so nahe gewesen, wie man oft meinte, und stehe heute nicht so fern, wie man oft glaubt.

Trotzdem, die religiöse Krise läßt sich nicht leugnen. Der Kirchenbesuch geht zurück, die Priester- und Ordensberufe nehmen ab, der Einfluß der Kirchen auf das gesellschaftliche Geschehen schwindet. Karl Rahner wurde nicht müde, schon von 1959 an immer wieder bewußt zu machen, daß wir Christen einer planetarischen Diasporasituation entgegengehen. Es gebe fortan keine christlichen Länder mehr. Soziologisch bekommen die Kirchen immer mehr die Gestalt einer Sekte, einer kleinen Minderheit. „Wir haben den Traum eines homogenen christlichen Abendlandes immer noch nicht ganz ausgeträumt." Aber wir müßten von diesem Traum erwachen, zur Kenntnis nehmen, daß wir nicht mehr mit einem garantierten Nachwuchschristentum rechnen können, dafür die Hoffnung auf das Wahlchristentum als die neue pastorale Chance werten müßten.[46]

Wir haben in den Jahren seither weder diese Trends rückläufig gemacht noch die darin liegenden Chancen genügend genützt. Das bestätigen uns Analysen der neuesten Zeit am laufenden Band. Die Missionszentrale der Franziskaner in Bonn kam in einer erweiterten Mitgliederversammlung 1987 – im Blick auf die Ortskirche Europas – zum Ergebnis: „Es wurde festgestellt, daß die Volkskirche am Zusammenbrechen ist (in letzter Zeit auch auf dem Land), ohne daß dieser Tatsache in den pastorellen Strukturen Rechnung getragen würde . . . Viele trauen der Kirche im menschlichen und gesellschaftlichen Bereich wenig mehr zu. Ein Mißtrauen ‚von oben nach unten' hat auch in umgekehrter Richtung Mißtrauen erzeugt. Die Kirche hat vielfach vorgefertigte Antworten parat, doch sie hat weitgehend die Kompetenz des Fragens verloren. Zentrale Fragen, die die Menschen bewegen, werden nicht oder in unangemessener Weise aufgegriffen, z. B. Sexualität. Die traditionellen Gemeinden und Amtsträger stellen ein Hindernis dar. Hier stellt sich die Frage nach der Ausbildung: Müßte nicht auf eine ganz andere Kompetenz hin ausgebildet werden? Bis jetzt ist die Ausbildung noch zu sehr priesterorientiert . . ."[47]

Von wie vielen nicht nur routinemäßig praktizierenden, sondern auch menschlich gut christlichen Eltern hört man klagen, daß ihre Söhne und Töchter, sobald sie dem Kindesalter entwachsen, nicht mehr in die Kirche gehen wollen, nicht zuletzt deshalb, weil die meisten ihrer Kameradinnen und Kameraden dort nicht erscheinen und sie nicht als einzige Mitläufer verlacht werden wollen. Im Blick auf solche düstere Aussichten fragt sich der ehemalige Straßburger Bischof L. A. Elchinger, ob kirchlich nicht eine analoge Bedrohung vorliege wie in der Umweltverschmutzung, ob die Luft und der Boden, auf dem der Glaube wachsen sollte, nicht vergiftet seien, ob die Kirche nicht auf Beton säe.[48]

Seit 20 Jahren hat sich die kirchliche Lage weltweit grundlegend verändert. Es gilt nicht mehr die traditionelle Zweiteilung: hier Kirche – dort die Mission, sondern: Kirche in sechs Kontinenten, weil „unsere Missionen" inzwischen selbständige und gleichberechtigte Kirchen geworden sind. Aber gleich muß man auch beifügen: Mission in sechs Kontinenten, weil die Kirche, wo immer sie lebt, sich in missionarischer Situation befindet, auch in Europa. Europa ist wiederum Missionsland geworden. Man muß sogar sagen: Ist zum schwierigsten Missionsland geworden.

Aber liegt darin nicht auch eine Chance? In christlicher Minderheitssituation leben stellt nicht unbedingt eine schlechte Startposition dar, im Gegenteil, es können vielleicht mehr Kräfte mobilisiert werden als in der Massenkirche, wo man vor christlicher Sättigung dick und träge wird. Das lehrt uns die Urkirche, wo die kleinen christlichen Gemeinden sich gegen alle Widerstände durchsetzten und verbreiteten. Das lehren uns auch die jungen Kirchen, „unsere ehemaligen Missionen", die allgemein als der dynamischste Teil der Kirche betrachtet wurden und es auch heute noch sind, so daß wir mehr und mehr darauf ausgehen, in unserer kirchlichen Ratlosigkeit von ihnen pastorale Impulse zu beziehen. Dabei soll man weder die Urkirche noch die jungen Kirchen idealisieren. Die ganze Geschichte vermittelt uns die nüchterne Einsicht, daß es nirgendwann und nirgendwo ideale Kirche gab und gibt, daß Kirche immer Volk Gottes unterwegs bleibt mit Schweiß und Staub und Sünde bedeckt. Aber der Glaube läßt uns hinter oder in diesen menschlichen Armseligkeiten und Mühseligkeiten das Geheimnis Kirche entdecken und verleiht uns Mut, auch in einer Minderheitssituation nicht dem Minderwertigkeitskomplex zu verfallen, sondern umso aktiver zu werden.

Wir wollen jetzt in einem Dreischritt dem Phänomen der Säkularisierung in Euramerika etwas näher rücken. Bezüglich der USA sei nebenbei vermerkt, daß in jenem fortschrittlichsten Land der Welt Religion sich durchschnittlich besser erhalten konnte als in Europa und gegenwärtig daran ist, sich lebendiger zu entfalten, auch wenn uns nicht alle dort angewandten Methoden religiöser Werbung sympathisch sind. Immerhin, gemäß einer Galup-Erhebung sagt ein Drittel der Amerikaner aus, sich in den letzten Jahren religiös erneuert zu fühlen.

Analyse der christlichen Substanz: Man spricht heute viel von Vitaminen, die nur in geringen Mengen vorkommen, nicht ernähren, keine Energien spenden und doch erst den reibungslosen Ablauf des Lebens ermöglichen. Ähnlich kann man bei Menschen, die wir, kirchlich gesprochen, oft abschreiben, meistens mehr an verborgener christlicher Substanz vorfinden, als man meint.

Man kann die Menschen, wiederum kirchlich gesprochen, grob einteilen in Kirchgänger und Nichtkirchgänger oder Kirchenengagierte und Kirchendistanzierte. Die letzteren nennt man in den USA „unchurched people: unbekirchte Leute", also Menschen, die von keiner Kirche betreut werden und auch gar nicht betreut werden wollen.

Die erste Kategorie könnte man wieder unterteilen in die konservativen Kreise, welche die neuen Öffnungen des Konzils mit Vorbehalt aufnahmen, sie sogar als unheilvoll betrachten, die auf ihre Treue zu Kirche und Papst schwören und Priester wie Laien, die nicht ganz gesetzesgemäß handeln, rasch beim Bischof oder in Rom verklagen. Man muß sie respektieren, denn sie handeln nach ihrem Gewissen und glauben, die Kirche vor dem Untergang retten zu müssen. Sie vertreten ein Kirchenmodell, das nur bei gleicherweise engen Christen ankommt. Die zweite Gruppe bilden die Durchschnittskatholiken, die treu ihre Sonntagspflicht erfüllen und sich auch einigermaßen bemühen, im Alltag ein christliches Leben zu führen. Sie stellen die schweigende Mehrheit dar. Sie leiden im stillen darunter, daß die Basis der Kirche immer mehr abbröckelt und daß ihre Jungen ganz anders denken und leben. Man muß sie ermutigen, ihnen das Vertrauen auf Gott stärken.

Die dritte Gruppe machen jene aktiven Christen aus, die im Pfarrgemeinderat, in den verschiedenen Kommissionen und Vereinen mitmachen, Leben hineinbringen, manchmal auch in kirchlichen Basisgemeinschaften organisiert sind. Sie stehen da als Zeichen der Hoffnung. Je mehr man an den Strukturen der Kirche leidet, desto mehr kann man sich an solchen Aufbrüchen neuer, echter Religiosität an der Basis freuen und bei aller winterlichen Kirchenzeit mit Eugen Biser (Rahner und Zerfaß) von einer Glaubenswende reden und unter den verschneiten Feldern und zugefrorenen Seen Kräfte neuen Lebens sich regen sehen. Bei all diesen drei Gruppen kann man also ein entsprechendes Maß an christlicher Substanz finden, wenn auch nie in chemisch reiner Form, sondern immer gemischt mit Menschlichkeit und Gebrechlichkeit.

Sogar auch bei der zweiten Kategorie, den unbekirchten, säkularisierten Menschen, die je nach Gegenden 50, 70, 90

Prozent unserer Mitbürger ausmachen, kann man noch auf christliche Substanz stoßen. Sie wollen mit der Kirche nichts mehr zu tun haben, wobei sie Kirche meist mit den Strukturen identifizieren. Sie glauben, daß sie ohne Kirche ebensogut und besser leben können. Ich möchte solche Menschen „religiöse Nomaden" nennen, welche die seßhafte Kirche verlassen haben, aber keineswegs „gottlos" geworden sind. Sie finden es faszinierend, ihren religiösen Weg nun als Einzelgänger, als Pioniere zu gehen. Man muß sie also nicht abschreiben, sie vielmehr begleiten und auch in ihnen die verborgene, zu entfaltende christliche Substanz entdecken. Kirche ist auch und in erster Linie um ihretwillen da, wenn sie schon „Zeichen und Zusage des Heiles für alle Menschen" sein will.

Es gibt hier wiederum drei Untergruppen. Die erste sind jene Menschen, die wegen unguter Erfahrungen mit dem Pfarrer, wegen Ärger an gewissen „frommen" Leuten, wegen Widerwillen gegen römische Erlässe und Haltungen der Kirche den Rücken gekehrt, vielleicht offiziell ihr den Austritt erklärt haben. Sie sagen: „Jesus ja, Kirche nein!" Sie lesen vielleicht das Evangelium, kommen mit Gleichgesinnten zusammen, wollen im Grunde gute Menschen sein. Im Blick auf sie, deren Zahl wächst, vor allem unter den Jungen, erklärt B. Stähelin: „Das religiöseste und zugleich unkonfessionellste Zeitalter hat begonnen." Wir müssen mit diesen Scharen rechnen, ihre Gründe ernst nehmen, sie als eigene Gewissenserforschung verstehen und sie nicht verurteilen. Wir würden sonst den Jüngern gleichen, die zu Jesus sagten: „Meister, wir haben gesehen, wie jemand in deinem Namen Dämonen austreibt, und wir versuchten ihn daran zu hindern, weil er uns nicht nachfolgt." Jesus erwiderte: „Hindert ihn nicht! . . . Denn wer nicht gegen uns ist, der ist für uns" (Mk 9,38–40).

Die zweite Gruppe kann man mit dem sehr verschiedenartig schillernden Wort Esoterik in Zusammenhang bringen. Das meint zunächst die sehr legitime, aber nur Eingeweihten und Zustimmenden zugängliche Einführung ins Geheimnis Gottes. „Niemand kommt zum Vater außer durch mich" (Jo 14,6). Aber heute versteht man darunter einen ganzen Fächer von Praktiken, die zu einem geheimen Wissen führen, das nur einer Art Elite vorbehalten ist, statt es in der freien Liebe Gottes für alle begründet zu sehen. Einige Stichworte konkretisieren das: Transzendentale Meditation, Reinkarnation, Spiritismus, Astrologie, New Age, Wassermann-Zeitalter. Man nennt es auch die neue Religiosität und steht erstaunt vor einem breiten Aufbrechen von solchen Religionen, von religionsähnlichen Bewegungen, von Sinnverheißungen, von vielfältigen Anweisungen zur quasireligösen Sinnfindung. Man müßte eine ganze Bibliothek ausbreiten, um all ihren Aspekten gerecht zu werden. Zu diesem Thema wird eine Fülle von Büchern, Zeitschriften, Veranstaltungen angeboten, weil es offenbar einer starken und ungestillten Erwartung des heutigen Menschen entspricht. Man kann das nicht leichthin verurteilen, kann es auch nicht einfach billigen. Die Christen werden sehr zur Unterscheidung der Geister, zu Dialog und Lernbereitschaft, vor allem zur glaubwürdigen Vertretung der christlichen Alternative herausgefordert. Sie müßten das Leben im „Neuen Bund" so an den Tag legen, daß Suchende nicht aus Plattheit und Panik zum „New Age" flüchten müssen.[49]

Die dritte Gruppe, die wir „Atheisten" nennen, scheint der christlichen Substanz, dieses Reliktes aus der vorwissenschaftlichen Zeit, völlig bar zu sein. Man findet die klassischen Atheisten in den kommunistischen Oststaaten, aber sie gehen auch in der westlichen Welt als Agnostiker und praktische Atheisten massenweise umher. Sie galten für uns als die schwarzen Schafe, als der Inbegriff des Unbegreiflichen. Wie kann ein Mensch nur so kurzsichtig, so blind, so borniert sein, das Geheimnis Gottes in der Schöpfung und in der christlichen Geschichte nicht zu ahnen! Was muß ein solcher Mensch gewärtigen, der es wagt, sich gegen seinen Gott aufzulehnen! Man denkt an Luzifers Ausruf: „Ich diene nicht!", an seinen Anhang und sein Schicksal.

Heute fängt man an, auch für diese Atheisten eine Art Sympathie zu empfinden. Zunächst muß man wohl sagen, daß es den Atheisten, wie er im Büchlein steht, gar nicht gibt, wie es auch die „Heiden", von denen es in den alten Lexika hieß: „Menschen, die von Gott nichts wissen", nicht gab. Man wird wohl keinen Atheisten finden, der, wenn er ehrlich ist, nicht zugeben müßte, daß er sich dann und wann fragt, was denn der letzte Sinn des menschlichen Suchens und Sehnens, Liebens und Lebens ist. Wenn wir Christen in unserem Glauben dann und wann begreifliche Zweifel aufkommen spüren, wird auch der denkende Atheist dann und wann von Zweifeln befallen werden.

Wir können solche Menschen nicht mehr wegen ihrer fehlenden religiösen Praxis verurteilen, sondern müssen sie aufgrund ihres Gewissens beurteilen, oder besser, das Urteil über sie Gott überlassen. Gott aber wird sie als Menschen in ihrer letzten Gewissensentscheidung ernst nehmen. Sie gehören trotz allem zum menschlichen Geschlecht, zur „Rasse und Verwandtschaft Jesu". Sie führen nicht selten ein vorbildliches Leben. Man muß heute neidlos und mit Freude zugeben, daß Heiligkeit ebenso überall vorkommt wie Sünde, innerhalb wie außerhalb der kirchlichen Strukturen. Die Säkularisierung bewirkt gewiß den Zerfall vieler christlicher Werte, aber sie schafft und fördert ebenso neue Werte und Formen gelebten und vertieften, wenn auch unausdrücklichen Christentums wie Liebe, Vertrauen, Hoffnung, Verantwortung, Hingabe, Weltsolidarität, Einsatz für Gerechtigkeit, Frieden, Umwelt. Wer Erfahrung mit solchen Menschen hat, weiß, daß viele voller religiöser Fragen sind und sich wundern, daß die Priester sich nur mit den gutmütigen Christen abgeben, aber sich nicht ihnen zum religiösen Gespräch stellen. Man müßte sich gegenseitig mit den Fragen bedrängen: „Was wäre, wenn Gott nicht existierte? Was wäre, wenn Gott existierte?"[50]

Ich glaube, wie in Lateinamerika das Konzilsdokument „Gaudium et spes" (Über die Kirche in der Welt von heute) die entscheidenden Früchte hervorbrachte, in Afrika „Unitatis redintegratio" über den Ökumenismus, in Asien „Nostra aetate" über das Verhältnis der Kirche zu den nichtchristlichen Religionen, daß so in Europa das letzte Dekret des Konzils, „Dignitatis humanae" über die Religions- und Gewissensfreiheit noch seine weitreichenden Folgen zeitigen wird. Dieses Dekret erklärt: Die eigentliche Würde der Menschen besteht darin, daß sie nicht bloß Ausführende von Befehlen anderer Instanzen seien, sondern „bei ihrem Tun ihr eigenes Urteil und eine verantwortliche Freiheit besitzen und davon Gebrauch machen sollen". Es könne vor allem in religiösen Dingen „niemand gezwungen werden, gegen sein Gewissen zu handeln, noch daran gehindert werden, nach seinem Gewissen zu handeln" (DH Nr. 1–3). Papst Johannes Paul II. betonte in der Botschaft zum Weltfriedenstag der katholischen Kirche am 1. Jänner 1988, daß die Religionsfreiheit für alle Religionen gelte, selbst für die Atheisten. Früher hieß es, nur die Wahrheit habe ein Recht zur freien Betätigung. Man blieb also auf der sachlichen, abstrakten Ebene stecken. Heute gibt man zu: Jeder Wahrheitsuchende hat ein Recht, seinem Gewissen zu folgen und sich entsprechend zu betätigen. Es wurde also mit Genugtuung vermerkt, daß der Papst in seiner Botschaft die Umstellung von der sachlichen auf die personalistische Ethik vollzogen habe.

Zur theologischen Vertiefung dieser Gewissensproblematik kann man sich wieder auf Karl Rahner berufen. Er führt aus, daß überhaupt kein Mensch guten Willens ohne Gotteserfahrung lebe. Denn wo immer ein letzter radikaler Selbstvollzug des Menschen in Freiheit geschehe, so daß der Mensch sich selbst für etwas in die Schanze schlägt, dürfe angenommen werden, daß dies im Heiligen Geist und in Gnade, in einem Anhauch mystischer Entrücktheit geschehe, auch wenn sich der Betreffende darüber gar keine Rechenschaft gebe. Rahner spricht darum von einer „Mystik des Alltages" und man dürfe sagen, „daß da der, den wir Gott nennen, als unendliches Angebot, als schweigende Liebe, als absolute Zukunft immer schon da ist, ja sogar immer schon angenommen ist, wo ein Mensch in der Treue zu seinem Gewissen die Kerkermauern seines Egoismus durchbrochen hat".[51]

Das bestätigt also, daß selbst in den Atheisten ein überraschendes Maß an christlicher Substanz zu finden ist, und es berechtigt zur Hoffnung, daß sie über kurz oder lang wahrscheinlich zur besseren Erkenntnis ihrer selbst gelangen. Die Religionskritik von Feuerbach, Marx und Hegel hält heute nicht mehr stand. Sie ist auf der inneren, psychologischen Ebene widerlegt, so daß Heinrich Lübbe seine These aufstellen kann: „Nicht die Religion hat sich als Illusion erwiesen, sondern die Religionstheorie, die sie als solche behandelte."[52] Auch die äußere, soziologische Ebene würde Marx heute eines Besseren belehren. Damals erfuhr er tatsächlich Religion als System zur Bestätigung der „Ordnung", d. h. der antidemokratischen Monarchien und des ausbeuterischen Kapitalismus. So kamen auch die Kultusministerien in den Ostländern allmählich zur Einsicht, daß erstens Religion nicht in der erhofften Frist ausgerottet werden konnte und daß folglich zweitens die religiösen Bürger geduldet werden sollen, sofern sie nur loyal im sozialistischen Staate mitarbeiten.

Diese Wandlung zur besseren Einsicht brach in der Ära Gorbatschow plötzlich durch. Das Jahr 1988 markierte deutlich die Wende. Beispielsweise übertrug erstmals das sowjetische Fernsehen die orthodoxe Osterliturgie – von einem sympathischen Kommentar begleitet. Gleichsam zum Auftakt der 1000-Jahr-Feier der Christianisierung Rus(s)lands empfing der Parteichef den russisch-orthodoxen Patriarchen Pimen. Er bedauerte dabei – so die Zeitungsberichte – die Kirchenverfolgungen der früheren Zeit und bezeichnete sie wörtlich als „tragische Vorkommnisse". Er betonte ferner seither mehrmals, daß sowohl Atheisten als auch gläubige Menschen auf gleicher Stufe stehen und die gleichen Rechte im Staat besitzen. An den Milleniumsfeiern selbst nahm Gorbatschows Frau Raissa mit hohen Politikern teil. Besonders in der westlichen Welt wurde mit Aufmerksamkeit registriert, daß der Staats- und Parteichef den vatikanischen Kardinal-Staatssekretär Agostino Casaroli zu einer längeren Aussprache empfing.

Die guten Nachrichten überstürzen sich: Raissa Gorbatschowa bringt – so die Meldungen – ein Buch über russische Mystik heraus; die traditionelle Weihnachtsansprache des Papstes wird 1988 auch vom russischen Fernsehen übertragen. Schon spricht man von einem Besuch Gorbatschows im Herbst 1989 im Vatikan, dem dann ein Gegenbesuch des Papstes in Moskau folgen könnte . . .

Doch bleiben wir auf dem Boden der Realität! Im September 1988 besuchte Konstantin Kharchev, Präsident des Rates für religiöse Angelegenheiten der UdSSR, den Weltkirchenrat in Genf und erklärte, daß seit Jahresbeginn 400 neue Pfarreien errichtet worden seien und daß ein neues Religionsgesetz, das den Kirchen ihre juridische Anerkennung gebe, in Beratung sei. Im russischen Fernsehen werden immer wieder Diskussionen über religiöse Fragen und die Situation der Kirchen geführt. Man kann dabei hören: „Es war ein Fehler, die Kirchen zu bekämpfen. Sie sind ein Teil unserer Kultur." In Leningrad wurde eine staatliche Ausstellung über zerstörte Kirchen gezeigt. Sie trug den bezeichnenden Titel: „Unsere Trauer und Schande . . ."

In China fand schon früher eine Neubesinnung statt. In der neuen Konstitution von 1982 werden die fünf großen Religionen des Landes, Islam, Buddhismus, Taoismus, Protestantismus und Katholizismus, anerkannt. Es heißt von ihnen, sie verträten eine eigene Erziehungslehre und eine hochstehende Moral, sie seien für die Gesellschaft von Nutzen. Die Zahl der Christen wächst dort gegenwärtig doppelt so schnell wie die Bevölkerung.[53]

Das alles sind erfreuliche Nachrichten. Im Grunde entspricht das neue Verhalten dieser kommunistischen Mächte einfach den Einsichten des gesunden Menschenverstandes, der sich gegen die verengte Ideologie durchzusetzen vermochte. Aber man darf in dieser Wandlung wohl auch eine Frucht des vielen Betens für die Bekehrung Rußlands sehen – nicht zu vergessen das Gebet der Mutter Gorbatschows, die nach verläßlichen Angaben eine gläubige Frau ist, jeden Sonntag in die Kirche geht und beim Gottesdienst Votivkerzen verkauft. Ihr Sohn besucht sie jedes Jahr um seinen Geburtstag herum im 1400 Kilometer entfernten Stawropol. Der einzelne Mensch steht ja machtlos vor den harten Strukturen in Welt und Kirche. Einer aber ist mächtiger als sie, der Heilige Geist, der das Herz jener, die wir als die Mächtigen anschauen, überwältigen und auf diesem Weg auch die Strukturen verändern kann.

Die Säkularisierung hat also viel von ihrem Grauen verloren. Selbst in den säkularisierten Menschen kann man ein beträchtliches Maß von Menschlichkeit, tiefer gesehen, von verschütteter, aber nicht völlig verschrotteter christlicher Substanz feststellen. Es gilt, sie zu heben, zu heilen, sie uns und ihnen bewußter zu machen.

Zusage der christlichen Heilshoffnung: Wir Christen, jedenfalls wir Kirchentreuen, werden zusehends eine Minderheit. Zwei Drittel der Menschheit sind Nichtchristen, zwei Drittel der getauften Christen (oder mehr) gehen nicht mehr in die Kirche. Müssen wir über diese letzteren weiterhin den Stab brechen, sie als Abtrünnige bezeichnen, ihnen das Gericht Gottes androhen?

Wir haben im vorangegangenen Kapitel zur Kenntnis genommen, daß die „Heiden" nicht länger als Götzendiener und Ungläubige zu betrachten sind, daß auch sie bereits in der Huld und Liebe Gottes leben. Darf man es nun nicht wagen, diese befreiende Heilshoffnung, die dort aufgebrochen ist, auch auf unsere säkularisierten Mitmenschen anzuwenden, also nicht nur die traditionellen „Heiden", sondern auch die „Neuheiden" in einem neuen Licht zu sehen? Bevor wir irgendwelche pastorale Aktionen an ihnen planen, müssen wir über sie eine neue theologische, prophetische Deutung gewinnen, denn ohne innere Sympathie prallen alle Annäherungsversuche an ihnen ab. Wir sollen freilich nicht mit der Frage des ewigen Heiles auf den Lippen mit der Tür ins Haus fallen. Bevor wir davon reden, sollen wir uns zunächst sehr eindringlich, vielleicht auch für lange Zeit, über das innerweltliche Heil ihrer selbst und der ganzen Menschheit unterhalten (vgl. 6. Kapitel). Aber im gegebenen Augenblick sollen wir jener anderen Frage nicht ausweichen, ihretwegen nicht erröten, sie nicht verschweigen. Wir würden sonst am Menschen Verrat üben, ihn um seine tiefsten Erwartungen betrügen.

Ich möchte also in der Tat auch die säkularisierten Menschen aller Stufen in die allumfassende, zuvorkommende, unbegreifliche und allwirksame Liebe Gottes eingeschlossen sehen. Der Gedanke an das Erbarmen Gottes gehört doch zu den Kernaussagen des Alten und Neuen Testamentes. In den Psalmen lesen wir immer wieder: „Die Erde ist voll des Erbarmens Gottes . . . Das Erbarmen Gottes währet ewig . . . Soweit die Sonne zieht und die Wolken gehn, soweit reicht das Erbarmen Gottes . . ." Denken wir sodann an die Parabeln vom verlorenen Schaf, vom verlorenen Sohn und an die Hartnäckigkeit der Aussagen, daß das Blut Jesu „für alle vergossen wird" (Mt 26,28), daß „Gott, unser Retter, will, daß alle Menschen gerettet werden . . . daß Jesus Christus sich als Lösegeld für alle hingegeben hat" (1 Tim 2,4.6), und „alle haben gesündigt und die Herrlichkeit Gottes verloren. Ohne es verdient zu haben, werden sie alle gerecht, dank der Gnade, durch die Erlösung in Christus Jesus . . . So erweist Gott seine Gerechtigkeit durch die Vergebung der Sünden . . ." (Röm 3,23–25). Darf man solche Texte, die uns in der Liturgie immer wieder vorgetragen werden, nicht beim Wort nehmen? Gibt es denn auch bei Gott jene fatale Kluft zwischen Dokumenten und Praxis?

Aufgrund solcher biblischer Aussagen wage ich Sätze wie folgende zu formulieren: Auch der Mensch, der sich gottlos nennt, wird Gott nicht los! Auch wer Gott aufgibt, wird von Gott nicht aufgegeben! Niemand kann so tief fallen, daß er aus der Liebe Gottes herausfällt! Ich möchte es also Gott zumuten, daß er Wege und Mittel zur Hand hat, um alle seine Menschen so oder so, früh oder spät, einzuholen und heimzuholen. Mütter, die diesen Titel verdienen, verstehen diese Haltung. Auch sie geben nie ein Kind auf, selbst wenn es auf Abwege gerät. Sie suchen es zu verstehen, zu entschuldigen, ihm eine neue Chance zu geben. Wenn Menschen zu solcher unverbrüchlicher Liebe fähig sind, wird Gott sie nicht noch überbieten?

Diese allumfassende Heilshoffnung „muß" man nicht abnehmen, aber man „darf" sie annehmen, und wer es glaubt, steht auf guter biblischer Grundlage, falls er sich nicht an einzelne gegenteilige Sätze klammert, sondern sich an die

Kernaussagen der Heiligen Schrift hält. Damit ist keine Heilssicherheit, Heilsgarantie, gar Heilsanspruch gemeint. Der endgültige Ausgang unseres Schicksals ist noch nicht entschieden. Wir stehen immer unter dem Gericht Gottes. Insofern dienen uns auch die Drohreden im Neuen Testament zur heilsamen Mahnung. Trotzdem dürfen, sollen wir hoffen und erbeten, daß Gott, der alle Menschen retten will, auch alle Menschen retten wird, und indem wir das hoffen, setzen wir einen Akt christlicher Tugend, eben der Hoffnung.[54]

Wir dürfen also getrost diese Heilshoffnung – was nicht dasselbe ist wie ein naiver Heilsoptimismus! – für alle Menschen vertreten und verkünden, natürlich nicht als Ermunterung zur Sünde, sondern dazu, trotz der Sünde, die man ja nicht will und doch tut (vgl. Röm 7,16), zuversichtlich zu bleiben für mich, für alle Menschen, auch für die Atheisten. Wir haben schon immer vom allgemeinen Heilswillen Gottes geredet. Wir dürfen fortan auch zuversichtlicher vom allgemeinen Heilswirken Gottes denken.

Stufen der christlichen Osmose: Man kann es auch mit einem direkteren Ausdruck „Verkündigung" nennen und die Frage stellen: Dürfen wir uns damit begnügen, „noch" in die Kirche zu gehen und unsere Seele zu retten, die säkularisierten Mitmenschen links liegen zu lassen, sie, wie wir eben zum Trost zur Kenntnis genommen haben, dem Erbarmen Gottes zu überlassen? Oder sind wir nicht vielmehr herausgerufen, nicht in der seßhaften Kirche sitzen zu bleiben, sondern mit den „religiösen Nomaden" mitzuwandern, sie zu begleiten, für sie schon in dieser Zeit Zeichen der allumfassenden Huld und Liebe Gottes zu sein? Wie kann das geschehen? Das Symposium der Europäischen Bischofskonferenzen hat schon zweimal bei seinen Sitzungen in Rom, 1982 und 1985, über die neue Gegebenheit „Missionsland Europa" verhandelt, aber noch kaum konkret etwas in Gang gebracht. Man soll sich auch gar keinen Generalangriff vorstellen, auch sich gar nicht einbilden, jene Menschen zuhauf wieder in die Kirche zu bringen, wohl aber versuchen, Angebote zu machen, Signale auszustrahlen, ein Klima der Mitmenschlichkeit und damit der Menschenfreundlichkeit Gottes zu schaffen und durch all das jenen Menschen die Fragen nach dem letzten Sinn des Lebens, die kein Mensch nicht haben kann, bewußter zu machen und beantworten zu helfen. Kurz: Wir sollen nicht passive Konsumchristen bleiben, wie man früher dazu erzogen wurde, sondern aktive Missionschristen werden, wie es das Konzil von allen in der Kirche gefordert hat.

Das eigentliche Problem liegt also nicht bei der Masse der „unbekirchten Menschen", sondern bei der Minderheit der Kirchentreuen, ob sie es zustande bringen, durch ihr Dasein und Sosein für jene anderen Fragezeichen und zugleich Ausrufzeichen zu sein und eine umweltfreundliche, eine menschenfreundliche Pastoral zu entfalten. Eine Kirche, die vorfabrizierte Antworten gibt auf Fragen, die keine mehr sind, aber auf die Fragen von heute keine befriedigenden Antworten weiß oder wagt, kommt da nicht weiter. Indem die Kirchenautorität immer und immer wieder betont, sie sei gegen die Ehescheidung, gegen den Abortus, gegen die Pille, gegen die Homosexualität, gegen die Probeehe, ist den vielen Menschen in solchen Situationen noch keineswegs geholfen. In Dortmund leiten zwei Franziskaner mit einer Gruppe von Laien das „Katholische Forum für Fragende und Suchende". Eine Initiative für Menschen auf der Suche, die sich neu orientieren möchten, die sich in der Kirche nicht mehr zu Hause fühlen, die den Glauben erfahren und vertiefen wollen. Man nennt die Angesprochenen bewußt nicht „Kirchendistanzierte", denn wer wäre schon distanziert, die Kirche oder jene? Man macht verschiedene Angebote, u. a. das Freitags-Forum mit einer Band, einem aktuellen Vortrag und Diskussion, einer besinnlichen Dia-Schau. Die 400 bis 600 Teilnehmer erfahren je diese zwei Abendstunden als Höhepunkt der Woche und weitere Wegweisung. So etwas müßte es in jeder Stadt geben.

Das Entscheidende ist und bleibt das Lebens- und Liebeszeugnis der Christen, der Großpfarrei, der kleinen Gruppen, der einzelnen Familien, der einzelnen Christen, ob es wirklich geprägt ist vom einen Gebot, woran man sie erkennen sollte: „Ein neues Gebot gebe ich euch: Liebt einander! Wie ich euch geliebt habe, so sollt auch ihr einander lieben! Daran werden alle erkennen, daß ihr meine Jünger seid: wenn ihr einander liebt“ (Jo 13,34f.); von der Parabel des barmherzigen Samariters, der nicht wie der Priester und Levit vorbeiging, sondern Mitleid hatte, handelte und auch sein Geld hinlegte für den armen Verwundeten (Lk 10,30–37); vom Beispiel Jesu selbst, der den Jüngern die Füße wusch und dann sagte: „Begreift ihr, was ich euch getan habe? Wenn ich, der Herr und Meister, euch die Füße gewaschen habe, denn müßt auch ihr einander die Füße waschen“ (Jo 13,12–14). Dieses eine Gebot der Liebe wird von Jesus nicht bloß nahegelegt, als „evangelischer Rat“ empfohlen, sondern mit einem strikten Imperativ vorgeschrieben. Das griechische Wort „opheilete“ sagt deutlich: „Ihr sollt, ihr müßt, ihr seid verpflichtet!“ Da gibt es für die Jünger Jesu kein Kneifen und keine Ausreden! Wenn die Christen diesen Dienst der Fußwaschung, d. h. der je fälligen Dienste im zwischenmenschlichen, zwischenkirchlichen, zwischenkontinentalen Bereich glaubwürdiger leisten würden, bekämen zweifellos wieder viele „religiöse Nomaden“ eine Art Heimweh nach einer solchen Kirche.

Solche radikal nach dem Evangelium lebenden Menschen bildeten freilich weder am Anfang noch bilden sie heute die Regel, vielmehr seltene Ausnahmen. Und sie riskieren noch, von gewissen Kreisen verkannt und verlacht zu werden. Jesus, wegen seiner Botschaft und seiner Heilungen vom Volk umdrängt, wurde von seinen Angehörigen ganz anders eingeschätzt: Sie kamen und wollten ihn „mit Gewalt“ heimholen, denn sie sagten sich: „Er ist von Sinnen! Er spinnt!“ (vgl. Mk 3,20f.) Franziskus von Assisi bekam den Spitznamen „Der Spinner“ (il pazzo). Trotzdem sind Jesus und Franziskus für viele Menschen Weg gewesen und können die besten Christen heute als eine Art Kontrast-Gesellschaft (G. Lohfink) vielen anderen einen Ausweg aus der Absurdität des platten Alltagslebens weisen.

Gewisse Anlässe eignen sich besonders gut, Signale, Wellen christlicher Botschaft auszustrahlen in der unkontrollierbaren Hoffnung, daß sie von vielen Antennen aufgefangen werden. Man denke an Beerdigungen, für viele Menschen das einzige Mal, wo sie zur Kirche kommen; an Weihnachten, so – trotz des Geschäftsrummels – die erleuchteten Straßen, die Christbäume auf den Plätzen, die Lieder im Rundfunk, die Menschen, die zur Mitternachtsmesse gehen, eine gewisse Stimmung schaffen und Erinnerungen und Sehnsüchte wecken; an die Werkwochen für Soldaten in kirchlichen Bildungshäusern, wo den jungen Menschen wertvolle Lebenshilfe mitgegeben wird, usw.

Auch die verschiedenen Arten von Basisgemeinschaften sollten sich nicht abkapseln, sondern vermehrt ein Ort für unbekirchte Menschen werden. In den neokatechumenalen Gruppen in Rom z. B. wurde mir gesagt, daß im Durchschnitt ein Drittel der Leute, die mitmachen, vorher jahrelang nicht mehr in die Kirche gingen, dann von einem Freund, einer Freundin, eingeladen wurden, heute abend einmal etwas Schönes zu besuchen, und da Gemeinschaft und Freude entdeckten, eine Kirche, wie sie sie bisher nicht gekannt hatten.

Ebenso ziehen katholische wie evangelische Buchhandlungen in einem erstaunlichen Maß kirchenferne Menschen an. Eine Erhebung in Deutschland machte bekannt, daß man unter den drei Millionen Stammkunden 800.000 Personen ohne kirchliche Bindung findet und unter den 3,7 Millionen Gelegenheitskunden 1,5 Millionen. Die Mitarbeiter in solchen Buchhandlungen tun gut daran, sich dieser Chance bewußt zu bleiben und diesen suchenden Menschen mit Sachkenntnis und Sympathie zur Seite zu stehen.

Im übrigen müßten vom Heiligen Geist geführte Christen merken, wann, wo und wie sie was für ihre säkularisierten Mitmenschen tun könnten. Der Klerus, schon überaltert und überlastet, wird ungehalten sein, wenn man ihm zumutet, noch zu den zwei Dritteln der „anderen" zu gehen. Es bleibt nur die Möglichkeit, das Potential der Laien vermehrt auszunützen. Pfarrgemeinderäte, Basisgemeinschaften, Lehrer/innen, Pfleger/innen in den Spitälern sollen sich etwas einfallen lassen, wie man „Missionar in der eigenen Stadt" sein kann, ohne die Aufdringlichkeit gewisser „Sekten" nachzuahmen. Als Angebot und Anregung drei Träume:

– Jugend grüßt das Alter: Man läßt sich Namen und Adressen der Leute geben, die 70, 75, 80 Jahre alt werden. Dann werben einige Lehrer/innen unter den Zehn- bis Fünfzehnjährigen eine Anzahl Freiwillige, die nach einem Telefonanruf am Vorabend des Geburtstages zu zweit jene Personen besuchen, ihnen die Glückwünsche der Schuljugend überbringen, sie bitten, ihnen etwas von ihrem Leben zu erzählen, ihnen gute Ratschläge für ihr junges Leben zu geben. Zuletzt würden die zwei den Segen Gottes für die weiteren Jahre wünschen und ein sinnvolles Liedchen singen. Gar nichts mehr. Das würde ohne Zweifel den Jubilaren wie den jungen Menschen gut tun.

– Junge Menschen vor ihrer Zukunft: Zehn bis zwanzig Jugendliche, die „noch mitmachen", suchen je zwei andere, die sich nicht mehr viel um Kirche kümmern, zu gewinnen, sich an drei Abenden zusammenzufinden. Am ersten Abend könnte man nach einem kurzen Einstieg durch eine entsprechende Dia-Schau oder eine Lesung sich in Gruppen über das eigene Lebensgefühl aussprechen, über Ängste, Erwartungen, persönlicher und globaler Art. Am zweiten Abend würde man, wiederum nach einem Einstieg, sich über die eigenen Erfahrungen und Erwartungen von der Kirche äußern. Am dritten Abend könnte man versuchen, eine Liturgie zu halten, wie sie bei den Jugendlichen ankommt.

– Offene Tür: Eine Pfarrei stellt sich vor: Man würde freiwillige Erwachsene gewinnen, die, wahrscheinlich auch zu zweit, im Namen der Pfarrei allen jenen Eltern einen Besuch machen, die im Lauf des Jahres ein Kind zur Taufe oder zur Erstkommunion brachten – und wohl zumeist selbst nicht in die Kirche kommen; ferner allen im Lauf des Jahres neu zugezogenen Katholiken. Man würde auch in der Lokalzeitung eine entsprechende Einladung plazieren. Konkret wäre der Zweck, diese Menschen zu bewegen, an den drei ersten Adventsonntagen wieder einen Gottesdienst zu besuchen. Am ersten Sonntag würde man die Frage des Glaubens aufarbeiten: die Sehnsucht des Menschen nach Gott, Wege zu Gott, Glaube als Angebot, nicht als ein „Müssen". Am zweiten Sonntag die Frage der Kirche: die belastenden Strukturen und doch die Kirche als Zeichen der Gegenwart Gottes unter den Menschen. Am dritten Sonntag das Programm der Pfarrei, vor allem auf der Linie des konziliaren Prozesses für Gerechtigkeit, Frieden, Bewahrung der Schöpfung. Es ginge also nicht bloß darum, die Kirche wieder voller zu machen, sondern eine strahlende, die Welt verwandelnde (Licht! Salz! Sauerteig!) Gemeinschaft zu werden. Im Oktober würde der Pfarrgemeinderat planen, im November würde man die Freiwilligen gewinnen und schulen, im Dezember würden die drei Gottesdienste angeboten. Das wäre ein Test, ob man sich aufraffen kann, aktive Missionschristen zu werden.

Vor gut hundert Jahren brüstete sich Karl Marx mit der Behauptung, die Philosophen und Theologen interpretierten die Welt, die Kommunisten würden sie verändern. Heute müßte er zugeben, daß sich auch die Theologen, die Kirchen, die Christen in Ost und West und Süd ehrlich bemühen, die Welt zu verändern. Er würde andererseits wohl auch dem tschechischen Neomarxisten V. Gardavsky zustimmen, der sagt, die Welt müsse in der Tat verändert werden, aber damit sei das Problem nicht gelöst. Es sei Zeit, daß die Hals über Kopf veränderte Welt auch interpretiert werde, wenn sie nicht an sich selber zugrunde gehen wolle.

Man muß also die Welt nicht länger in zwei feindliche Lager spalten. Die Christen brauchen die Marxisten, um gegen die Strukturen der Ausbeutung eine gerechtere Welt aufzustellen. Die Marxisten brauchen die Christen, um über die Absurdität des Lebens und Sterbens hinaus die Welt mit Sinn und Hoffnung aufzuhellen. So bedeutet die Zeit der Säkularisierung für die Kirchen nicht den langsamen Untergang, sondern Herausforderung zu neuen Methoden und Chance zu neuem Aufgang.

# C. WELTPROBLEME

## 10. Kapitel
## Ihr werdet die Reihen der Friedensmacher verstärken: Justitia et Pax

„Selig, die Frieden stiften; denn sie werden Söhne Gottes genannt werden“ (Mt 5,9). Jesus wußte offenbar aus Erfahrung, daß die Menschen als Menschen in ihrer Engstirnigkeit und Hartnäckigkeit sich immer wieder in Spannungen, Streitigkeiten, Kriege verstricken, und er ahnte aus Intuition, daß im Frieden leben, Frieden stiften, aus einer Gabe Gottes kommt und daß daher jene, denen das gelingt, sich als Söhne und Töchter Gottes erweisen. Er betrachtete es als eine der wichtigsten Aufgaben seiner Jüngerinnen und Jünger, in eine friedlose Welt den Frieden zu bringen. „Wenn ihr in ein Haus kommt, so sagt als erstes: Friede diesem Hause!“ (Lk 10,5) Heute genügt es freilich nicht mehr, bloß in einem idyllischen Familienbesuch durch unsere Gegenwart eine fröhliche und friedliche Stimmung zu verbreiten. Wir sollen diesen Frieden in die harten, brutalen Strukturen der Welt hineintragen, hier nicht bloß passiv den Frieden nicht stören, sondern aktiv Frieden stiften, Frieden schaffen, nicht bloß wie Wettermacher die wahrscheinliche Entwicklung voraussagen, sondern den Frieden ursächlich machen, schaffen.

Friede, Heil, Schalom im biblischen Sinn umfängt alles, was der Mensch ersehnen kann: Gesundheit, Wohlstand, Freude, Erfüllung, jetzt und über dieses Leben hinaus. Im heutigen Kontext der ständigen Bedrohung durch Kriege meint es vor allem Abwesenheit von Krieg, konkret die

Entspannung im Ost-West-Konflikt, der die Weltpolitik der vier Nachkriegsjahrzehnte unheilvoll bestimmte.

Kaum waren nämlich die Feuerflammen des Zweiten Weltkrieges erloschen und die Trümmerfelder der zerbombten Städte aufgeräumt, begann zwischen den bisherigen Partnern, die in einer „Vernunftehe" den gemeinsamen Feind bekämpft hatten und jetzt im Ringen um die politisch-wirtschaftliche Vorherrschaft in der Welt selbst zu Feinden geworden waren, auf Hochtouren die Aufrüstung für einen möglichen Dritten Weltkrieg, der dann höchstwahrscheinlich der endgültig letzte sein würde, weil dadurch die Menschen in Ost und West derart zermalmt würden, daß den Überlebenden Lust und Kraft zum weiteren Kriegen gründlich verginge. Die Ostblockländer haben sich trotz des niedrigen Lebensstandards des Volkes ganz auf die Rüstung konzentriert, so daß sie in bezug auf die konventionellen Boden-, Luft- und Seestreitkräfte die NATO-Länder überflügelten und in bezug auf die Nuklearwaffen den Vorsprung des Westens aufholten und nun im „Gleichgewicht des Schreckens" mitziehen können.

Niemand kann garantieren, daß ein Nuklearschlag nicht doch einmal erfolge, daß der Mensch, was er tun kann, nicht einmal tut, daß man den amerikanischen Ausdruck „overkilling" (mehr als töten, mehrfach töten) nicht doch einmal als volle Wirklichkeit erfahre. Denn bereits jetzt könnten die UdSSR und die USA mit ihren insgesamt 50.000 Atomsprengköpfen, was einer Million Bomben von Hiroshima entspricht, sich gegenseitig je an die 30mal zerstören – als ob es mit einem Mal nicht schon mehr als genug wäre!

Inzwischen hat sich diese endlose und sinnlose Rüstungsspirale wirklich ad absurdum geführt. Man weiß nämlich heute, daß es selbst bei einem nur einseitigen Atomschlag auf beiden Seiten nur Besiegte gäbe, weil gemäß vielen Wissenschaftlern schon die Explosion von 100 Megatonnen – die zwei Supermächte verfügen zur Zeit über 12.000 Megatonnen! – über die ganze nördliche Erdhemisphäre einen „nuklearen Winter" verbreiten würde. Hunderte von Millionen Tonnen Rauch und Ruß aus den Atompilzen, den brennenden Wäldern, Städten und Industrieanlagen würden Sonnenlicht und -wärme total abschirmen, so daß die Erde monatelang in schwarze Nacht gehüllt und von Gefriertemperaturen heimgesucht würde, die für die Pflanzen, Tiere und Menschen tödlich wirken könnten. So dämmert also allmählich die Einsicht, daß die gesamte nukleare Aufrüstung der letzten Jahrzehnte – scheinbar die technische Superleistung des modernen Menschen – den größten Unsinn der Weltgeschichte und damit die größte Verdemütigung des Menschen darstellt.

Diese realistische Einschätzung verhilft auch der ethischen Einsicht allmählich zum Durchbruch. Papst Pius XII. in seiner bekannten Weihnachtsansprache 1941, ferner Johannes XXIII. in „Pacem in terris" sowie das Konzil in „Gaudium et spes" (Nr. 79–82) und schließlich die Päpste Paul VI. und Johannes Paul II. in ihren Reden, vor allem vor der UNO, haben den totalen Krieg geächtet und zu Verhandlungen auf der Basis des Vertrauens und von Verträgen und unter gegenseitiger Kontrolle aufgerufen. Angesichts der ungeheuerlichen Investitionen für die Kriegsrüstung und der noch ungeheuerlicheren Vernichtungspotenz der biologischen, chemischen und nuklearenWaffen ist die traditionelle Lehre vom gerechten Krieg in Frage gestellt, und man muß zum Schluß kommen, daß die Anwendung der Nuklearwaffen in sich unerlaubt ist, daß infolgedessen auch deren Herstellung und Lagerung in sich unerlaubt ist und daß – als Kompromiß – das „Gleichgewicht des Schreckens" höchstens (!) für unterdessen (!) als kleineres Übel (!) geduldet (!) werden könne, daß man aber alles tun müsse, um diese heillose Situation, die aufgebaut wurde, so rasch wie möglich wieder abzubauen. Wer dieser Kompromißformel, die vorwiegend von der Deutschen Bischofskonferenz stammt, nicht zustimmen kann, soll mutig von seinem Recht und seiner Gewissensfreiheit Gebrauch machen und sich radikaler mit allen verantwortbaren Mitteln der Rüstungsmaschinerie widersetzen, wie es der Hirtenbrief der US-Bischöfe „Herausforderung des Friedens" nahelegt.

Wenn bezüglich eines Weltkrieges eine gewisse Hoffnung auf Einsicht berechtigt erscheint, laufen unterdessen die kleinen Kriege noch unbekümmert weiter. Das Internationale Friedensforschungsinstitut in Stockholm teilte mit, daß 1986 30 Staaten direkt an Kriegen oder bewaffneten Konflikten beteiligt waren, die zwischen drei bis fünf Millionen Menschen das Leben kosteten, mit Ausnahme von Nordirland alle außerhalb Europas. Aber wir alle sind mitverantwortlich, indem wir uns bereichern durch das Schmutzgeschäft des Waffenexportes, ohne den sich jene Kriege bald totlaufen würden. Dazu kommt, daß die Mehrzahl dieser Konflikte sogenannte Stellvertreterkriege sind, in denen die Großmächte auf Kosten jener Kleinen ihre Waffen ausprobieren und ihre Einflußsphären abstecken.

Auch hier muß endlich ein Abrüsten statt Wettrüsten, ein Miteinander-Verhandeln statt Aufeinander-Schießen, nicht bloß ein Moratorium der Weiterrüstung, sondern ein Wettlauf der Abrüstung gefordert werden. Der römische Grundsatz: „Si vis pacem, para bellum: Wenn du Frieden willst, rüste dich zum Krieg", hat sich hundertmal ad absurdum geführt. Es würde sich lohnen, einmal die andere Möglichkeit durchzuexerzieren: Sich zum Frieden zu rüsten! Auch das Wort von Lorenz von Stein: „Wenn ein Volk sein eigenes Heer nicht erhalten will, so wird es das Heer des Feindes erhalten müssen", wird in dem Maß hinfällig, als die Friedensbewegung um sich greift und die Regierungen vor einem erklärten Volkswillen zum Frieden stehen. Es muß also ein organisiertes Menschenbeben durch die Welt gehen und erreichen, daß, wie vor 100 Jahren endlich die Sklaverei als unvereinbar mit der Menschenwürde erkannt und abgeschafft wurde, so jetzt die Zeit kommt, wo das Volk als solches kriegerische „Lösungen" einfach nicht mehr akzeptiert, folglich auch die Kriegsrüstung boykottiert, so daß das Prinzip der Gewaltlosigkeit und der Geist der Bergpredigt zu unumgänglichen Postulaten der Realpolitik werden.

Gegenüber solchen „idealistischen" Erwägungen weist man auf den Zusammenhang zwischen Kriegsrüstung und Arbeitsbeschaffung hin. Im Frühjahr 1988 beschloß die Bundesrepublik Deutschland 22 Milliarden DM für 200 Stück des europäischen Jagdflugzeuges der 90er Jahre und begründete es auch damit, daß dadurch 25.000 Arbeitsplätze erhalten blieben. Wann werden endlich Propheten aufstehen und dafür sorgen, daß solche Betriebe umfunktioniert, von unproduktiven Todeswaffen auf lebensfreundliche Produkte zu günstigen Preisen für die Dritte Welt umgestellt werden? Dann würde der Teufelskreis der Aufrüstung durchbrochen, die 22 Milliarden öffentliche Investition für ein solches Programm könnten verantwortet und die schönen Worte über Weltsolidarität in Taten umgesetzt werden.

Gerade die Christen müßten vom Evangelium her in allen Friedensbestrebungen mitmachen und in den Friedensbewegungen die dynamische Führung übernehmen. Da aber macht man die eigenartige Feststellung, daß die sogenannten Rechts-Katholiken energisch gegen alle Arten der Abtreibung vorgehen, aber in den steigenden Militärbudgets keine Probleme sehen, während die „Linken" gegen Armee und Aufrüstung demonstrieren, aber die Abtreibung großzügig tolerieren. Beide Haltungen sind nicht logisch. Wenn man für das Leben und gegen die Gewalt ist, soll man es auf der ganzen Linie sein. Alle historischen Revolutionen waren Revolutionen der Gewalt. Nun wartet man auf die Revolution der Gewaltlosigkeit, auf die Revolution der Liebe. Dazu drängt uns die Bergpredigt im Atomzeitalter.[55]

Der Ost-West-Konflikt läuft nicht nur auf der militärischen Ebene, sondern auch auf jener der Menschenrechte. Man wirft dem Osten vor, die Menschenrechte zu verletzen, und er tut es, vom damaligen Gulag bis zu den heutigen Dissidenten. Aber sieht demgegenüber die Weste des Westens wirklich so blank aus? Amnesty International berichtet 1988 zum 40. Jahrestag der Menschenrechtserklärung, daß in 80 bis 90 Staaten in Ost und West und Süd Menschen, die ihre Überzeugungen offen äußerten, nicht nur inhaftiert, sondern auch gefoltert werden, in zahlreichen Ländern „unangenehme Bürger" entführt und umgebracht werden durch Todesschwadronen, die oft mit den Regierungstruppen zusammenarbeiten.

Zu den Menschenrechten gehört auch die Verweigerung

des Militärdienstes aus Gewissensgründen. Das Konzil sagt, man könne in konkreten politischen Fragen mit guten Gründen zu verschiedenen Schlüssen kommen (Gaudium et spes Nr. 43). Man kann also nicht behaupten, wer zu Verteidigungszwecken Militärdienst leiste, sei ein schlechter Christ, aber ebensowenig, wer aus Gewissensgründen den Militärdienst verweigere, sei ein schlechter Bürger. In Europa gibt es immer noch 14 Staaten, in denen Militärdienstverweigerer inhaftiert werden, darunter auch der „Musterstaat“ Schweiz. Bei einer Volksbefragung 1984, wo die Regierung den Gesetzesvorschlag für einen alternativen Zivildienst vorlegte und die drei Landeskirchen es sehr befürworteten, haben es gerade die katholischen Kantone massiv verworfen. Man ist offensichtlich in einer Haltung aufgewachsen, daß man sich noch nicht in die neue Haltung der Gewissensentscheidung hineindenken kann, selbst wenn die Kirchen es lehren.

Es ist jedem Bürger und Christen gestattet, Zeichen zu setzen und die Heilkraft der Gewaltlosigkeit nicht bloß zu lehren, sondern auch zu leben.[56] Die römische Glaubenskongregation hat angekündigt, daß sie zu dieser Frage ein Dokument in Vorbereitung habe. Man sollte es in der Regel den Christen und ihrem Gewissen überlassen, in ganz konkreten Situationen ihre ganz konkrete Antwort zu geben. Geben wir es ehrlich zu, daß auch in unserer Kirche die Menschenrechte, oder nennen wir sie hier die Grundrechte des Christen, noch nicht genügend eingehalten werden. Das hat Leonardo Boff in seinem Buch „Charisma und Macht“ offen nachgewiesen. Das geht auch mehr als deutlich hervor aus meinem Buch „Von der Kirche träumen“. Wie hier schon oft auf die Kluft zwischen Dokumenten und Taten hingewiesen wurde, spricht Boff von der Spannung zwischen Verkündigung und Verwirklichung in bezug auf die Gerechtigkeit. Es handle sich hier nicht bloß um Verfehlungen einzelner Personen, sondern um Tatbestände, die aus dem System selber, aus dem ererbten Kirchenbild stammen, aus dem Autoritarismus der feudalistischen Zeit. Die römische Kurie funktioniere wie das Zentrum einer riesigen multinationalen Gesellschaft. Die Diözesen seien wie die Filialen, die nur die Entscheidungen des Zentrums ausführten und in der Hoffnung auf Karriere ihren unterwürfigen Gehorsam übten.

Bei der Bischofssynode 1971 über Gerechtigkeit in der Welt hatten die Bischöfe den Mut, die Frage auch auf die Gerechtigkeit in der Kirche auszudehnen. Sie stellten fest, daß diesbezüglich noch vieles mangle: Die oft noch schlechte Bezahlung der Laien, besonders der Frauen, als Angestellte, das unfaire Vorgehen bei kirchlichen Prozessen, die ungenügende Möglichkeit der Gesamtkirche, an kirchlichen Entscheidungen teilzunehmen. Man machte den konkreten Vorschlag, es solle durch eine gemischte Kommission eine Studie über Gerechtigkeit in der Kirche gemacht werden. Seither sind fast 20 Jahre verstrichen, aber die Studie ist noch nicht in Auftrag gegeben. Das System setzt sich nicht selber das Messer an den Hals. Mit Recht hat das Symposium der afrikanischen Bischofskonferenzen in einem Seminar 1988 über Justitia et Pax, mit dem Blick auf Rom, aber auch auf die Diözesen, formuliert, es sei nötig, daß die Kirche „be not only an agent of justice, but also to be seen to be just", was man vielleicht so übersetzen könnte: Die Kirche solle nicht bloß Forderungen der Gerechtigkeit anpreisen, sondern vor allem sich selbst als gerecht erweisen!

Zurück zum Ost-West-Konflikt. Die bisher beschriebene, eher düstere diesbezügliche Diagnose wandelte sich plötzlich zum Besseren, als im Frühjahr 1985 Michail Gorbatschow zum Zentralsekretär der KPdSU gewählt worden ist. Schon seit Jahren hatte sich dieser intelligente, kühne und klare Kopf, Denker wie Taktiker, als Sprecher einer neuen Garde profiliert, mehr und mehr Schaltstellen mit seinen Leuten besetzen können, so daß der eigentliche Durchbruch dann einfach erfolgen mußte.

Schon vom ersten Parteitag an legte er seine fertigen Analysen vor und geißelte die verkrusteten Strukturen des Apparates, die sich zum Schaden der innerstaatlichen Demokratie und der wirtschaftlichen Prosperität ausgewirkt hatten, weil sie keine Blutauffrischung in den Leitungsgremien geduldet hatten und zu einem administrativ-repressiven System voll Dogmatismus und Bürokratismus geworden waren.[57]

Niemand von uns kann sagen, welche weitere Entwicklungen sich in den nächsten Jahren in der Sowjetunion ergeben werden. Der Kurs Gorbatschows wird – kann man westlichen Presseberichten entnehmen – zunehmend zum Gegenstand von Kritik und Obstruktion. Trotzdem müssen die zahlreichen Friedensvorstöße der Sowjetunion gewürdigt werden. Denken wir doch an die sensationelle Rede Gorbatschows vom 7. Dezember 1988. Er bekundete dabei den Willen, die Zahl der russischen Soldaten um 500.000 Mann zu reduzieren, zwei Rüstungsfabriken in zivile Produktionsstätten umzufunktionieren sowie die Schulden der Dritte-Welt-Länder auf 100 Jahre zu stunden.

Zu den Problemen der internationalen Sicherheit äußerte er sich bereits im Hinblick auf die UNO-Vollversammlung 1987 in einem beachtenswerten Aufsatz.[58] Die Welt befinde sich, so schreibt er, in einer absurden Sackgasse, man könne nur daraus herauskommen, wenn man nicht mehr Macht und Prestige als die unaufgebbaren Gesichtspunkte erhalten, sondern die Normen des gesunden Menschenverstandes in den Rang der Politik erhebe. Die gegenwärtigen Bemühungen zur Verschrottung der Nuklearwaffen seien erst am Anfang, man müsse diese Waffen nicht auf 50 oder 5, sondern auf 0 Prozent reduzieren und dann in dieser qualitativ neuen Stabilität den Frieden „durch Maßnahmen des Vertrauens und der internationalen Zusammenarbeit in allen Bereichen sichern". Er sei auch bereit, den Vorsprung der UdSSR bei den konventionellen Waffen abzubauen. Die so ersparten Gelder müßten dann für die Entwicklung der armen Länder und für die langfristigen Aufgaben zum Schutz der Umwelt verwendet werden. Es müßte unter der Führung der UNO ein Weltkonsultativrat gegründet werden, wo sich die geistige Elite der Welt, Wissenschaftler, Politiker, Persönlichkeiten der Kultur sowie kirchliche Würdenträger (!), Gedanken machen über die Zukunft der Menschheit. „Man kann von der Notwendigkeit der Beendigung des Wettrüstens, von der Ausmerzung des Militarismus und von der Zusammenarbeit reden, solange man will – wenn wir nicht anfangen zu handeln, wird sich nichts ändern ... Der politische und moralische Kern des Problems liegt im gegenseitigen Vertrauen der Staaten und Völker und in der Achtung der internationalen Abkommen und Institutionen ... Diese Idee des allumfassenden Systems der Sicherheit ist der erste Entwurf einer möglichen Neuordnung des Lebens in unserem gemeinsamen Haus Erde. Mit anderen Worten, das ist der Passierschein für die Zukunft." Alles Ideen, die seither zu wiederholten Malen und immer deutlicher ausgesprochen wurden.

Mit Hartnäckigkeit suchte er diese Ideen auch dem Westen zu vermitteln. Nach den zwei Treffen mit dem US-Präsidenten Ronald Reagan in Genf (1985) und in Reykjavik (1986) setzte man Druck auf die bisher am Ort tretenden Abrüstungsverhandlungen in Genf, so daß sie nun in kurzer Frist das Abkommen zur Beseitigung der Mittelstreckenraketen spruchreif machten, das am 8. Dezember 1987 in Washington unterzeichnet werden konnte. Gewiß, nur 3 Prozent des Nuklear-Arsenals sind davon betroffen. Aber es ist immerhin ein Anfang, statt weiterzurüsten, anzufangen abzurüsten. Die 6000 Journalisten posaunten denn auch in die Welt hinaus: „Das Wunder von Washington ... Meilenstein der Geschichte ..." Jedenfalls hat dieses Teilabkommen im Weltbewußtsein eine Erleichterung geschaffen und den Glauben an das Walten vernünftiger Kräfte bestärkt. Das vierte Gipfeltreffen in Moskau 1988 brachte noch keinen konkreten neuen Schritt voran, aber schaffte ein gutes Klima für weitere Verhandlungen. Reagan erklärte innerhalb der Kremlmauern, er betrachte die Sowjetunion heute nicht mehr als ein „Reich des Bösen". Und zum Abschied an die Adresse Gorbatschows: „Wir halten Sie für Freunde. Wir empfinden für Sie und Ihr Volk eine große Freundschaft."

In diesem neuen Klima konnten auch die regionalen Konfliktherde, die bisherigen Stellvertreterkriege, einer nach dem anderen, Lösungen nähergebracht werden, wenn es auch zur vollen Lösung noch viel Geduld und neuen guten

Willen auf allen Seiten braucht. Man hat einfach in gesundem Realismus eingesehen, daß sich die Verlagerung des Kalten Krieges in die Dritte Welt nicht lohnt, daß es viel kostet, aber wenig einbringt. So kamen 1988 Dinge zustande, die man vorher einfach nicht für möglich gehalten hätte: Truppenabzug aus Afghanistan, Waffenstillstand im Golfkrieg, positive Verhandlungen in Angola und Namibia, in Mosambik, in Nicaragua, in Kambodscha . . .

Lange Zeit bangte man, ob Michail Gorbatschow sich halten und durchsetzen könne oder auch, wie schon andere Reformer, an der Nomenklatur scheitere, ob diese rund 400.000 Mann, welche die Spitzen in der Partei, in der Regierung, im Militär, in der Verwaltung, in der Wissenschaft besetzten, sich gegenseitig stützten, alle Privilegien besaßen, sich von der Perestroika nicht einfach überfahren lassen. Im Frühjahr 1988 brach der schwelende Konflikt offen aus, als die Zeitung „Sowjetskaja Rossija", einen als Leserbrief getarnten offenen Angriff auf die Perestroika startete, die Kritik an der Vergangenheit als widerlich, die geplanten Reformen als Leugnung des Sozialismus darstellte und geradezu drohte: „Wir werden diesen Gorbatschow schon wieder herunterholen."

Der Allunionskongreß Ende Juni 1988, wo der Zentralsekretär vor den 4991 Teilnehmern seine dreieinhalbstündige Rede hielt, seine zehn Thesen der Perestroika darlegte und bestätigt wurde, sowie die außerordentliche Sitzung des Zentralkomitees Ende September 1988, wo wichtigste Posten neu besetzt wurden, alle mit Leuten der Perestroika, und wo Gorbatschow noch zusätzlich zum Staatspräsidenten gewählt wurde, haben gezeigt, daß in den oberen Rängen die Schlacht gewonnen ist. Man sah einfach ein, auch in den Spitzen der Armee, daß es so wie bisher nicht weitergehen kann. Das Problem liegt noch bei den mittleren Kadern, den 18 Millionen Privilegienträgern, die nicht auf einen Schlag ersetzt werden und doch den Prozeß der Erneuerung in vielem boykottieren können. Das erklärt, warum der wirtschaftliche Aufschwung, Gorbatschows absolute Priorität, bisher noch nicht spürbar und das Volk in seinen Erwartungen von der Perestroika allmählich ernüchtert wird. Man kann hoffen, daß die Zeit für Gorbatschow arbeitet.

Und wie reagiert „man" im Westen? Fast möchte man sagen: Mit Verlegenheit, mit Überraschung, mit Mißtrauen. Man warnt vor der Falschheit des russischen Bären. Man kann sich eine Welt ohne Feindbilder noch gar nicht vorstellen. Gewisse Zeitungen werden nicht müde, auf die verstärkte Invasionsfähigkeit Moskaus und auf seinen psychologischen Krieg durch die gezielten Fehlinformationen hinzuweisen. Die Sowjetunion wolle nach wie vor den Sieg, aber jetzt ohne Krieg. Die Frage ist nur, ob man auf der Basis des totalen Mißtrauens in der bisherigen Sackgasse stecken bleiben oder aber auf einer neuen Basis des Vertrauens – mit gegenseitiger Kontrolle – die Visionen Gorbatschows willkommen und gutheißen soll. Unterdessen fehlen im Westen ebenbürtige Partner, die mit gleicher Dynamik mitziehen.

Kardinal Franz König von Wien ermunterte nach seinem Besuch in Moskau, anläßlich der kirchlichen Jubiläumsfeier, zum Vertrauensvorschuß. Ein anderer, gewiß nicht als Kommunistenfreund verdächtiger Zeuge, der damalige bayrische Ministerpräsident Franz Josef Strauß, schrieb nach seinen Gesprächen in Moskau Ende 1987: „Wenn die Sowjetunion bereit ist, auf dem jetzt eingeschlagenen Weg der Abrüstung weiterzugehen, und wenn sie vor allem den angekündigten Rückzug aus Afghanistan wahr macht, dann stehen wir vor einer Sternstunde der Menschheit, dann stehen wir am Beginn eines Völkerfrühlings, wie ihn die Menschheit in diesem und in früheren Jahrhunderten noch nicht erlebt hat . . . Übereinstimmung bestand darüber, daß Krieg in unserer Zeit kein Mittel der Politik mehr sein könne und dürfe, daß sich geschichtliche Entwicklungen und Entscheidungen nicht mehr auf den Barrikaden der Revolution und auf den Schlachtfeldern des Krieges vollziehen, sondern in der wissenschaftlich-technischen Entwicklung und im wirtschaftlichen Wettbewerb. Diese weitgehende Übereinstimmung, vor allem mein persönlicher Eindruck von Generalsekretär Gorbatschow haben mich zuversichtlicher gemacht, daß wir tatsächlich an der Schwelle eines neuen politischen Zeitalters stehen könnten, das nicht mehr von Mars, dem Gott des Krieges, sondern von Merkur, dem Gott des Handels, der Wirtschaft, beherrscht wird . . ."[59]

Viele stehen heute mit Staunen und Sympathie vor diesem Phänomen Gorbatschow, der wieder Bewegung in die stagnierende Weltpolitik hineinbrachte und uns immer wieder mit neuen Ideen und Initiativen überrascht. So möchte ich Gott – etwas gewagt – die Worte an Michail Gorbatschow in den Mund legen: „Ich habe dich bei deinem Namen genannt, auch wenn du mich nicht kennst. Ich kenne dich und brauche dich zur Ausführung meines Planes mit der Menschheit . . ."

Als ich im September 1987 in Limburg/Lahn an einer Tagung für Religionslehrer/innen an Gymnasien von ganz Norddeutschland erstmals diese positive Deutung von Gorbatschow vorbrachte, sagte mir nachher der Vorsitzende privat, er halte diese Deutung für verfrüht. Ich antwortete, es sei so meine Art, der Zeit eher etwas vorauszugehen und Dinge nicht erst zu sagen, wenn sie selbstverständlich geworden sind.

Schon öfters haben wir in diesem Buch Ausschau gehalten nach Propheten, welche die ausgefahrenen Geleise verlassen und verhärtete Strukturen verändern. In Michail Gorbatschow ist uns offensichtlich ein politischer Prophet auferstanden, der uns Hoffnung gibt, daß der unselige Ost-West-Konflikt beendet, der Krieg endgültig geächtet wird und so die „Schwerter in Pflugscharen umgeschmiedet werden" (Jes 2,4). Vor 30 Jahren war ein kirchlicher Prophet auferstanden, Johannes XXIII., der auch ein Leitwort ausgab, „aggiornamento: Heutig-Werden der Kirche", womit ein gleiches Anliegen in bezug auf die Kirche ausgedrückt war wie mit Glasnost und Perestroika in bezug auf den Staat, der ebenfalls den Vergleich gebrauchte, die Fenster zu öffnen und die muffigen Räume durchzulüften, der vor allem seinen Reformplänen durch die Ankündigung des Konzils zum Durchbruch zu verhelfen versuchte. Es wäre jetzt noch höchst fällig, daß irgendwo in den westlichen

Industrienationen ein Wirtschaftsprophet aufstehe, Bewegung in die Welthandelsstrukturen hineinbringe, um auch noch den Nord-Süd-Konflikt zu überwinden.

Dann wäre die Schwelle ins dritte Jahrtausend wahrlich die Schwelle in eine neue Phase der Geschichte. Die Visionen eines Jesaja, die Verheißungen eines Marx, die Erwartungen aller Menschen würden von der Wirklichkeit eingeholt. Daß Gott ausgerechnet aus einem System und einer Ideologie, woher man es am wenigsten erwartete, einen solchen Pionier berief, muß die christlichen Politiker nachdenklich machen, die sich von einem säkularisierten Menschen plötzlich im Guten überrundet sehen. Ein Zeichen, daß Gottes Pläne unergründlich sind und daß er ein Gott aller Welt ist und darum auch die säkularisierte Welt nicht des Teufels ist!

Wenn man von Frieden redet, darf man neben Gorbatschow den kleinen Franz von Assisi (1182–1226) nicht unerwähnt lassen, der damals nicht nur mit Gott in einem himmlischen Frieden lebte, sondern auch um sich herum einen paradiesischen Frieden ausstrahlte, ihn mit spontanen Initiativen und bezaubernder Macht schuf: den Frieden mit der Schöpfung, indem er Sonne und Mond, Wasser und Feuer, Blumen und Bäume, Vögel und Lämmchen Bruder und Schwester nannte und den reißenden Wolf von Gubbio zähmte; den Frieden mit den Ausgestoßenen, indem er sich mit den Armen solidarisierte, den Räubern Brot und Wein in den Wald trug, damit sie nicht mehr stehlen mußten, die Aussätzigen umarmte und pflegte; den Frieden mit den Feinden, indem er allen, die in seinem Geist leben wollten, strengstens verbot, Waffen zu tragen, und sogar den Erzfeind der Christenheit, den Sultan al-Kamil, den die Kreuzfahrer in Ägypten belagerten und besiegen wollten, besuchte und mit ihm Freundschaft schloß, der erste Christ, der ihm nicht als Feind, sondern als Bruder begegnete. Franz zeigte auch vor der Würde jedes Menschen und vor seiner Gewissensfreiheit eine solche Achtung, daß er dem guten Br. Leo, der ihm sagte: „Bruder Franz, du bist nun sehr krank. Sage mir, was ich nach deinem Tode tun solle“, nicht auftrug, das und das zu tun, sondern ihm so schrieb: „Auf welche Weise auch immer es dir besser erscheint, Gott, dem Herrn, zu gefallen, so tu es mit dem Segen Gottes und im Gehorsam gegen mich." Alles Ideen und Haltungen, die damals als gewaltlose Revolutionen wirkten und heute noch äußerst modern sind.

In seinem Geist will die franziskanische Bewegung heute ihren Beitrag zum Frieden leisten. Vor mehreren Jahren sandte das „Internationale Zentrum für den Frieden" in Assisi zwei Delegationen nach Moskau und Washington mit einer Botschaft an die damaligen Verantwortlichen der zwei Großmächte, um sie zu einem Treffen in Assisi einzuladen. Im November 1987 startete es eine neue Friedenskampagne: Delegationen von je drei bis vier Männern und Frauen zogen in die Hauptstädte Europas und überbrachten den Regierungen eine Friedensbotschaft aus der Stadt des heiligen Franziskus. Vom 6. bis zum 12. August 1988 hielt man sodann in dieser Stadt ein Treffen mit 600 Vertretern der christlichen Gruppen Europas, die sich um Gerechtigkeit, Frieden und Umwelt bemühen, um durch Gebet und Bibelstudium den konziliaren Prozeß und die Europäische ökumenische Versammlung von Basel für Gerechtigkeit, Frieden und Bewahrung der Schöpfung geistig vorzubereiten und zu begleiten.

Wir schließen uns gern den Worten Reinhold Schneiders an, der Franziskus „den abendländischen Christen" nennt und glaubt, „daß die Stunde dieses Heiligen wieder gekommen ist und vielleicht jetzt in einem noch höheren, eigentlicheren Sinn als damals . . . Ich neige mich in dieser Frage (Verbot des Waffentragens) der demütigsten und – für mich – zugleich größten Autorität der den Aposteln folgenden Zeit; sie steht vor mir höher als alle Abschwächungen, die ein so bedenklicher Radikalismus später erfahren hat".[60] Alle Menschen, die Franziskus lieben, werden die Reihen der Friedensmacher verstärken, von den Träumen und den Wenn und Aber zu den Taten schreiten und nicht mehr sagen: Wenn Jesus heute lebte, würde es friedlicher sein hinieden. Denn: Er lebte in Franziskus und brachte uns durch ihn den Frieden. Nicht mehr sagen: Wenn Franziskus heute lebte, würde es brüderlicher sein im Land. Denn: Er lebt in dir und mir. Reichen wir einander und allen die Hand!

## 11. Kapitel
## Ihr werdet die Erde auf das Paradies hin entwickeln: Ökologie und Eschatologie

Anfang und Ende des menschlichen Lebens sind von Gott her bewußt ins menschliche Unbewußte, in undurchdringliches Geheimnis, gehüllt. Der Säugling erwacht erst allmählich zum hellen Bewußtsein, und der Sterbende verfällt meistens vor dem entscheidenden Augenblick ins unbewußte Dunkel zurück. Als ob damit gesagt sein sollte: Was dem Menschen an Eigentlichem geschieht, widerfährt ihm nicht als seine eigene Leistung, sondern als Gabe und Überraschung Gottes.

Auch über Anfang und Ende der Welt (Protologie und Eschatologie) wissen wir herzlich wenig. Bei aller Wissenschaft bleiben wir diesbezüglich bis heute sprachlos. Man kann sich darüber nur in mythologischer Sprache unterhalten. So projizierte man an den Anfang ein Paradies als genialen Entwurf Gottes, als Wunschtraum des Menschen. So wie man sich das Paradies lange Zeit hindurch vorstellte, existierte es nie. Das Auftreten der ersten Menschen geschah viel bescheidener, verschwommener, unauffälliger. Die Verheißungen Jahwes an sein Volk und damit an die ganze Menschheit zielten nicht in nutzloser Nostalgie auf die Rückkehr des verlorenen Paradieses ab, sondern auf die Verwirklichung des kommenden, nämlich der messianischen Zeit mit Frieden, Wohlstand, gesundem Alter, guter Ernte, Kinderreichtum, auch mit der Harmonie der Schöpfung, so daß Kälber und Löwen miteinander grasen, Kinder und Schlangen miteinander spielen.

Wie weit das innergeschichtlich geschehen wird oder erst im neuen Himmel, in der neuen Erde, jenseits der Geschichte, bleibt bis heute rätselhaft. Ausgehend vom Wort Jesu an den reuigen Schächer: „Heute noch wirst du mit mir im Paradies sein" (Lk 23,43), hat man in der christlichen Tradition das Paradies vorwiegend ins kommende Jenseits angesiedelt und auch bei der Totenliturgie in Trauer und Hoffnung zugleich gesungen: „Die Engel mögen dich ins Paradies geleiten . . ." Heute lehrt man vermehrt eine antizipierte Eschatologie, die Begründung und Verwirklichung unserer gegenwärtigen Hoffnung, was die Hoffnung auf die absolute Zukunft in Gott und bei Gott, „im Himmel", nicht ausschließt, sondern sie vorwegnehmend erfahren läßt und sie dadurch auch glaubhaft macht.[61]

Die euphorische Hoffnung der ersten Nachkriegsjahrzehnte, nach den apokalyptischen Erfahrungen des Weltkrieges, vor allem der Atombomben von Hiroshima und Nagasaki, für alle Völker eine Welt in Freiheit, Wohlstand, mit Fortschritt ohne Grenzen aufzubauen, mußte freilich allzu rasch einer schockartigen Ernüchterung Platz machen. Die Menschheit schwelgt heute nicht mehr in einem Wohlstandstaumel, sondern steht eher da wie nach dem Erwachen aus einem schönen Traum, wie vor den Ruinen des Turmes von Babel. Man hatte offenbar die „Rechnung ohne den Wirt gemacht", d. h. einseitig auf materiellen Wohlstand gesetzt und sich insofern durch einen praktischen Materialismus nicht von der kommunistischen Ideologie unterschieden. Man hatte vergessen, daß der Mensch nicht bloß ein „ens sociale" (ein soziales Wesen), ein „ens oeconomicum" (ein wirtschaftliches Wesen), ein „ens technicum" (ein technisches Wesen), sondern auch ein „ens mysticum" (ein mystisches Wesen) ist, ein von seiner Urbestimmung her auf Gott ausgerichtetes Wesen. So hat – in biblischer Sprache – Gott auf seine Weise eingegriffen, um die Menschen wieder zur Besinnung zu bringen.

Der Schock des Erwachens wurde erstmals 1972 ausgelöst durch den Club of Rome. Noch 1960 hatte J. W. Thompson erklärt, die Amerikaner müßten ihren Konsum jährlich um 16 Milliarden Dollar steigern, um den Rhythmus der Produktion aufrechtzuerhalten, also der Mensch im Dienst der Wirtschaft, nicht umgekehrt. Jetzt aber hieß es plötzlich, daß wir auf diese Weise unsere Biosphäre, in der wir atmen und leben, zerstören, daß wir unser Floß, auf dem wir schwimmen, abhacken. „Wenn die gegenwärtige Zunahme der Weltbevölkerung, der Industrialisierung, der Umweltverschmutzung, der Ausbeutung der Rohstoffe anhält, dann werden wir plötzlich vor absoluten Grenzen des Wachstums stehen und katastrophale Einschränkungen auf uns nehmen müssen, um überhaupt noch zu überleben."[62]

Seither mehrten sich die Kassandra-Rufe: „Wenn wir die nächsten 30 Jahre weiterleben wie in den vergangenen 30, bereiten wir unseren Kindern das Massengrab" (R. Garaudy). „Nur wer Pessimist genug ist, die ganze Größe der Gefahr zu erkennen, hat überhaupt die Möglichkeit, an ihrer Abwendung mitzuwirken" (W. Röpke). „Wir führen einen rücksichtslosen Eroberungskrieg gegen die wehrlos gewordene Natur. Wir beuten in Jahrzehnten aus, was die Natur in Jahrmillionen aufgebaut hat. Der Wald verbrennt, die Wüste wächst, die Luft ist verpestet, das Wasser wird zur Kloake. Der totale Sieg des technischen Menschen endet mit der totalen Selbstvernichtung" (H. Gruhl). „Der Mensch wird in den nächsten Jahrhunderten mehr und mehr Pflanzen und Tierarten ausrotten, um zuletzt selbst auf dem von ihm verwüsteten Planeten zu verenden" (Th. Löbsack). Man könnte da einen Aphorismus von F. Renner beifügen: „Postfuturologen sind Leute, die sich Gedanken machen über das Aufleben der Erde nach dem Ableben der Menschheit."

Die steigende Menge der Abgase der Industrien, der Autos, der Flugzeuge, der Heizung bewirkt den sauren Regen, der zuerst – zusammen mit der forcierten Düngung der Wiesen mit Schweinejauche und chemischen Giften – die Seen mitsamt ihren Fischen absterben ließ. Durch die Kläranlagen hat man in einigen Ländern einiges saniert, aber die Lage noch keineswegs in den Griff bekommen. Seit einigen Jahren steht nun das Waldsterben im Vordergrund, mit der Folge der Bodenerosion, daß die Wälder die Regenmasse nicht mehr aufsaugen und es zu Überschwemmungen kommt, daß sie die Schneemasse nicht mehr festhalten und es zu Lawinen führt, die ganze Dörfer in ihrer Existenz bedrohen. In Bälde wird man auch vom Bodensterben reden. Denn die Erde, der Humus, ist ja nicht einfach „Dreck“, sondern ein Wunderwerk der Schöpfung eigener Art. In einer Handvoll Erde soll ein riesiges Heer, man spricht von sechs Milliarden, von Lebewesen, Milben, Mikroben, Bakterien, tätig sein, also eine großartige biochemische Industrieanlage, die den Gräsern und Gemüsen, den Blumen und Bäumen hilft, die anorganischen Stoffe in organische zu verarbeiten. Wenn diese Riesenheere von gratis arbeitenden Proletariern nun durch den giftigen Regen absterben, dann bleibt wirklich nur noch Dreck, und Dreck wird kein Leben mehr hervorbringen. Als bittere Konsequenz stellt man bereits auch das Menschensterben fest. Verantwortungsvolle Ärzte schlagen Alarm im Blick auf die zunehmenden Fälle von Krebs, Blutarmut, Erstickungshusten, Mißbildungen bei Neugeborenen. Sogar die Gebäude und Denkmäler, die Jahrhunderte überlebt haben, werden jetzt zernagt und zerfressen. Der Kölner Dom beispielsweise wurde in den letzten 30 Jahren mehr verwittert als in den 300 Jahren zuvor. Die Bundesrepublik Deutschland legte bereits 1985 10 Prozent ihres Bruttosozialproduktes aus, um die ökologischen und sozialen Schäden des Wirtschaftswachstums zu beheben. Aber man investiert noch keineswegs ebensoviel oder mehr, um vorzubeugen, statt bloß zu heilen.

Diese Problematik betrifft nicht nur die westliche industrialisierte Welt, sondern ebensosehr, und noch mehr, die kommunistischen Oststaaten sowie die Dritte Welt, hier vor allem durch die Ausbeutung ihrer Rohstoffe bis zur Neige und durch die Abholzung ihrer Wälder bis zu katastrophalen Klimastörungen und der Verknappung des Sauerstoffhaushaltes der Welt. Jedes Jahr schrumpft der tropische Regenwald um 10 Millionen Hektar durch Kahlschlag für Weideplätze und durch Fällen der Nutzhölzer für unsere Luxusmöbel. Das bringt den drei größten Waldbesitzern, Brasilien, Zaire, Indonesien, vorläufig Gewinn ein, aber langfristig Elend. Man braucht und verbraucht jene Länder.[63]

Gegenwärtig drohen zahlreiche Plagen nicht nur Ägypten, sondern ganze Kontinente, ja die ganze Erde heimzusuchen: der „Saharisierungsprozeß“, die Ver-Wüstung fruchtbaren Bodens, die in Afrika von Jahr zu Jahr fortschreitet; der „nukleare Winter“, von dem schon oben gesprochen wurde; der „Treibhauseffekt“, weil sich der hohe Kohlendioxidgehalt wie eine Isolierschicht um die Erde lagert und dann wie das Glasdach eines Treibhauses wirkt und eine derartige Erwärmung der Erde zur Folge hat, daß das Eis der beiden Pole zum Schmelzen kommt, der Meeresspiegel steigt, so daß die Küsten überflutet und die Hafenstädte in salzigem Wasser versenkt werden; die „Ozonlöcher“, weil der Fluorchlorkohlenwasserstoff (FCKW), der durch die Spraydosen, die Klimaanlagen, die Kühlschränke ausgestoßen wird, den Schutzschild von Ozon um die Erde zerstört und so die lebensfeindlichen Ultraviolettstrahlen der Sonne nicht mehr abgeschirmt werden . . .

Die Frage der Ökologie wird in kurzer Zeit das Jahrhundertthema Nummer 1 sein. Es fehlt uns nicht an Wissen um die katastrophale Lage, wohl aber die Bereitschaft, unser Verhalten zu ändern. Es ist bezeichnend, daß damals die von Präsident Carter in Auftrag gegebene Studie „Global 2000“, welche die düstere ökologische Zukunft unverhohlen schilderte, von der Reagan-Administration in die Schublade versorgt und weiterhin unbekümmert das wirtschaftliche Wachstum gefördert wurde. Man zieht es vor, im Höllentempo dem Abgrund entgegenzurasen, statt den Lebensstandard, den man sich in den letzten Jahrzehnten aufgebaut, wieder gezielt abzubauen. Man wagt das „automobile Selbstbewußtsein“ nicht anzutasten. Man bleibt „mobil auf den Straßen, unmobil in den Köpfen“ (K. Nientiedt). Jedes Jahr Verzögerung macht die Schäden schwerwiegender und schiebt die Last auf die Schultern der jungen Generation, die einmal auf diese Erbschaft und auf die Erblasser fluchen wird.

Den „Grünen“ kommt das Verdienst zu, als erste und längere Zeit einzige Propheten die Stimme des Rufers in der Wüste erhoben und auf diese sich beschleunigende Unheilsituation hingewiesen zu haben. Inzwischen hat das Thema Umweltschutz in den Programmen aller Parteien seinen Platz gefunden, aber man gewinnt allzu oft den Eindruck, das sei geschehen, um keine Stimmen an die Grünen zu verlieren, nicht aus echter Bereitschaft zur Umkehr.

In der Schweiz wurde im Frühjahr 1987 im Bundesparlament eine Debatte zu dieser Frage geführt. Man hatte zwei Jahre zuvor dem Bundesrat den Auftrag erteilt, eine entsprechende Studie zu veranlassen, um den Stand der Dinge klar zu sehen. Nun wurde diese Studie zur Beratung vorgelegt. Man konnte nichts dagegen einwenden. Man mußte die Einschätzung der unsere Lebensqualität bedrohenden Situation teilen. Als es sich dann aber darum handelte, die vorgeschlagenen konkreten Maßnahmen zu beschließen, um bis zum Jahr 1995 wiederum auf den Stand der Luftbelastung von 1960 zurückzukommen, schreckte man plötzlich zurück, erlag man der Lobby der entsprechenden Interessenkreise, entschuldigte man sich damit, das Volk würde solchen Bestimmungen doch nicht nachleben. Man begnügte sich also mit recht harmlosen Verfügungen, welche die erstrebte Sanierung keineswegs erreichen. Wie soll beim Volk die Bereitschaft zur Umkehr wachsen, wenn sich die Politiker so zaghaft verhalten und den Schwarzen Peter hin und her schieben? Der „Tages-Anzeiger" (Zürich, 17. März 1987) kommentierte mit Recht: „Der Nationalrat hat keine Signale gesetzt und damit eine wichtige Chance verpaßt." Im Herbst 1988 begann nun eine vierjährige Aufklärungskampagne mit Plakaten und Schriften, die nicht auf Konfrontation, sondern Kooperation abzielt, nicht anprangern, sondern zur Eigenverantwortung aufrufen will.

Die gleiche Hinhaltetaktik oder Vogel-Strauß-Politik wird auch in der Europäischen Gemeinschaft praktiziert. Man hat zwar 1987/88 zum Europäischen Umweltjahr deklariert, aber kommt bezüglich der Reduktion der FCKW, der Richtlinien über den Export der äußerst gefährlichen Insektizide und Pestizide in die Dritte Welt, der verantwortbaren Festlegung der Strahlengrenzwerte für Lebensmittel, der Abgasgrenzwerte der italienischen, französischen und englischen

Autofabrikate, der Entschwefelung der Industrien und Kraftwerke nur sehr mühsam voran, weil die so nötigen Maßnahmen sich nicht gegen die Zwänge der wirtschaftlichen Interessen durchzusetzen vermögen. Mit der Max-Planck-Gesellschaft kann man all diese symbolischen Maßnahmen als bloße „Sterbehilfe" und mit dem Berliner Internationalen Institut für Umwelt und Gesellschaft das Europa-Umweltjahr als „ein Jahr wenig befriedigender Kompromisse und ein Jahr der Ohnmacht" bezeichnen, das „die Aussichtslosigkeit der Umweltpolitik deutlich machte".[64] Weil man sich gesamteuropäisch nicht einigen kann, drücken sich auch die Industrien der einzelnen Länder um radikale Maßnahmen herum, weil sonst ihre Produkte zu teuer würden und nicht mehr konkurrenzfähig wären. So treibt man sich blind im Teufelskreis herum.

Falls also der schlagartige Untergang dieser Erde durch einen Nuklearkrieg, wie man gegenwärtig hoffen kann, nie eintreten wird, sind wir doch daran, dem schleichenden Untergang nicht infolge des Entropiegesetzes, des Ausgleichs aller Energien und des Aufhörens der Sonnenwärme im Lauf von Jahrmilliarden, sondern infolge der sich rasch auswirkenden Umweltschäden tatenlos zusehen, wie ein Drogensüchtiger, der genau weiß, daß er von seiner Gewöhnung ablassen müßte, aber die Kraft dazu nicht aufbringt. Also nicht bloß in der Kirche, auch in der Welt der tragische Graben zwischen feierlichen Proklamationen und konkreten Aktionen!

In den USA erschien ein Buch über die „möglichen Zukünfte". Man spricht darin erstens von der idealen Zukunft, von einer Utopie, wo schöpferische Phantasie Alternativkonzepte aufstellt, wo die Menschenrechts-Charta in die Wirklichkeit umgesetzt wird, wo man sich aus Liebe zur Umwelt für den alternativen Lebensstil entscheidet. Aber die Experten schreiben dieser Schau nur 30 Prozent Wahrscheinlichkeit zu, verwirklicht zu werden. Als zweites folgt die plausible Zukunft, die von den Technokraten konstruiert und organisiert wird. Diese geben vor, für alle Probleme eine Lösung zu finden, und sind überzeugt, daß auch die

Engpässe der Wirtschafts- und der Umweltkrise überwunden werden können. Dieser Schau gibt man 50 Prozent Chancen. An dritter Stelle steht die wahrscheinliche Zukunft, wo alles weitergeht wie bisher, wo man im Konsumismus nicht nachläßt, mehr Quantität als Qualität sucht, praktisch in den Tag hineinlebt und sich mehr vom Rückspiegel als vom Blick nach vorne bestimmen läßt. Diese Zukunft scheint sich zu 70 Prozent Wahrscheinlichkeit zu verwirklichen.[65] Also im Grunde eine Zukunft, die keine Zukunft hat. Der Mensch scheint nicht mehr als vernunftbegabtes Wesen zu handeln, sondern als Gewohnheitstier, oder schlimmer, denn das Tier weiß mit seinem Instinkt genau, was ihm bekömmlich ist und was nicht. Man könnte hier das Wort von Reinhold Schneider zitieren: „Es gibt keine Katastrophe, der nicht ein verkannter Prophet vorausgegangen wäre."

Hier nun werden die Kirchen zu ihrer Rolle herausgerufen. Wenn die Politiker nicht klar reden können und die Wirtschaftsmagnaten nicht konsequent handeln wollen, müssen die Kirchen umso mehr allen, die es angeht, ins Gewissen reden: „Es ist dir nicht erlaubt, die Schöpfung Gottes zu zerstören!" Wie im Bereich der Gerechtigkeit und des Friedens wird man sich auch im Bereich der Ökologie ohne religiöse Motivierung kaum aufraffen können zu tun, was zu tun wäre, um den Lauf der Dinge zu ändern. Wenn es in der Heiligen Schrift heißt: „Seid fruchtbar und vermehret euch, bevölkert die Erde, unterwerft sie euch, und herrscht über die Fische des Meeres, über die Vögel des Himmels und über alle Tiere, die sich auf dem Lande regen . . ." (Gen 1,28), so kann das nicht bedeuten, die Erde als Usurpator rücksichtslos auszubeuten, sondern sie als Verwalter liebevoll zu pflegen, wie es etwa in den bekannten Texten des Indianerhäuptlings Seattle oder des Melanesiers Papalardi zum Ausdruck kommt, aber wie es die Christen in ihrer Geschichte und Gegenwart leider nicht vorbildlich gelebt haben.[66]

Ich möchte in diesem Zusammenhang das erste Kapitel des Buches Genesis so abwandeln:

*Das ist die Geschichte der Erschaffung und Zerstörung der Welt*

Damals sah ich, daß alles gut, sehr gut war. Heute sehe ich, daß es mit allem schlecht, sehr schlecht bestellt ist. Am ersten Tag schuf ich das Licht, die Sonne für den Tag, den Mond für die Nacht. Ihr aber verfinstert den Tag mit euren Rauchwolken und stört die Ruhe der Nacht mit euren Neonröhren und Lichtreklamen. Am zweiten Tag schied ich das Wasser vom festen Land und gab euch das Wasser als Labung, das Land als fruchttragende Scholle. Ihr aber verpestet die Bäche, Seen und Meere und verseucht die Erde mit euren Giften. Am dritten Tag ließ ich junges Grün wachsen, alle Arten von Pflanzen und Bäumen. Ihr aber laßt durch euren sauren Regen Wälder und Wiesen sterben. Dann schuf ich kleine und große Wasserwesen und alle Arten von gefiederten Vögeln. Ihr aber vernichtet durch eure Öllachen Massen von Fischen und durch eure Chemikalien die Schmetterlinge und Singvögel. Dann schuf ich alle Arten von lebendigen Wesen, von Kriechtieren und Tieren des Feldes. Ihr aber rottet sie ruchlos aus und laßt sie wie zum Spaß noch mühsam in Wildparks überleben. Zuletzt schuf ich den Menschen, Mann und Frau, Abbild meiner selbst, und setzte ihn über die ganze Schöpfung. Ihr aber seid schlechte Verwalter und zerstört das Werk meiner Hände. Am siebten Tag ruhte ich aus und gebot auch euch, an diesem Tag zu ruhen. Ihr aber rast am Wochenende von Vergnügen zu Vergnügen, von Rekord zu Rekord, und verliert dabei den Sinn für den Sinn. Kehre um, mein Volk, zu deinem Gott, zu dir selbst, und denke an deine Nachkommen, denen diese meine Erde so gut gehören soll wie dir.

Man dürfte also ruhig in Predigten und Unterweisungen gewisse individuelle Sünden weniger dramatisieren, dafür die Sünden gegen die Schöpfung anprangern und Konsumaskese, alternativen Lebensstil als Notwendigkeit und Tugend empfehlen. Es muß eine Theologie des Verzichtes und des Umweltschutzes entwickelt werden. Ein Afrikaner, A. Tévoédjiré, hat ein sinnvolles Buch geschrieben: „Die Armut, der Reichtum der Völker". Er wünscht weder für

Afrika noch für Europa das Elend, wohl aber eine sinn- und würdevolle Armut, die viel Überflüssiges abbaut, aber dafür das Leben als solches wieder vermehrt zu genießen versteht.

Schon haben verschiedene Bischofskonferenzen entsprechende Texte veröffentlicht. Aber die Stimme ist noch zu wenig eindringlich, der Akzent zu wenig stark, die Praxis kirchlicher Kreise zu wenig konsequent. Nur utopisch scheinende Vorschläge werden der ökologischen Wirklichkeit gerecht. Wann werden in unseren Städten der Bischof und der Oberbürgermeister eine gemeinsame Kampagne zugunsten des Fahrrades starten und zur Ermutigung selber mit dem Rad durch die Stadt fahren? Den kräftigsten Hirtenbrief dieser Art haben die Bischöfe der Philippinen im März 1988 veröffentlicht: „Unsere Böden, Wälder und Flüsse schreien es stürmisch heraus, daß sie ausgelaugt, kahlgeschlagen und verschmutzt werden ... Unser Land ist in höchster Gefahr. Die gesamten Lebenssysteme auf dem Festland wie in den Meeren, die uns umgeben, werden rücksichtslos ausgebeutet. Die Schäden sind bereits weit ausgedehnt und – traurig zu sagen – oft nicht mehr gutzumachen ...“ Neben den Maßnahmen der Behörden und der einzelnen Bürger fordern die Bischöfe, wahrscheinlich zum Ärger gewisser „frommer“ Kirchgänger: „Die Sorge für den Dienst an der Erde muß ein durchgehendes Element in der Liturgie und Katechese werden.“

Das Fazit liegt also klar vor uns: Wenn es so weitergeht, geht es nicht mehr weiter! Da beschleicht uns ein Gefühl der Ohnmacht: Was kann man schon tun? Man darf da an das Wort denken: „Wenn viele kleine Leute an vielen kleinen Orten viele kleine Dinge tun, können sie das Angesicht der Erde verändern.“ Man muß einfach anfangen, umweltfreundlicher zu leben: Energie sparen, die öffentlichen Verkehrsmittel benützen, nicht mehr das Auto nehmen für weite Reisen allein oder um morgens die Zeitung und das Frühstücksbrot zu kaufen, weniger heizen, besser isolieren; Stiegen gehen statt mit dem Lift fahren; den Abfallmüll verringern, Jute statt Plastik gebrauchen; kompostieren, weniger Chemikalien in Garten und Feld streuen, biologisch abbaubare Wasch- und Abwaschmittel kaufen ... Man wird feststellen, daß einfach zu leben nicht einfach ist. Aber wenn man sich zu alternativen Gruppen zusammenschließt, kann man sich gegenseitig ermuntern und die Wirkung verstärken. Denn wenn viele kleine Leute das und vieles andere tun, können sie die Lage ein wenig verändern.

Dazu den öffentlichen Druck vermehren: Die Politiker bei den Wahlen auf diesen Gesichtspunkt hin prüfen; für saubere Industrien in die Presse und auf die Straße gehen mit dem Slogan: „Nur das ökologisch Wichtige ist auch das ökonomisch Richtige", wenigstens auf weite Sicht; die Forschung für alternative Energiequellen von Sonne und Wind fordern, selbst wenn das Erdöl wieder billig geworden ist; den Ausstieg aus der Kernenergie postulieren ...

In Rom wurde 1978 für die Mitglieder von Ordens-Generalkurien ein Vortrag über die Kernenergie angeboten. Der Redner versuchte uns zu überzeugen, daß Kernenergie die „sauberste" Energie sei, selbst wenn sie wegen des Atommülls noch nicht ganz sauber sei. In der Diskussion fragte ich, ob man nicht, statt immer mehr Energie zu konsumieren, das Bewußtsein wecken sollte, den Energieverbrauch zu reduzieren. Die Antwort: „Der Wissenschaftler predigt nicht, er löst die Probleme!" Aber die Probleme sind genau noch nicht gelöst! Man denke nur an die Zwischenfälle, von Windscale in England 1957 über Three Mile Island in den USA bis Tschernobyl in der UdSSR 1986 – und die vielen verheimlichten Beinahe-Katastrophen! Man denke auch an die Entsorgungs- und Transfer-Skandale, weil in Lastwagen und auf Schiffen Tausende von Tonnen Giftmüll und Atommüll in die Oststaaten oder in Dritte-Welt-Länder transportiert, dort zu einer Almosen-Entschädigung deponiert und die kommenden Katastrophen den dortigen ahnungslosen und hilflosen Menschen aufoktroyiert werden.[67] In den Staaten der Europäischen Gemeinschaft werden jährlich an die 200 Millionen Tonnen giftige Abfälle produziert, fachgerecht entsorgt – was teuer zu stehen kommt – aber nur an die 50 Millionen, so daß der riesige Rest als Zeitbombe irgendwo wartet. Wer Augen hat zu sehen ...

Amerikaner, Europäer, Russen und Japaner begannen im Mai 1988 im Max-Planck-Institut eine Zusammenarbeit zur Erschließung einer neuen Energiequelle durch Kernfusion, die, anders als die Kernspaltung, „sauber" wäre. Es werden aber dreißig bis vierzig Jahre verstreichen, ehe man sehen wird, ob sich Kernfusion kommerziell als Energiequelle nutzen lasse. Unterdessen bleibt uns das Problem der Endlagerung des Atommülls. Solange das nicht geregelt ist, kann die wirtschaftliche Nutzung der Kernenergie im großen Stil nicht verantwortet werden.

Diese These wird sowohl vom Atomphysiker Carl Friedrich von Weizsäcker wie vom Ethiker Alfons Auer aufgestellt.[68] Auch das Volk empfindet mehr und mehr so. 1987 hat es in Italien gegen den weiteren Ausbau von Kernkraftwerken gestimmt. In Österreich hat es schon 1978 mit der schwachen Mehrheit von 50,4 Prozent gegen die Fertigstellung des Atomwerkes von Zwentendorf gestimmt. Seither wagt dort kein Politiker mehr das Thema anzurühren. In der Schweiz hat der Bundesrat 1988 den Weiterbau am Atomkraftwerk Kaiseraugst endgültig gestoppt. Dann muß das Volk freilich konsequent sein und nicht nur zur Angst, sondern auch zur Wegwerf- und Profit- und Konsumgesellschaft in Wort und Tat nein sagen! Bei einem Gespräch über solche Fragen im Kloster bemerkte ein junger Mitbruder in franziskanischem Idealismus: „Das kommt mir alles fremd vor. Ich sage einfach dieser Blume ‚Grüß Gott, wie geht es dir?' und habe Freude an ihr." Ich antwortete: „Gut und recht. Aber wenn du nicht mehr tust, kannst du in Bälde den Blumen nicht mehr Grüß Gott sagen."

Noch einmal bleibt zu hoffen, daß der laufende konziliare Prozeß der Christen auch für diesen Bereich das nötige öffentliche Bewußtsein schaffe und zur Gestaltung des neuen Weltbildes beitrage, in dem nicht mehr Wirtschaftswachstum, Vollbeschäftigung zu hohen Löhnen, internationale Konkurrenz die unantastbaren Werte bilden, sondern die Suche nach einer Überlebensstrategie absolute Priorität bekommt, die eine fröhliche Hoffnung begründet, würdig überleben und – ewig leben zu können.

Ohne zwei zusätzliche Faktoren wird es wohl kaum gelingen, heil vom rasanten Unheilszug abzuspringen. Das eine sind Propheten, nicht wilde Schreier, sondern Fachleute, die mit höchster Kompetenz ein neues Konzept entwerfen, wie man mit zumutbarer Wirtschaftsdrosselung das Schlimmste verhüten kann, die – wie damals Adam Smith (1723–1790) die industrielle Revolution und damit den „Reichtum der Völker" (sein Hauptwerk) begründete – eine neue Revolution auslösen, die nicht auf mehr Güter, sondern auf mehr Werte, auf humane Rücksichten und Lebensqualität ausgeht. Das zweite sind nicht bloß rote Warnsignale, deren es bereits in Fülle gibt, sondern ausbrechende Warnkatastrophen, welche die Menschen schockartig aufschrecken und zu den schmerzlichen Konsequenzen zwingen. Man muß es geradezu wünschen, daß solche Warnkatastrophen möglichst bald und wiederholt auftreten, bevor der sich beschleunigende Fall in die Endkatastrophe irreversibel geworden ist.

Jetzt wird es mit Händen greifbar, daß den alten Zehn Geboten Gottes, nach denen man sich in der traditionellen Beichte anklagte, und den „neuen" Zehn Geboten Gottes, die Gott uns jetzt durch die Zeichen der Zeit verkündet, verschiedene Dimensionen und verschiedene Dringlichkeitsstufen zukommen. Die ersteren sollen nicht bagetellisiert werden. Sie riefen immer auf zur persönlichen Umkehr – auch als Voraussetzung für eine bessere Welt. Aber sie blieben doch allzu oft im privaten, individuellen, religiösen Bereich. Die zweiten aber rufen auf zur Bekehrung zur Welt, der Welt des Menschen, der Welt Gottes, zum Mitmachen in der Geschichte Gottes mit seiner Menschheit, zur Durchsetzung des umfassenden Heiles, das Gott der Menschheit schenken will. Ob die Menschen da ihre schöpferischen Kräfte in die Schanze schlagen oder aber kläglich versagen und ihre Macht und Ohnmacht dadurch zur Schau stellen, daß sie sich selbst die Freude an der Schöpfung vergällen und schließlich am eigenen Gestank sterben, verflucht von den ebenfalls dahinsiechenden Erben?

Doch weg von dieser düsteren Ahnung! Die Kirchen

werden nie müde werden, Hoffnung zu geben, Mut zu machen, um diese Welt doch noch zu einer menschen- und gotteswürdigen Welt zu gestalten. Wenn aber von Marxens verheißenem Paradies nicht einmal mehr die Kommunisten reden; wenn das „Rote Büchlein“ von Mao Tse-tung, von dem man vor 30 Jahren auch im Westen schwärmte, eingestampft und das Standbild des Autors stillschweigend entfernt wurde; wenn auch der Traum vom „american way of life“ ausgeträumt ist; wenn man nach Oskar Spenglers „Untergang des Abendlandes“ auch den Untergang der Welt prognostizieren muß, wenn also das Paradies nach Menschenart faktisch nie zustande kommt, dann bleibt immer noch die Hoffnung auf das Paradies nach Gottesart. Dann wird sich Gott einmal mehr als Retter erweisen, und des Menschen Geschick wird in seinen Händen für immer gut aufgehoben sein. Wann und wie das geschehen wird, wissen wir nicht. Das müssen wir uns gar nicht ausdenken und es Gott einflüstern. Das hat er für uns ausgedacht. Das wird sein Geschenk und seine Überraschung sein. Dann wird alles gut enden, sich vollenden. Wir können nur sagen: Es wartete mehr auf uns als wir erwarten.

Das Urparadies war also ein Mythos. Das Erdenparadies bleibt vielleicht immer eine Utopie. Das Endparadies ist eine Verheißung. Geheimnis des Glaubens! Also tragischer Höhepunkt der Menschheitsgeschichte: Der Untergang! Endgültiger Machterweis Gottes: Die Rettung! Calderons Welttheater müßte einmal in dieser Schau neu geschrieben und aufgeführt werden!

## 12. Kapitel
## Ihr werdet dem Gott der Geschichte begegnen: Mystik und Politik

Nach den bisherigen neun „neuen“ Geboten Gottes kann uns die Frage aufsteigen: War da nicht zuviel die Rede von Welt, von Wirtschaft, von Politik, und zu wenig von Frommem, Erbaulichem, den Glauben Stärkendem? Kommt das nicht einer Profanierung des Tempels, einer Geringschätzung des Jenseits, einer Verzerrung der christlichen Botschaft gleich?

Nachdem im ersten Gebot die Forderung aufgestellt worden war, den gesunden Menschenverstand walten zu lassen, muß jetzt doch auch der ergänzende Aspekt unterstrichen werden, die Inspiration durch die Mystik, freilich immer in ihrer Beziehung zur Politik. Denn diese zwei Werte stehen nicht einfach beziehungslos nebeneinander da, auch nicht übereinander, sondern sie durchdringen einander, gehen ineinander über, inspirieren einander. Die Mystik hat der Politik ihren letzten Sinn zu erhellen, sie zu motivieren, sie auf das wahre Wohl des Menschen einzustellen. Die Politik hat die Mystik stets zu ermahnen, ihren Gott nicht bloß im höchsten Himmel zu ahnen, sondern auch in der Geschichte, auf irdischen Bahnen.

Daß die „neuen“ Zehn Gebote nicht mit der Mystik begannen, sondern mit ihr aufhören, entspricht der sogenannten anthropologischen Wende. Früher ging man einfach von der göttlichen Offenbarung, von den ewigen Wahrheiten, von der Ordnung der Übernatur aus, gegen die es keinen Rekurs gab, vor der sich der Christ widerstandslos beugte. Nachdem aber heute die Mehrzahl der Menschen nicht mehr zum voraus diese Bereitschaft mitbringt, weil die Aufklärung doch viele der tradierten Antworten in Frage gestellt hat, und weil man andererseits gerade für die Bereiche von Gerechtigkeit, Frieden, Bewahrung der Schöpfung auch auf die säkularisierten Menschen angewiesen ist, die sich hier meist mehr engagieren als die frommen Kirchgänger, geht man also jetzt vorzüglich vom Menschen aus, analysiert theologisch (vor allem seit K. Rahner) und psychologisch (z. B. durch C. G. Jung, B. Stähelin, P. Tournier, V. E. Frankl) die letzte Verfaßtheit, die Ahnungen, Sehnsüchte, Erwartungen des Menschen und kommt zum Schluß, daß er auf Gedeih und Verderb auf eine zweite Wirklichkeit, auf einen letzten Lebenssinn, auf ein Urgeheimnis hin angelegt ist, das wir Gott nennen. Der Glaube kommt dann als letzte Antwort dem eigenen vorgängigen Fragen entgegen, nicht mehr als ein erlerntes Wissen, ein Müssen, sondern als ein erfüllendes Frohsein, ein Dürfen. Das so Geglaubte ist dann das schon immer Ersehnte. Religion ist dann nicht Entfremdung, sondern letztes Zu-sich-Kommen des Menschen. Man bleibt also keinesweg im Horizontalen stecken, sondern läßt dann rechtzeitig seine Stimme wie durch ein Megaphon laut werden und deutet Mensch und Welt als Menschen und Welt Gottes.

Wer dann diesen Sprung in den Glauben trotzdem nicht wagt, leidet wohl über kurz oder lang an „Sinnlosigkeitsgefühlen", verfällt einem „existentiellen Vakuum" (Frankl), führt „das Leben eines ewigen Vagabunden" (Tournier), verliert das Urvertrauen und die letzte Geborgenheit (Stähelin). Wer aber den Anschluß an eine so verstandene Religion gefunden hat, dem wird auch klar, daß es immer, solange Menschen über diese Erde gehen, die unbesiegbare Hoffnung auf eine absolute Zukunft, Gott genannt, geben wird. Denn wenn wir die Skeptiker betrachten, „die sich weigern, ihre Existenz zu Ende zu denken, die reisen, ohne zu wissen wohin, und die eigentlich die einzige reale Alternative zu der absoluten christlichen Hoffnung sind, dann ist es einfach nicht einzusehen, wie diese christliche Botschaft einmal überholt, als veraltet durch eine neue Religion oder durch das Ende aller Religion ersetzt und verdrängt werden könnte".[69]

Diesem Gott in mystischer Erfahrung zu begegnen, ist mehr wert als alles in der Welt, die Perle, für die man alles hingibt (Mt 13,46). Es lohnt sich, zeitweilig die Bühne der Aktivitäten zu verlassen – als ideale Regel: Eine Stunde im Tag, einen Tag im Monat, eine Woche im Jahr –, um in der Stille und Einsamkeit, in der „Wüste", nackt und arm, hungernd und dürstend nach Gerechtigkeit (Mk 5,5), vor Gott zu stehen, die Antenne auf ihn auszurichten, auf ihn zu hören, ihm zu gehören. Man soll da freilich nicht „Gotteserlebnisse im Schnellverfahren" erwarten (K. G. Rey), nicht „einen sicheren Weg aus der Dunkelheit des Unterwegs-Seins in das Licht des Angekommen-Seins bahnen wollen" (J. Sudbrack). Je absichtsloser, selbstloser, großzügiger wir unsere Zeit Gott schenken, desto mehr kann er uns beschenken mit stiller Ruhe und Freude, vielleicht auch – wahrscheinlich höchst selten – mit plötzlicher innerer Einsicht und Bestätigung, wie mir kürzlich ein Freund schrieb: „. . . plötzlich entdeckt man eine Art Berührung mit ‚Dem in Worten Unaussprechbaren‘, sei es auch nur für eine Sekunde, und bei solchen Quellen kann die Wüste nicht unheimlich genug sein.“ Die Regel bleibt aber der nüchterne Glaube. Das Entscheidende liegt in der Liebe und Hingabe, nicht im Gefühl.

Gott kann sich natürlich Ausnahmen und Überraschungen leisten und sowohl große Geister wie auch – mit Vorliebe – kleine Seelen auswählen und sie in seine Nähe, sein Licht, seine Seligkeit ziehen. Ich habe auf Anfrage hin ein Buch über die selige Sr. Ulrika Nisch geschrieben, die 1913 im Alter von 31 Jahren an Tuberkulose gestorben ist. In den wenigen Jahren ihres Klosterlebens wurde diesem bescheidenen Schwesterchen, aus armer Familie, mit geringer Schulbildung und gebrechlicher Gesundheit, eine unerhörte Gotteserfahrung zuteil. Am liebsten verbrachte sie ihre freie Zeit, auch jeden Abend bis zehn Uhr, in der Kapelle, ganz bei Ihm. Wenn sie unversehens zu einem Dienst gerufen wurde, folgte sie sogleich, aber fast wie eine Traumwandlerin. Sie hatte Mühe, wieder in die Welt zurückzukehren. Ich habe Sr. Ulrika mit großer Sympathie beschrieben, freilich auch mit kritischem Sinn. Nicht wenige Leser meines Buches staunten, daß ich mich für eine schlichte Ordensfrau exponierte. Ich tat es bewußt, um neben der Dimension der Politik auch zur Dimension der Mystik zu stehen. Freilich, gerade da setzte auch das kritische Fragen ein. Sr. Ulrika hat gewiß eine unermüdliche Nächstenliebe geübt und ihre Arbeit als Hilfsküchenschwester mit vorbildlicher Treue und Hingabe geleistet, hat auch viel für die Bekehrung der Sünder und Heiden gebetet. Aber für die soziale Frage jener Zeit, auch für einen angemesseneren Lohn der Küchenmädchen, auch für fällige Kritik an der Kirche, zeigte sie kein Gespür. Ihr ganzes Sinnen trachtete nach dem Jenseits. Ihr größtes Verlangen war, möglichst bald zu sterben und im Paradies zu ihrem Jesus zu gelangen. Ihre jenseitsbezogene und individualistische Frömmigkeit widerspiegelte genau die Haltung jener Zeit, die für uns heute doch ergänzt werden müßte.

Ich kannte auch in meiner Gemeinschaft in Arth einen alten Bruder, der sich seit Jahrzehnten jeden Morgen um vier Uhr in den Gebetsraum begab, zuerst eine Anzahl mündlicher Gebete verrichtete, den Kreuzweg, den Rosenkranz, einige Litaneien, aber sich während dieser äußeren Gebete bereits nach dem inneren Beten sehnte. Er verbrachte auch tagsüber stundenlang an seinem Plätzchen. „Früher war das Gebet sehr trocken und armselig. Aber ich habe es nicht aufgegeben. Jetzt ist es mir nicht mehr langweilig, im Gegenteil, die Zeit geht so schnell vorüber. Es ist, wie wenn man ein Feuerchen anmacht. Zuerst legt man Scheitchen auf Scheitchen, das sind die Stoßgebete. Dann faßt das Feuer plötzlich Kraft, und es brennt einfach. Ich sage nur noch: Jesus, ich liebe dich, laß mich doch sterben aus Liebe zu dir! Ich fühle einfach, daß Gott mich liebt, so sehr, daß er meine Fehler und Sünden gar nicht beachtet . . ."

Es mag also ganz gut eine Anzahl solcher „einseitiger" Gestalten leiden, die uns immer wieder mit ihrer unbedingten Eindringlichkeit „das eine Notwendige" bezeugen (Lk 10,42). Ich beneidete jenen Bruder und mußte bekennen, daß ich ihm gegenüber ein stümperhafter Anfänger bin, aber tröstete mich zugleich, da ich wieder andere Charismen von Gott erhalten habe: verschiedene Gaben, aber alle kommen vom gleichen Geist und ergänzen sich (1 Kor 12,4).

Grundsätzlich aber gehören Mystik und Politik zusammen, sind wie die zwei Seiten derselben Münze, nämlich des einen Heilsplanes Gottes, der in sich selbst ein ruhendes, ewiges, unbegreifliches Geheimnis ist, aber den absolut originellen Einfall hatte, mit dem Urknall, der seinerseits bis heute für die größten Wissenschaftler ein Geheimnis bleibt, den Kosmos auf den Weg der Evolution, eines immer weiterdauernden Schöpfungsprozesses, zu schicken, und den zweiten Einfall hatte, mit der Menschwerdung, die ihrerseits bis heute für die größten Theologen ein Geheimnis bleibt, seinen Sohn in die Menschengeschichte hineinzuschicken, sich diesen undenkbaren Einfall in die Welt hinein zu leisten. So ist der Gott der Ewigkeit zum Gott der Zeit und Geschichte geworden, der Gott, der in Mystik lebt und leibt, zum Gott, der mit seinem Volk seine Politik betreibt. So wurde die Bewegung Gottes zur Welt hin auch für uns das immer gültige Urbild der Liebe.

Das klassische Beispiel dafür ist uns gegeben in Mose. Ihm wurde auf dem Berg Horeb in der Form des brennenden und nicht verbrennenden Dornbusches eine überraschende Gotteserfahrung zuteil. Er sagte sich: „Ich will dorthin gehen und mir die außergewöhnliche Erscheinung ansehen." Er wollte also in diesem mystischen Erlebnis schwelgen, darin verweilen. Aber der Herr riß ihn kurzerhand heraus und gab ihm unvermittelt den Auftrag zu einer Mission: „Komm nicht näher ... Geh vielmehr! Ich sende dich zum Pharao. Führe mein Volk, die Israeliten, aus Ägypten heraus! ... Ich bin bei dir; ich habe dich gesandt" (Ex 3). Deutlicher konnte der innere Zusammenhang zwischen Berufung und Sendung, zwischen Mystik und Politik, nicht ausgedrückt werden.

Auf gleiche Weise ereignete sich die Berufung und Sendung des Jesaja (Jes 6), des Jeremia (Jer 1) und der meisten Propheten. Es wurde radikalisiert in Jesus, der in den Nächten auf dem einsamen Berg eine unausdenkbare Gottinnigkeit erlebte und tagsüber sich ausgab, daß er wirklich müde wurde und nicht einmal mehr Zeit noch Interesse zum Essen hatte (Jo 4,6; Mk 3,20). Ebenfalls seine Jünger wurden berufen, um gesandt zu werden: „Kommt her, folgt mir nach! Ich werde euch zu Menschenfischern machen" (Mk 1,17). „Danach suchte der Herr 72 andere aus und sandte sie zu zweit in alle Städte und Ortschaften" (Lk 10,1).

Das gleiche gilt schließlich auch für die Kirche und alle in der Kirche. Wie die Apostel lehrt Jesus auch alle in der Kirche zu beten (Lk 11,1), aber ebenso schickt er sie zu verkünden, zu heilen und die Welt von den bösen Mächten zu befreien (Mk 16,14f.; Mt 28,17–20). Man kann nicht selten den Einwand hören, man dürfe im Bekehrungsprozeß, z. B.

in Exerzitien, nicht zu rasch vom Weltauftrag des Christen reden, um die Teilnehmer nicht vom Eigentlichen abzulenken, nämlich wie sie vor Gott stehen sollen. Trotzdem muß man darauf beharren, daß jede Bekehrung immer Bekehrung zu einem Gott ist, der sich des Menschen annimmt, in die Geschichte eingegriffen hat und den Menschen immer zu einer Sendung beruft.

Nicht nur biblisch, auch empirisch sind Mystik und Politik aufeinander verwiesen. Mystik ohne Politik bliebe ein zu billiges und wahrscheinlich nicht ganz gottgewolltes Schwelgen in selbstzufriedener Frömmigkeit; Politik ohne Mystik hingegen riskierte eine rücksichtslose Karrieremacherei, eine brutale wirtschaftliche Ausbeutung der Schwächeren, ein gigantischer Staat mit der Macht der Herrschenden zu werden. Also nie „bloß Aufstiegsmystik zur Erlösung der einzelnen Seele, sondern immer Brudermystik zur Befreiung der ganzen Welt!" (J. B. Metz)[70], wobei einzelne Christen – wie oben gesagt – entsprechend den verschiedenen Charismen die Akzente verschieden setzen können. Je nachdem muß man also den Rat geben, sich nicht fromm aus der Welt herauszuhalten, oder aber, dann und wann den Lärm der Welt etwas abzuschalten.

In Europa scheinen zu viele Fromme zu wenig politisch und zu viele Politiker zu wenig fromm zu sein, so daß man die einen unpolitische Christen, die anderen unchristliche Politiker nennen müßte, also zweimal etwas Unfertiges. In Lateinamerika kommt nun von der Basis her mehr und mehr die Harmonie zustande, so daß G. Gutierrez sagen kann, es wachse hier – nach 400 Jahren Christentum – die erste (echt) christliche Generation heran. Das sucht Paul Michael Zulehner auch bei uns zu wecken mit seiner Formel: „Weil mystisch, daher politisch! Je mystischer, desto politischer!"

Wer die oben erwähnte ideale Regel befolgt und sich dann und wann aus der Aktion in die Kontemplation zurücknimmt, dem wird es mit der Zeit wohl gelingen, daß er diese beiden Komponenten nicht mehr abwechslungsweise nebeneinander praktiziert, sondern daß sie ineinander übergehen, so daß „Kontemplation auf den Straßen"

(J. Maritain) möglich wird, daß Politik zuinnerst von Mystik durchsetzt wird und nun wirklich zur fortwährenden Schöpfung, zur Ausführung des Heilsplanes Gottes mit seiner Menschheit wird. So sagte Franz von Assisi, daß der Ort seiner Kontemplation, seine Zelle, der Leib und sein Kloster die Welt sei.

Ich habe schon oben (4. Kapitel) von meinem Freund M. Hengartner gesprochen, der durch drei Jahrzehnte der Kirche in der Schweiz so viele pastorale Impulse geben konnte. Wie gelang ihm, der von zu Hause gar nichts mitbrachte außer sein Naturtalent, dieses reiche Wirken? Man kann die Antwort auf eine Kurzformel bringen und sagen: Es stammte vom Heiligen Geist. Wir besitzen viele Texte von ihm, die das bestätigen: „Eigentlich müßten wir zu den Sehenden gehören, welche die Worte bei Lukas 4,18 auf sich wirken lassen und glauben, daß sie auch uns zugedacht sind: ‚Der Geist des Herrn ruht auf mir. Er hat mich gesandt . . .' Wenden wir das immer auf uns selber an, um die Zerschlagenen in Freiheit zu setzen und ein Gnadenjahr des Herrn auszurufen . . . Ich bete alle Tage zum Heiligen Geist . . . Wir können zurückblicken auf das Missionsjahr als auf ein Werk der Gnade und Kraft und des unsichtbaren Wirkens des Heiligen Geistes . . . Wenn der Heilige Geist und unser heiliger Geist zusammenwirken, dann geschehen Dinge, die menschliche Kraft übersteigen . . ."

Das neue Weltbild, an dem wohl auch heutige Jugendliche Freude haben könnten, kennt also nicht mehr Spaltung zwischen Mystik und Politik, oben und unten, Gott und Mensch, sondern Harmonie, denn Heiliger Geist und gesunder Menschenverstand gehen wundersam Hand in Hand. Vom einen stammen die menschlichen Intuitionen, vom anderen die göttlichen Inspirationen. Sie bilden eine Einheit wie Bug und Kiel, wie Seele und Leib, wie Weg und Ziel.

# III.
# Die neue Zukunft

## 13. Kapitel
## Die Kirche auf dem Weg ins dritte Jahrtausend

In rund zehn Jahren werden wir die Schwelle ins dritte Jahrtausend überschreiten. In den ersten christlichen Jahrhunderten glaubten nicht wenige, gestützt auf die Aussagen der Geheimen Offenbarung (Kapitel 20), es werde bald ein tausendjähriges Reich anbrechen (Chiliasmus, Millenarismus), wo Christus mit seinen Getreuen in Glück und Frieden herrschen werde, bevor Satan noch einmal für eine kurze Zeit losgelassen werde und dann die endgültige Vollendung komme. Auch in den letzten Jahrhunderten und Jahrzehnten sprachen immer wieder schwärmerische Sektenprediger vom bevorstehenden Tag des Herrn und wollten sogar genau das Datum wissen. So wird wohl auch die kommende Jahrtausendwende solchem Denken vermehrten Auftrieb geben.

Das traf auch zu bei der ersten Jahrtausendwende. Reinhold Schneider schildert, freilich mehr aufgrund von dichtenden Chroniken als von kritischen Historikern, den Silvestertag 999, „wie die Menschen in erregten Gruppen zum Himmel starrten, das Zeichen erwartend. Während Bußgesang aus den Kirchen schallte und Mönche, in himmlischem oder irdischem Eifer predigend, auf das Ende vorbereiteten oder die verschwenderische Opfergabe der Angsterfüllten in ihre Säcke strichen . . . Die Menschen sind aus den Häusern auf die Hügel geflüchtet und starren zum Himmel. Ein Reicher besteigt einen brennenden Holzstoß, er wirft seine Schuldscheine und dann sich selber ins Feuer. Niemand arbeitet mehr. Wozu? Verkaufsläden, Werkstätten, die Bänke der Wechsler stehen leer. Wozu noch Gefangene? Macht die Gefängnisse auf! Öffnet die Käfige der Vögel, die Ställe! In einem einzigen Augenblick wird alles Gottes sein, in dessen Hände zu fallen schrecklich ist. Ein junges Paar stürzt sich, fest umschlungen, in den Fluß . . ."[71]

Wenn auch solcher naiver Glaube und der damit verbundene Schrecken dem Mittelalter angehören, wenn auch auf die kommende Jahrtausendwende hin kaum eine Art Weltpanik ausbrechen wird, so wird man sich doch auf allerhand Dinge gefaßt machen müssen. Die ganze New-Age-Bewegung scheint solche Erwartungsstimmungen bereits aufzuheizen.

Kein Geringerer als Papst Johannes Paul II. redet auffallend oft und eindringlich von der Kirche auf dem Weg zum Jahr 2000, und er schreibt dieser Zeit die Rolle eines besonderen Advents, einer besonderen Erwartung zu.

Wir dürfen uns ganz legitim Gedanken machen über den Weg der Kirche in die Zukunft und uns zuerst einmal voll Zuversicht sagen, daß die Kirche Zukunft *hat,* nicht so sehr um ihrer selbst willen, sondern um der Menschheit willen, welche die Kirche braucht, will sie nicht in Dunkel und Dünkel untergehen. Deshalb hat der Herr den Jüngern verheißen, bei ihnen zu sein, „alle Tage bis zum Ende der Welt" (Mt 28,20), und daß deshalb „die Mächte der Unterwelt sie nicht überwältigen werden" (Mt 16,18). Es stellt sich freilich die Frage, welche Art von Kirche die Zukunftsgarantie besitzt: Sicherlich nicht der Kirchenstaat des Mittelalters, sicherlich nicht die vatikanische Kurie der Gegenwart, wohl aber die Kirche als Zeichen und Zusage des Heiles für alle Menschen.

Wir können uns natürlich nur mit großem Vorbehalt auf das Gebiet der Kirchenfuturologie begeben. Denn so sehr man laufende Trends in Wirtschaft, Politik, Kirche vorausprojizieren kann, so sehr lehrt bereits die bisherige Erfahrung, daß unvorhergesehene Ereignisse die Trends von heute auf morgen umkehren können. Das trifft natürlich noch in besonderer Weise zu im Bereich der Kirche, wo immer nicht bloß mit der unberechenbaren Freiheit des Menschengeistes, sondern mit der noch viel unberechenbareren Freiheit des Schöpfergeistes zu rechnen ist. Nichtsdestoweniger darf man, soll man über die Zukunft der Kirche nachsinnen. Jesus selber hat uns verheißen, der Heilige Geist werde uns „verkünden, was kommen wird" (Jo 16,13).

Im Theologiestudium hat man damals x Stunden an Kirchengeschichte mitbekommen, aber wahrscheinlich keine einzige an Kirchenfuturologie. Und doch beansprucht dieser zweite Aspekt mehr Bedeutung als der erste. Bei aller Achtung vor der Geschichte – wir leben aus ihr, stehen auf ihr, stehen zu ihr – liegt diese doch starr und staubig in den Büchern und Archiven. An ihr kann man nichts mehr ändern. Die Zukunft aber fließt Tag für Tag durch unsere Hände und geht durch uns hindurch, durch uns gestaltet, in die Geschichte ein, im Grunde so, wenn auch mit Abstrichen, wie es unserem Zukunftsbild entsprach. Also lohnt es sich, ein Modell vor Augen zu halten, nach dem man die Kirche formen möchte.

Kirchenfuturologie soll nicht mit Prophetie gleichgesetzt werden. Sie stützt sich einerseits auf die „Zeichen der Zeit", jene berechtigten Erwartungen und Hoffnungen der Menschen, in denen sich der Wille des Gottes der Geschichte kundtut; andererseits auf die Konzilsimpulse, die noch keineswegs voll zum Tragen gekommen sind, aber sich durchsetzen werden, wie der Frühling schon immer den Sieg über den Winter davongetragen hat; und schließlich auf die faktischen Trends, die man, mit dem schon erwähnten Vorbehalt, eben doch in die Zukunft hinein verlängern darf und soll. Seitdem das statische Kirchenbild des Mittelalters, dem der einzelne Christ sich unterwerfend einordnete, erschüttert wurde durch die sich rasant entwickelnden Wissenschaften und durch den modernen Menschen, der selber Herr seiner Zukunft sein möchte, stellen sich mit gutem Recht immer mehr Christen die Frage nach der Zukunft der Kirche.[72]

In der Frage nach dem Morgen muß man sich zuerst der Bedeutung des Heute gebührend bewußt werden. In den letzten drei Jahrzehnten hat sich ein neuer epochaler Rahmen aufgebaut, dessen Auswirkungen wir uns noch kaum vorstellen und den wir den wenigen wirklich großen Zeitenwenden der christlichen Geschichte zur Seite stellen können.

Der Anfang, der „christliche Urknall", geschah mit dem *Jesus-Ereignis,* mit jenem Mann, der damals die Liebe Gottes, Gott selbst, auf dieser Erde sichtbar und spürbar machte (vgl. 2. Kapitel). Das kam als die große Überraschung Gottes über die Erde, wie wir sie gar nicht hätten ausstudieren und programmieren können. Es gibt auch im natürlichen Bereich ähnliche – nicht gleiche – Überraschungen. Man nennt sie hier qualitative Sprünge. Darüber zerbrechen sich die Naturwissenschaftler bis heute den Kopf. Es muß offenbar am Anfang eine Urmasse gegeben haben, aus der sich das ganze Universum entfaltete. Aber woher kam diese Masse? War sie ewig? Das kann man sich gar nicht denken. Ist sie plötzlich geworden? Das kann man sich ebensowenig vorstellen. Und dann: Als die Gestirne und unsere Erde, tote Materie, da waren, gab es plötzlich Leben, Pflanzen, Vögel, Säugetiere. Wie konnte aus toter Materie Leben entstehen? Und noch einmal: Als Tiere da waren, traten plötzlich Menschen auf, mit Verstand und Willen, mit Selbstbewußtsein und der Sehnsucht nach ewigem Leben. Alle diese qualitativen Sprünge kann man nicht einfach aus den vorherigen Stufen erklären. Sie bleiben Geheimnis, und viele ehrliche Naturwissenschaftler öffnen sich heute für die Möglichkeit solcher Überraschungen, solcher Eingriffe Gottes. Das kann uns helfen, dem unerklärlichen Jesus-Ereignis etwas näher zu kommen. Es gab in Jesu Leben, wenn man so sagen will, drei qualitative Sprünge: Zuerst, daß man von jenem Kind, dem man die Herberge verwehrte und das dann in der Krippe lag, von jenem Mann, dem man keinen Glauben gewährte und der dann am Kreuze starb, nun sagt, er sei Sohn Gottes. Wie kann man das glauben? Der Verstand versagt. Dann: Daß man vom Brote, das Jesus verhieß und uns beim Letzten Abendmahl hinterließ, sagt, es sei wirklich sein Leib, Jesus selbst. Wie kann man das glauben? Der Verstand versagt. Und schließlich: Daß man von jenem Ausgestoßenen am Kreuze, dem man zur Sicherheit noch das Herz durchstach, sagt, er sei auferstanden, er lebe. Wie kann man das glauben? Der Verstand versagt.

Das ist die Radikalität des Glaubens, das Wagnis, das man eingeht. Wenn man sich aber dazu aufmacht, oder besser gesagt, wenn Gott uns dazu seine Gnade schenkt, daß wir dieses Unglaubliche im Vertrauen auf Ihn glauben, dann öffnet sich plötzlich ein neues Weltbild. Dann kommen wir plötzlich auf eine höhere Stufe des Lebens, nämlich des Lebens mit Gott und in Gott. Dann wird das Leben faszinierend und erfüllend für den einzelnen Gläubigen. Dann sieht man aber auch ein, daß die Weltgeschichte mit Recht eingeteilt wird in die Zeit vor und nach Christus, daß also Jesus von Nazareth eine Botschaft gebracht hat, die es sich lohnt, in die ganze Welt hinauszutragen, und der Geschichte einen letzten, überraschenden Sinn geschenkt hat, den es sich lohnt, immer neu in die Menschheit hinauszurufen, dies umso mehr, als seine Kirche zeitweise auch Unsinn verkündet hat.

Auf jene Jesus-Wende folgte als zweiter großer Einschnitt die *konstantinische Wende*. Kaiser Konstantin der Große glaubte, bei der Entscheidungsschlacht gegen seinen Bruder Maxentius an der Milvischen Brücke in Rom 312 die Macht des Christengottes erfahren zu haben. So machte er dann der Kirche Schenkungen, gewährte ihr Privilegien, baute ihr Kirchen, z. B. die Grabeskirche in Jerusalem, die Peterskirche in Rom. Er eröffnete jene neue Epoche, wo die Kirche nicht nur toleriert und anerkannt, sondern ins Staatsgefüge eingebettet wurde, auch wenn sie erst unter Kaiser Theodosius, um 380, die Rolle der Staatsreligion übernahm. Was unter Konstantin begann, prägte maßgeblich die Kirche als religiöse Institution und über ihr Verhältnis zum Staat auch die abendländische Geschichte bis ins 20. Jahrhundert hinein.

„Es gibt in der Geschichte kaum eine Persönlichkeit, deren Ausstrahlungskraft so ungebrochen über siebzehn Jahrhunderte reicht" (R. Hernegger). Eusebius, der erste

Kirchengeschichtsschreiber, nannte ihn „den Gottgeliebten und dreimal seligen Kaiser", der die biblische Verheißung und den Willen Gottes erfüllte, indem er die Kirche befreite und förderte, ihr zum höchsten Ansehen verhalf zum Nutzen aller Menschen. Erst auf dem Sterbebett ließ sich Konstantin taufen. Im Abendland galt er als der vorbildliche Herrscher. Im Osten fand er Verehrung und wurde „den Aposteln gleichgestellt".[73]

Heute blickt man etwas nüchterner auf jene konstantinische Wende zurück. Gewiß soll man diese 1700jährige Epoche nicht einfach verurteilen. Es gab da immer Heiligkeit, Caritas, Kultur in erstaunlichem Ausmaß. Es „mußte" vielleicht eine – allzu lange dauernde – Entwicklungsphase sein. Verkürzt, nicht als absoluter Wandel, aber doch als starker Akzent, kann man diese Wende so beschreiben: Aus verfolgter Kirche wurde Verfolgerin, aus Botschaft Institution, aus Dynamik Statik, aus Milde Macht, aus Volk Gottes Hierarchie, aus Entscheidungskirche Volkskirche, aus Reich Gottes Kirchenstaat, aus dem Evangelium Kirchenrecht. Vorher rühmte man sich der Schwäche, jetzt der triumphalistischen Geschichte. Ein so gewiegter Historiker wie H. von Camphausen fragte sich, ob mit jenem Anfang nicht zugleich der Anfang einer heilsgeschichtlichen Häresie gegeben war.[74]

Jetzt kann man die Bedeutung des dritten großen Einschnittes ermessen, den ich *johanneische Wende* nennen möchte. Gemeint sind Papst Johannes XXIII. und das von ihm einberufene Zweite Vatikanische Konzil. Von Haus aus stand der junge Angelo Roncalli, geboren 1881, fest verwurzelt in der traditionellen Kirche, die den Christen damals mehr Furcht als Freude verschrieb, so daß auch er, der geborene Optimist, noch als Theologiestudent schrecklich darunter litt, trotz seiner beständigen Vorsätze die vielen Zerstreuungen im Rosenkranz und in der Betrachtung und die vielen selbstgefälligen Gedanken nicht vermeiden zu können. Er erschauderte deswegen vor der Höllenangst und berichtete davon in seinem „Geistlichen Tagebuch": „Alles und alles kommt vor das Gericht. Mein Gott, was für ein

Schrecken! Welche Sündenlast! Der Gedanke an die Hölle erschreckt mich zutiefst. Nein, ich kann ihn nicht ertragen. Es scheint mir fast unmöglich, und ich kann mir nicht vorstellen, daß mein Gott, nachdem er mich so sehr geliebt hat, in seinem Zorne mich verstoßen könnte. Und doch ist dies die reine Wahrheit. Wenn ich meinen Stolz, meinen Hochmut, meine Eigenliebe nicht bekämpfe, so erwartet mich ewige Verdammnis. O ich Unglückseliger!"

Aber mit der Zeit reifte er, löste er sich von diesen anerzogenen Ängsten. Er wurde nun mehr und mehr geprägt von der Güte Gottes, an die er nicht nur glaubte, sondern die er auch, mehr als bloß mit Worten, mit seiner ganzen Gestalt und seinem Gebaren den Mitmenschen vor Augen stellte, weshalb ihn die französischen Kardinäle, die ihn als Nuntius in Paris kennen gelernt hatten, 1958 als Papst vorschlugen.

Mir scheint, man kann die Eigenart seines Lebens und seines Pontifikats am besten darin sehen, daß er fest an die Inspiration durch den Heiligen Geist glaubte. Aus seinem Tagebuch, und zwar aus der Zeit als Papst: „Keine Zeit verlieren für Zukunftsprognosen, sich keine Sorgen machen um den Aufbau der Zukunft. Der Stellvertreter Christi weiß, was Christus von ihm erwartet, nämlich die tägliche Aufgabe zu erfüllen. Ich muß nicht vor ihn hintreten, um ihm Ratschläge zu geben oder ihm Pläne nahezulegen. Von mir wird nur erwartet die Bereitschaft für die Überraschungen des Herrn. Zu den zwei größten Gnaden meines Lebens zähle ich, daß ich das Pontifikat, das ich nicht im geringsten gesucht habe, in Ruhe annehmen und daß ich immer den guten Eingebungen des Herrn folgen konnte . . ." Als er dann am 25. Jänner 1959 ganz unerwartet das Konzil angekündigt hatte, betonte er nachher wiederholt, das sei nicht Ergebnis seiner historischen Studien gewesen – er war ja früher in Bergamo Professor für Kirchengeschichte –, sondern eine plötzliche Eingebung des Heiligen Geistes. „Der am meisten Überraschte über meinen Entschluß war ich selber, ohne daß irgendwer mir eine Andeutung gemacht hätte."

Es stellte sich inzwischen heraus, daß er doch mit einigen Leuten darüber geredet hatte. Aber seine „plötzliche Eingebung" bestand darin, daß er es dann bei der ersten sich bietenden Gelegenheit schon offiziell ankündigte.

Der Roncalli-Papst hatte also den Mut, an die Führung durch den Herrn und seinen Heiligen Geist zu glauben, nicht nur für die Zusage der päpstlichen Unfehlbarkeit, die er nie in Anspruch nahm, sondern vor allem für die Entscheidungen zum richtigen und mutigen Handeln und für die zuversichtliche Deutung des Laufes der Geschichte. Mit ihm kam ein „johanneischer Frühling" über Kirche und Welt, gelang ein Exodus-ähnlicher Aufbruch, erwachte eine wahrhaft messianische Hoffnung.

Als er dann über die Pfingsttage 1963 im Todeskampf lag und starb, hielt die Welt den Atem an. Man trauerte um ihn wie um den eigenen Vater, und man ist bis heute nicht losgekommen von der fast legendären Faszination dieser Gestalt. Was er während des Ersten Weltkrieges als Militärkaplan von einem 19jährigen Soldaten sagte, den er gut kannte und der so jung fallen mußte, trifft sehr gut auch auf diesen alten Papst zu: „Ein Wohlgeruch von Glauben und von Reinheit, von heiliger und frischer christlicher Poesie." Beim 10., 20. und wiederum 25. Todestag wurde er immer neu bewundert und auch schon als der „größte Papst des Jahrhunderts" bezeichnet. Wenn man das Konzil hinzunimmt, das zu ihm gehört wie die fertige Statue zum Künstler, würde ich wagen zu sagen: Der größte Papst der Jahrhunderte! Mit ihm und seinem Konzil begann die „privilegierte Epoche des Heiligen Geistes", von der sein Nachfolger, Paul VI., in „Evangelii nuntiandi" sprach (Nr. 75) und die uns José Comblin in seinem Buch „Der Heilige Geist" auf hervorragende Weise theologisch aufgearbeitet hat[75], eine Aussage, die ohne Zweifel durch deutlichere Zeichen der Zeit gestützt wird, als es zu Zeiten des Abtes Joachim von Fiore († 1202) der Fall war. Mit Johannes XXIII., dem alten, kleinen, dicken Mann, den man fast entschuldigend einen „Übergangspapst" nannte, wurde für die Kirche der Übergang vom zweiten ins dritte Jahrtausend, von der konstantinischen Ära und ihrer Volkskirche zur Ära des Heiligen Geistes und der Gewissenskirche (14. Kapitel) bewerkstelligt.

Wenn man noch in Betracht zieht, daß seit 1985 auch in der Welt eine neue Phase in Gang kam, die man *Gorbatschowsche Wende* nennen könnte (vgl. 10. Kapitel), dann darf man – trotz allem – mit Zuversicht der Jahrtausendschwelle entgegenschreiten und sich nicht genieren, zu jenen gezählt zu werden, die vom Roncalli-Papst angeführt werden, der als „unbekehrbarer Optimist" bezeichnet wurde. Jene, die wollen, mögen kapitulieren vor lauter düsteren Prognosen für Kirche und Welt, aber solche werden nie zu den Rettern des Volkes in Zeiten der Gefahr gezählt. Wir haben allen Grund, niemals die Welt und den Menschen aufzugeben, denn der Geist Gottes kann, wie am Anfang, auch über der heutigen Ausweglosigkeit schweben.

Ich persönlich glaube, daß wir gegenwärtig nicht am Ende von Kirche und Religion stehen, sondern an einer epochalen Wende, und daß die Kirche, verglichen mit dem zur Neige gehenden Jahrtausend, sich durch ihre Wandlung in unseren gegenwärtigen Jahrzehnten für das kommende Jahrtausend zubereitet, eingeordnet, daß sie vorgespurt hat und daß sie mit ihren neuen Öffnungen, die sich noch mehr auswirken werden, da nicht nur mühsam überleben, sondern neu aufleben wird. Wenn wir bedenken, daß die Kirche im ganzen Mittelalter und dessen Verlängerung bis an die Schwelle unserer Zeit als abgekapselte Volkskirche ihre Bannflüche und Pfeile auf alle anderen, die Juden, die Heiden, die Ketzer, sandte und heute mit all diesen Gruppen Dialog- und Gebetsgemeinschaft pflegt, muß man doch sagen, daß wir in einer historisch neuen Epoche, in einer außergewöhnlichen großen Kirchenzeit leben und daß wir offenkundig zuviel von der Krise der Kirche und zu wenig von den Chancen der Kirche sprechen. Wenn man sich ferner nochmals daran erinnert, wie die Kirchen in Lateinamerika, Afrika, Asien vor 30 Jahren in einer schwierigen Ausgangsposition standen, aber sich inzwischen, kraft der Konzilsimpulse weitgehend erneuert haben, dann kann man daraus ersehen, daß das Konzil wirklich nicht für nichts gewesen ist.

Man muß mit dem Konzil freilich Geduld haben, ihm Zeit

lassen! Ein Vergleich mit dem Konzil von Trient ist da recht lehrreich. Im Gegensatz zur plötzlichen Ansage des II. Vatikanums durch Johannes XXIII. wurde das Konzil von Trient während 100 und mehr Jahren ersehnt und verlangt, gefordert und verzögert, bis es schließlich 1545 beginnen konnte und, mit zwei langen Unterbrechungen, bis 1563 dauerte. Aber seine Wirkungsgeschichte weist sehr viele Ähnlichkeiten mit unserer Nachkonzilszeit auf. Schon damals klagte man, weitgehend mit Recht, daß die Rede- und Stimmfreiheit von den übereifrigen Kurialisten auf alle Weisen eingeschränkt wurde. Schon damals verstand man es, die eigentliche Kurienreform zu verhindern. Schon damals hat die Kurie nachträglich den ernst gemeinten Aufbruch zur Reform blockiert, hat viele Zugeständnisse gemacht, die weder mit dem Buchstaben noch mit dem Geist des Konzils vereinbar waren. Schon damals wurde das Konzil zu einem Streitobjekt und die einengende Ausdeutung der Konzilstexte zu einem hemmenden Faktor für das eigentliche Wachstum der Kirche. Alles das sind Aussagen des Experten für das Konzil von Trient, Hubert Jedin.[76] Aber er fährt zu unserem Trost weiter: Auf der Ebene der Ortskirchen machte das Konzil unleugbare Fortschritte, so daß im letzten Jahrzehnt des 16. Jahrhunderts, also mit 30 Jahren Verspätung, die eigentliche Durchführungsphase lief, als Spätfolge der religiösen und geistigen Kräfte, die das Konzil frei gemacht hatte. Als roter Faden habe sich jedenfalls im Konzil die Idee ergeben, daß die Kirche verantwortlich sei für das Heil der Seelen.

Im II. Vatikanum weitete sich dann das Blickfeld glücklich aus: Die Kirche ist verantwortlich für das Heil der Welt. In einer begründet optimistischen Optik möchte ich nun versuchen, die noch vor uns liegende Wirkungsgeschichte des Vatikanum II etwas auszudenken, und in groben und vagen Umrissen antönen, was im kommenden Jahrtausend kraft dieses Konzils erwartet werden könnte. Im Jahr 1980 schrieb ich einen Artikel: „Die letzten 20 Jahre und die nächsten 20 Jahre." Ich schilderte darin die drei wichtigsten Ereignisse zwischen 1960 und 1980, die Entkolonialisierung, das Konzil, die Gestaltwerdung der Weltkirche, und fragte dann nach den weiteren Auswirkungen dieser neuen Lage. Jetzt weitet sich der Bogen natürlich gewaltig, wenn man etwas zum Thema sagen möchte: „Das letzte Jahrtausend und das nächste Jahrtausend." Wir stehen in einer typischen Übergangssituation. Die „neuen" Zehn Gebote Gottes melden sich zwar bereits in gewissen Aufbrüchen an, aber legen sich im übrigen erst in Ideen und Postulaten nahe. Aber die Geschichte lehrt, daß zündende Ideen meist mit einer gewissen Phasenverschiebung dann doch das Leben verändern werden. So kann man, ohne vollständig sein zu wollen, als kennzeichnende Schwerpunkte herausheben:

*Erste Aussage:* Das 2. Jahrtausend war gekennzeichnet durch die Kirche als Hierarchie, durch die Herren Geistlichen, die Fürstbischöfe, die Kardinäle, die Päpste, also durch einen Stand und eine Elite, von der sich das gottsuchende Kirchenvolk völlig abhängig sah, um die heilsnotwendigen Sakramente zu erlangen. Im 3. Jahrtausend wird die Kirche als Volk Gottes zur Geltung, das Charisma aller Gläubigen zum Tragen kommen. Die Fülle von Anregungen aus dem Volk, aus allen Schichten, wird ankommen und zu einer unvergleichlichen Bereicherung des kirchlichen Lebens führen. Die Epoche des Heiligen Geistes wird sich endlich auswirken, wie es am Anfang verheißen war, daß dieser Geist ausgegossen wird über alles Fleisch, über die Söhne und Töchter, die jungen Männer und die Alten, die Knechte und die Mägde, und daß alle Propheten sein werden (vgl. Apg 2,17f.).

*Zweite Aussage:* Das 2. Jahrtausend war gekennzeichnet durch die Kirchenspaltungen, das 3. Jahrtausend wird wieder die *eine* Christenheit sehen. Man kann sich den Skandal der Spaltung einfach nicht mehr länger leisten gegenüber den anderen Religionen und gegenüber der säkularisierten Welt. Man wird darum den verschiedenen Fachkommissionen, die gut arbeiteten und zum Ziel kamen, von den „politischen Kreisen", den Kirchenautoritäten her mehr Beachtung schenken und durch den wirklichen Willen zur Einheit die Einheit erreichen, natürlich in der Vielfalt der kirchlichen Traditionen. Man kann sich denken, daß dann die Strahlungskraft der Kirchen in der Welt und damit auch ihre Anziehungskraft gewaltig verstärkt wird. Von diesem Zug zur Einheit werden natürlich nur die großen ökumenisch gesinnten Kirchen erfaßt werden, nicht die zahlreichen fanatischen „Sekten", die sich um keine Einheit kümmern.

*Dritte Aussage:* Das 2. Jahrtausend war gekennzeichnet durch die Nationalismen mit den vielen innereuropäischen Städte-, Länder- und Weltkriegen; ferner durch den Kolonialismus mit der zweigeteilten Welt: Kolonialmächte und Kolonialländer. Diese zwei -ismen wurden scheinbar überwunden, faktisch aber verlagert und verstärkt durch den „Blockismus", die Aufteilung der Welt in Blöcke, mit den Folgen des Ost-West- und des Nord-Süd-Konfliktes. Das 3. Jahrtausend wird allmählich den Universalismus erleben, die eine Welt und die eine Menschheit, in redlichem technischem und wirtschaftlichem Wettbewerb. Man wird nicht mehr zur Selbstverteidigung oder zur Arbeitsbeschaffung auf Waffenproduktion angewiesen sein, sondern die Genies und die Gelder investieren in Dritte-Welt-Projekte und in die langfristigen Aufgaben zur Bewahrung der Schöpfung. Die Kirchen, die in der Vergangenheit immer viel taten zur Förderung der Kultur, werden in der Förderung dieser Entwicklung ihren wichtigsten Beitrag erkennen und ausführen.

*Vierte Aussage:* Das 2. Jahrtausend war gekennzeichnet durch die Missionen mit ihrer Verkennung der Religionen und Kulturen, durch den Europäanismus mit seiner religiösen, kulturellen, politischen und wirtschaftlichen Hegemonie. Gott sei Dank gelang es nicht, in diesen Jahrhunderten die Weltreligionen „auszurotten", wie man es versuchte und erhoffte. Das 3. Jahrtausend wird nun statt Monolog Dialog sehen. Man wird das Wirken des Heiligen Geistes in allen Menschen und in allen Religionen anerkennen und sich, bei aller Wahrung der eigenen religiösen Identität, gegenseitig bereichern. Das Christentum wird nicht mehr Monopolanspruch erheben, wohl aber sich bemühen, der Welt ein Modell des „Gott-mit-uns“ zu geben.

*Fünfte Aussage:* Das 2. Jahrtausend war gekennzeichnet durch die religiösen Institutionen und ihre Machtstrukturen. Im 3. Jahrtausend werden die religiösen Bastionen vom mündig gewordenen Volk zunächst kritisiert und ignoriert, dann isoliert und demoliert. Es wird nur noch so viel Institution übrig bleiben als nötig ist, um der Interpretation zu dienen, um nicht bloß in Milliarden schwachen Einzelstimmen, sondern auch als weltweite Gemeinschaft den letzten Sinn von allem auch des Unsinns, zu begründen und der Welt die unumstößliche Hoffnung auf Heil zu verkünden.

Das sind nicht Träume, sondern Projektionen der gegenwärtigen Entwicklung in Kirche und Welt in die nähere und fernere Zukunft, kleine Früchte, die aus dem Ertrag des Konzils stammen, die jetzt wachsen und reifen und die man im 3. Jahrtausend ernten kann, nicht in einem idealen, aber immerhin in einem zufriedenstellenden Herbst.

Man kann alles auch mit einem Wort zusammenfassen: Es wird das Zeitalter des Dialoges anbrechen. Im 2. Jahrtausend redete eine Klasse in der Kirche, die Hierarchie, für das Volk; verurteilte eine Kirche die andere; verachtete eine Religion die andere; bekämpfte eine Nation die andere; beutete ein Kontinent die anderen aus. Im 3. Jahrtausend wird man einander achten, miteinander reden und gemeinsame Lösungen finden. Das entspricht dem Zeitalter des Heiligen Geistes, der erneut seine Sprachengabe ausgießen und uns helfen wird, alle historischen Exklusivismen zu überwinden und uns in der Wende zu Gottes Weite heimisch zu finden. Das alles wurde angebahnt durch das Zweite Vatikanische Konzil, das sich als Konzil des 3. Jahrtausends erweisen wird. Der „johanneische Frühling“ wird also nicht bloß eine schöne Episode bleiben und die „johanneische Wende“ nicht bloß eine kurze Periode eröffnet haben, sondern eine neue und lange Epoche, wie es damals die „konstantinische Wende“ tat.

## 14. Kapitel
## Die Kirche erwacht in den Gewissen

Es wäre weder redlich noch realistisch, nach dieser Schau aus Satellitenperspektive mit den hoffnungsvollen Visionen und Erwartungen nun nicht ergänzend in Froschperspektive die konkrete Alltagssituation der Kirche auf uns wirken zu lassen, die weniger optimistisch aussieht, der wir uns aber in aller Offenheit stellen müssen.

Wer in der Kirche mitmacht und Augen hat zu sehen, der lebt in Sorge um sie, um ihre Basis, die zusehends abbrökkelt, um ihre Strukturen, die sich allzu oft als nicht hilfreich erweisen. Für die Bundesrepublik Deutschland – das gleiche gilt ungefähr für die anderen europäischen Länder – verraten uns die Statistiken, daß 1965 noch 55 Prozent der Katholiken sonntags zur Kirche gingen, 1975 noch 35 Prozent, 1985 noch 25 Prozent, wobei es je nach Gegenden 50 oder auch nur 5 Prozent sein können. Die Protestanten rechnen mit durchschnittlich 5 Prozent. Wer gibt uns Grund zu glauben, daß dieser Trend nicht weiterwirken wird und auch die Katholiken in weiteren 20 Jahren bei 5 Prozent angelangt sein werden? Denn die älteren Leute, die „treu geblieben" sind, sterben weg, und von den Jungen rücken wenige nach. In manchen Städten übertrifft die Zahl der offiziellen Kirchenaustritte bereits die Zahl jener, die durch die Taufe neu in die Kirche einziehen.

Dazu kommt, daß der Klerus, früher das Rückgrat der katholischen Kirche, von Jahr zu Jahr älter, rarer, überforderter wird, und nun der Priestermangel, den man seit zehn Jahren kommen sah, in die akute Phase eingetreten ist. In beschleunigtem Tempo werden Pfarreien zusammengelegt, werden die Priester gehetzte Verwalter der Sakramente und des Religionsunterrichtes, leben einsam in ihren großen Pfarrhäusern, was natürlich für den erwünschten jugendlichen Nachwuchs gar nicht attraktiv wirkt, und nicht wenige sagen sich plötzlich: „Mir stinkt es, ich mache nicht mehr mit", und verlassen die Arena.

Noch schlimmer: Die Eltern, die jetzt mit ihrer Verantwortung für die religiöse Erziehung ihrer Kinder auf den Plan treten müßten, sind durch die moderne Zeit weitgehend im Glauben derart verunsichert worden, daß sie nicht wissen, was und wie sie es sagen sollten, so daß man erstmals um die Weitergabe des Glaubens an die kommende Generation bangen muß. In der Art und Weise, wie sie damals selbst religiös gedrillt wurden, möchten sie ihre Kinder nicht erziehen. Für eine neue Art vermissen sie Hilfe und Anleitung, oder es fehlt ihnen einfach an Lust und Interesse, denn „man lebt ja schließlich ganz gut auch ohne Kirche", zumal man die amtliche Glaubenslehre und die römischen Erlässe nicht in sinnvollen Bezug bringen kann zu der alltäglichen menschlichen Erfahrungswirklichkeit, wie es viele Eltern aussagen.[77] Wiederum in Deutschland hat eine Erhebung ans Licht gebracht, daß nur noch 23 Prozent der Katholiken römische Erlässe als erheblich und verbindlich betrachten. Wenn man diese Tatsachen und Tendenzen in die Zukunft hinein weiterzieht, sieht die Kirche auf ihrem Weg zum Jahr 2000 viel weniger rosig aus. Man redet von einer nicht aufsehenerregenden, aber im Endeffekt verhängnisvollen Verdunstung des Christentums.

Alle diese Symptome lassen auf einen Kirchenzustand schließen, den man mit Recht eine Notstandssituation nennen muß. Man fragt sich besorgt: Wie geht es weiter? Vor allem: Was soll man da tun? Im Herbst 1987 ergriffen die Schweizer Bischöfe eine konkrete Notstandsmaßnahme und erlaubten, empfahlen sogar, bei Priestermangel priesterlose Wortgottesdienste zu halten und daß dies auch zur Erfüllung der „Sonntagspflicht" genüge – was ja in Afrika und Lateinamerika schon längst und erfolgreich praktiziert wurde. Kurt Koch bemerkte dazu: „Notsituationen erfordern Notlösungen. Solche Notlösungen weichen zumeist vom vorher selbstverständlichen Ideal massiv ab, und sie sind und bleiben notvoll. Sie entsprechen nicht dem Ideal, sondern richten sich nach dem Prinzip des sogenannten kleineren Übels . . . Aber sie bieten auch neue elementare Chancen. Sie sind vielleicht Nachhilfestunden des Heiligen Geistes."[78] Dieses letzte Wort wird man im Auge behalten müssen.

In Notstandssituationen kann man verschieden reagieren. Die höchste Autorität, in unserem Fall der Vatikan, nimmt seine Verantwortung voll wahr und greift mehr in den Lauf der Dinge ein als es zu normalen Zeiten nötig und wünschenswert wäre. Man kann dem Träger des Petrusdienstes seine bleibende Aufgabe nicht streitig machen, die Brüder und Schwestern im Glauben zu bestärken (vgl. Lk 22,32), wie er es für gut findet. Nun aber scheint im Vatikan die Meinung vorzuherrschen – so sehr man grundsätzlich zum Konzil steht –, daß die Nachkonzilszeit der Kirche viel Unheil gebracht habe: massenweise Austritte von Priestern und Ordensleuten, Verwirrung in der theologischen Lehre, Unbotmäßigkeit der Laien, Verwischung der Grenzen zu den protestantischen Kirchen und den nichtchristlichen Religionen, letztlich ein Versanden und Aufgehen in der säkularisierten Welt. Diese Welt brauche, so folgert man, eine Kontrastgesellschaft, eine in sich geschlossene Kirche mit einer starken Stimme und einer Botschaft, an der nicht zu deuteln und zu rütteln ist. Man scheidet „unzuverlässige" Leute, Professoren, serienweise aus und zieht sich auf eine Art „réduit national", auf eine mit allen Mitteln zu verteidigende Festung zurück. Der Verdacht liegt nahe, daß dieses Konzept stark von Polen beeinflußt sei, das einzige Land Europas, das die Aufklärung nicht durchgemacht und verarbeitet hat, wo sich das katholische Volk unter der strammen Führung der Hierarchie seit Jahrhunderten im unveränderlichen Glauben damals gegen die heidnischen Türken, dann gegen die protestantischen Preußen, jetzt gegen die kommunistischen Russen erhalten hat. Aber man fragt sich sofort, ob dieser Sonderfall ein Modell sein könne für die Kirche in der freien und aufgeklärten Welt, ob man das Rad der Geschichte zurückdrehen und die mittelalterliche polnische Volkskirche mit allen Mitteln der Weltkirche aufdrängen solle – und könne. Die Geschichtsschreibung wird einmal die Antwort geben. Bis dann aber haben wir die Geschichte zu machen.

Als geeignetes Mittel zur Durchsetzung dieser erwähnten Strategie dient das neue Kirchenrecht, das nun rund um die

Erde gilt. Mit seiner Hilfe hofft man die überbordenden Wasser wieder zu kanalisieren. Gegen dieses Kirchenrecht kommen auch die Ordensgenerale und selbst die Bischofssynoden nicht mehr auf. Daran prallen alle berechtigten Fragen und Vorschläge ab. Zu Beginn des Jahrhunderts prägt Alfred Loisy das Wort: „Jesus verkündete das Reich Gottes, aber gekommen ist die Kirche." Ich möchte das heutig so formulieren: „Jesus hinterließ uns das Evangelium, aber woran sich die Kirche orientiert, das ist der Codex." In der Tat, vom Evangelium duldet und macht man leicht Ausnahmen, vom Codex keinesfalls.

Beispiele? Im Evangelium heißt es: „Ihr sollt nicht schwören . . . Euer Ja sei ein Ja, euer Nein ein Nein; alles andere stammt vom Bösen" (Mt 5,34.37). Im Codex aber findet man unter dem Stichwort „Eid" genau 30 Bezugsstellen. Im Evangelium heißt es weiter: „Ihr sollt euch nicht Rabbi nennen lassen; denn nur einer ist euer Meister, ihr alle aber seid Brüder" (Mt 23,8). In Rom aber liest man im „Osservatore Romano" noch täglich die mittelalterlichen Titulaturen: „Ehrwürdige Schwestern, hochwürdige Priester, hochwürdigste Generalobere, Monsignori, hochwürdigste Exzellenzen Herren Bischöfe, hochwürdigste Eminenzen Herren Kardinäle" – nur die Laien bleiben ohne Titel! Noch einmal: Im Evangelium heißt es: „Wenn dich einer auf die rechte Wange schlägt, dann halte ihm auch die andere hin . . . Wer zwei Gewänder hat, der gebe eines davon dem, der keines hat" (Mt 5,39; Lk 3,11). Aber daß höchstens Heilige oder Spinner so handeln, scheint einen kühl zu lassen.

Dafür pocht man immer und immer wieder auf „Humanae vitae" und übersieht, daß der Mehrzahl auch der christlich sein wollenden Eheleute dieses Konzept nicht dient; auf die Einzelbeichte gegenüber den Bußfeiern, und scheint vergessen zu haben, daß die Synode von Toledo 589 die damals von den Mönchen verbreitete Ohrenbeichte eine „verabscheuungswürdige Anmaßung, eine zu billige Art von Buße" (execrabilis praesumptio, foedissime paenitentiam agere) nannte; auf das Verbot, an geschiedene Wiederverheiratete Sakramente zu spenden, denn diese könnten ja auch ohne Sakramente in der Kirche beten, mit Gott versöhnt sein, ein christliches Leben führen – womit man den Sinn der Sakramente völlig aushöhlt. Gegenwärtig mischt sich Rom zu wiederholten Malen in die AIDS-Erklärungen ein und prangert die US-Bischofskonferenz und die italienische Regierung öffentlich an, weil diese zwar die Treue in der Ehe oder die außereheliche Enthaltsamkeit sehr betonen, aber im realistischen Bewußtsein, daß nicht alle Menschen das christliche Eheideal halten können, im Notfall eben die Präservative empfehlen. Man schwimmt also verzweifelt gegen den Strom. Man verwechselt wie farbenblind die „Zeichen der Zeit" mit der bösen Welt. Man klammert sich verbissen an Positionen, die nicht mehr zu retten sind. So verlängert sich von Pius IX. an bis heute die Kontinuität der verpaßten Chancen, oder weniger harmlos ausgedrückt: die Kontinuität der verlorenen Kriege.

Rom aber hält unvermindert an seiner Linie fest und sucht sie durchzusetzen durch die Ernennung von absolut romtreuen Bischöfen. Wenn ein Kandidat sich je in Sachen „Humanae vitae", Pflichtzölibat der Priester, Priesterweihe der Frauen, auf eine nicht romgemäße Weise geäußert hat – und im Vatikan werden all diese Verstöße computerisiert –, fällt er automatisch außer Betracht, so empfehlenswerte Eigenschaften er im übrigen haben könnte.

So wird nun ein Land nach dem anderen von solchen zuverlässigen Hütern des Gesetzes unter Kontrolle gebracht. Angefangen hat es 1972 mit Bischof Gijsen von Roemond in Holland, der ohne jegliche Konsultation des damaligen Kardinals Alfrink noch der niederländischen Bischofskonferenz hineingezwängt wurde und in diese Bischofskonferenz durch sein eigenwilliges, durch Rom gedecktes Handeln bis heute die Spaltung hineingebracht hat. Es ging weiter in den USA, wo es der damalige Apostolische Delegat Jadot verstand, im Lauf von zwölf Jahren die Bischofskonferenz durch junge, pastoral gesinnte Bischöfe zu erneuern und zu einer der fähigsten und mutigsten Konferenz zu machen, während unter dem jetzigen Msgr. Laghi wieder der rückläufige Prozeß systematisch befolgt wird und bereits seine Auswirkungen zeigt. Es folgten Brasilien und Peru, es folgten Wien und Chur, Köln, Salzburg, Feldkirch, und das Ende ist noch nicht abzusehen.

Eine Stufe höher, auf der Ebene der Kardinalsernennungen, kann man die gleiche Politik feststellen. Man sorgt bereits vor für das nächste Konklave, damit dann ein Nachfolger gewählt wird, der diese Linie bestätigt. Rom sieht in diesem Vorgehen eine Überlebensstrategie für die Kirche. Aber es ähnelt stark der Philosophie der „Nationalen Sicherheit" in lateinamerikanischen Staaten, wo alle Rücksichten auf Menschenrecht dem einen Wert, der Aufrechterhaltung von Zucht und Ordnung, man kann auch sagen, den Interessen der Verbündeten, Militär – Regierung – Kapitalismus, untergeordnet sind – natürlich mit dem Unterschied, daß man Rom die Freude an der Macht nicht privaten Interessen zuschreiben wird, sondern dem subjektiv ehrlichen Gefühl der Verantwortung für die ganze Kirche.

Aber das Volk macht nicht mit. Gemeint sind nicht die Gruppierungen des rechten Flügels, die ihre Rom- und Papsttreue nicht laut genug bekunden können, auch nicht die braven Gläubigen, die beten und ihre Seele retten wollen und sich ärgern an diesen Streitereien in der Kirche, sondern jene wachen und mündigen Laien, Priester, Ordensleute, Bischöfe, wie sie das Konzil gewollt und geweckt hat. Sie stellen die echten und erfreulichen Früchte des Konzils dar. Sie leiden darunter, daß sie so wenig bedeuten, daß sie überfahren werden, daß sie sich in Opposition zur Kirche, die man eigentlich liebt, setzen müssen.

Die „Politologen" aus dieser Gruppe kommen in ihren Analysen einhellig zum Schluß, diese erwähnte Strategie Roms beruhe auf einer großen Illusion, denn bei freien, mündigen Menschen komme man mit solchen Haltungen, die eindeutig gegen die Eigenständigkeit der Ortskirchen, gegen den Respekt vor den Bischöfen, gegen den gesunden Glaubenssinn der Laien verstoße, einfach nicht mehr an. Es sei übrigens schwer anzunehmen, „daß das päpstliche Rom wirklich glaubt, eine Weltkirche vornehmlich auf dem Verwaltungs- und Disziplinierungswege zusammenhalten zu können, nur weil sich kommunikationstechnisch die Möglichkeiten dafür bieten" (David Seeber). Die Kirche kann, so heißt es weiter, wegen übergroßer Verrechtlichung und Bürokratisierung den Status quo nicht überschreiten und wird darum „zukunftsunfähig". Eine Kirche, die sich für perfekt hält und die „Suchprozesse der Gesellschaft nicht teilt", wird für die Gesellschaft von morgen bedeutungslos (Franz Xaver Kaufmann). Diese etablierte Kirche „ist zwar einer der größten Arbeitgeber. Man lebt gut in der Kirche. Der Apparat der Kirche wird die Krise der Kirche überleben und gar nicht gemerkt haben, daß das Kirchenvolk inzwischen ausgewandert ist" (Adolf Exeler).[79]

Rom müßte eigentlich *über* den Parteiungen in der Kirche stehen (das gleiche gilt auch von den einzelnen Bischöfen!) und mit dem ihm eigenen Charisma der Einheit und der Versöhnung diese Gruppen zusammenhalten und einander näherbringen. Faktisch aber identifiziert es sich eindeutig und einseitig mit einer Richtung, ernennt Bischöfe aus dieser einen Richtung, ermutigt damit die rechtsextremen Kreise in ihrer hartnäckigen Haltung und bringt so leider die Polarisierung in die Ortskirchen. Auf so unsympathische Weise kann man die Einheit wirklich nicht erzwingen, man kann nur dazu einladen. Ein Bischof, hinter dem ein Gutteil des Volkes nicht stehen kann, spaltet die Kirche und setzt sich selber vor eine sehr undankbare, eine unmögliche Aufgabe.

Kardinal König drückte sich nach dem so positiv verlaufenen Papstbesuch zuversichtlich aus, daß Rom nunmehr bei den Bischofsernennungen die Ortskirchen nicht mehr überfahren könne. Schon wenige Monate später wurde diese Zuversicht bei der Besetzung der Bischofsstühle von Salzburg und Feldkirch regelrecht desavouiert. Die Vorgänge um die Bischofswahl in Köln haben ihrerseits weit über die Bundesrepublik Deutschland hinaus Aufsehen erregt.

„Wider die Entmündigung – für eine offene Katholizität" lautet deshalb der deutliche Titel der Kölner Erklärung katholischer Theologieprofessorinnen und -professoren vom Dreikönigsfest 1989. Der Wortlaut dieses Dokumentes – es wurde von rund 200 Professoren beiderlei Geschlechts in Mittel- und Westeuropa unterzeichnet – wurde erstmals in voller Länge in der angesehenen „Frankfurter Allgemeinen Zeitung“ (Nr. 22, 26. Jänner 1989) publiziert. Die Unterzeichner setzen sich auch mit dem Führungsstil von Papst Johannes Paul II. auseinander und bringen Bedenken vor, die natürlich verschiedene Gremien und Einzelpersönlichkeiten zum Widerspruch reizten.

Zu unserem Thema „Bischofsernennungen“ heißt es in der „Kölner Erklärung“ unter anderem wörtlich:

„Im Hinblick auf die neueren römischen Bischofsernennungen auf der ganzen Welt, vor allem in Österreich, in der Schweiz und hier in Köln, erklären wir: Es gibt traditionelle, auch kodifizierte Rechte für die Mitwirkung der Ortskirchen, welche bis heute die Geschichte der Kirche geprägt haben. Sie gehören zum vielgestaltigen Leben der Kirche. Wenn Ortskirchen durch Bischofsernennungen oder durch andere Maßnahmen (wie in Lateinamerika, in Sri Lanka, in Spanien, in den Niederlanden, in Österreich, der Schweiz und hier in Köln), die oft auf falschen Analysen und Verdächtigungen beruhen, diszipliniert werden, werden sie ihrer Eigenständigkeit beraubt. Die Öffnung der katholischen Kirche für die Kollegialität zwischen Papst und Bischöfen, die eines der zentralen Ergebnisse des Zweiten Vatikanischen Konzils gewesen ist, wird in einem neuen römischen Zentralismus erstickt. Die Herrschaftsausübung, wie sie in den neueren Bischofsernennungen zum Ausdruck kommt, steht im Gegensatz zur Brüderlichkeit des Evangeliums, zu den positiven Erfahrungen mit der Entfaltung der Freiheitsrechte und zur Kollegialität der Bischöfe. Die derzeitige Praxis behindert den ökumenischen Prozeß in wesentlichen Punkten.“

Die „Kölner Erklärung“ nimmt auch auf die permanente Diskussion um die Enzyklika Papst Pauls VI. „Humanae vitae“ von 1968 Bezug. Wörtlich heißt es, „. . . weil sie der Überzeugung sind, die Würde des Gewissens bestehe nicht nur im Gehorsam, sondern gerade auch in der Verantwortung. Ein Papst, der auf diese Verantwortung der Christinnen und Christen im Bereich innerweltlichen Handelns so häufig zu sprechen kommt, solle diese im Ernstfall nicht systematisch mißachten." Klipp und klar sodann die Theologen: „Im übrigen bedauern wir die intensive Fixierung des päpstlichen Lehramtes auf diesen Problembereich."

Der in der „Kölner Erklärung" angesprochene Problemkreis rief keinen Geringeren als den aus Deutschland stammenden römischen Moraltheologen Bernhard Häring, wahrlich kein aufmüpfiger, progressistischer Theologe, auf den Plan. Viel Staub wirbelt seit Herbst 1988 ein unter der Patronanz des Wiener Erzbischofs, Kardinal Groer, in Rom stattgefundener Moraltheologenkongreß auf. So nach und nach wurden Details, genaue Wortlaute in der breiten Öffentlichkeit bekannt. Als Leiter des „Päpstlichen Instituts für Studien über Ehe und Familie" hatte Msgr. Caffarra die Verwendung künstlicher Verhütungsmittel mit der Einstellung eines Mörders verglichen, der es als Übel ansieht, daß sein Opfer existiert. Diese Aussage rief sogar 34 CSU-Landtagsabgeordnete auf den Plan.

Sie bezeichneten in einem nach Rom abgesandten Protestschreiben diesen – wie sie sich wörtlich ausdrückten – „unfaßbaren Vergleich" als schlimmste persönliche Beleidigung praktizierender Katholiken. Mit derart extremer Lieblosigkeit werde die Loyalität praktizierender Katholiken zur Kirche auf eine harte Probe gestellt.

Laut einem Bericht der österreichischen katholischen Nachrichtenagentur „kathpress" ließ es das Münchener Ordinariat nicht bei diesem Protest der engagierten Politiker bleiben, sondern legte vielmehr noch ein Schäuflein nach. In einer Erklärung des Ordinariats heißt es wörtlich: „Es wäre völlig undenkbar, daß in der Seelsorgearbeit der Erzdiözese München und Freising, die sich intensiv und erfolgreich um junge Menschen, junge Eheleute und Familien bemüht, eine derart unverantwortliche Ansicht als kirchliche Lehre vertreten werden könnte."

Bereits sieht man Karikaturen: Ein Bischof mit Stab und Mitra und darunter den Text: „Der neue Hirte kommt", aber die Schäfchen rennen Hals über Kopf davon. Der Papst, und nun auch die Bischöfe, werden immer mehr Zankapfel statt Zeichen der Einheit.

In der kirchlichen Hierarchie gilt immer noch das feudalistische Prinzip: Der höhere Herr weiß alles besser, er läßt sich nicht kritisieren, denn er verfügt über göttliche Autorität. Dieses unkritische Verhalten erzeugt infantile Menschen, und nur solche kommen im System auf. Darum kann dieses System mit selbständig denkenden Menschen nicht umgehen. Die Mehrzahl der heutigen Menschen aber gehört zu dieser letzten Kategorie. Es geht da nicht um ein moralisches Urteil über die römische Kurie, sondern um die epochale Frage: Merkt sie, daß eine neue Epoche gekommen ist, erkennt sie die „Zeichen der Zeit"?

Es kommt einer Häresie gleich zu glauben oder in der Praxis so zu handeln, als ob die Laien und die Ortskirchen nicht auch den Heiligen Geist besäßen. Der Papst müßte also den Heiligen Geist auch über das Kirchenvolk erfahren. Statt dessen handelt man aus Enge, aus Angst, was vom lateinischen Wort „angustia" her miteinander zu tun hat. Wenn man gewisse Leute in der vatikanischen Kurie sieht, gewinnt man den Eindruck, daß sie nicht an den Heiligen Geist und an Jesus glauben, dafür umso mehr sich einbilden, daß sie durch straffe Strukturen hindurch die Kirche retten müssen.

Auf eine solche Kirche macht der Tübinger Bibelwissenschaftler Herbert Haag von der österlichen Frage: „Was sucht ihr den Lebenden unter den Toten?", die Anwendung: „Wann ist eine Kirche tot? Die Antwort auf die Frage ist beunruhigend. Tot oder zumindest im Sterben liegt eine Kirche, von deren Mitgliedern sich zehn Prozent oder noch weniger zum Mahle des Herrn versammeln. Im Sterben liegt eine Kirche, deren Verkündigung sich in der Wiederholung dogmatischer Formeln erschöpft, die aus vergangenen Jahrhunderten stammen und für unsere Zeit unverständlich geworden sind. Im Sterben liegt eine Kirche, in der fragwürdige Traditionen mehr Gewicht haben als das Wort der Schrift. Im Sterben liegt eine Kirche, über deren Theologie sich die Grabesstille ausgebreitet hat, weil ihre Vertreter nichts Neues mehr zu sagen wissen. Im Sterben liegt eine Kirche, die über periphere Aspekte der Marienverehrung langweilige und fruchtlose Debatten führt. Im Sterben liegt eine Kirche, für die das System wichtiger ist als der Mensch und die auf die brennenden Fragen der Zeit keine überzeugende Antwort zu geben vermag. Im Sterben liegt eine Kirche, die von ihren Gliedern kein eigenständiges Denken erwartet, weil ja einer für alle denkt. Im Sterben liegt eine Kirche, in der statt des Vertrauens die Angst herrscht: Angst vor der Veränderung, Angst vor neuen Einsichten, Angst vor der Wirklichkeit, Angst vor der Welt. Wer sich nicht verändert, ist sklerotisch und dem Tode nahe . . .“[80] Das Gefühl der Machtlosigkeit einer machtvollen Kirche gegenüber stammt nicht erst von heute. Schon vor 100 Jahren postulierte Philipp A. von Segesser († 1888), einer der engagiertesten und geistreichsten katholischen Politiker der Schweiz seiner Zeit, das Mitspracherecht der Laien in der Kirche. Er erwartete vom *angesagten* I. Vatikanischen Konzil, daß es Grundsätze aufstelle für die Wiedervereinigung der Christen, für die Stellung der Kirche in der Gesellschaft, für das Verhältnis der Kirche zu den exakten Wissenschaften. Aus Liebe zur Kirche und ihrer Sache kritisierte er sie, nämlich ihre „rücksichts- und kopflose Politik im Kirchenstaat“, den dort üblichen „Servilismus und kriechenden Personenkult“ („Soll denn unser Katholizismus völlig zum Götzendienst werden?“), die enge Haltung gegenüber den neuen Ideen; das Volk wolle sich nicht von Rom trennen, es hange an der kirchlichen Gemeinschaft, nicht wegen des Vatikans, sondern trotz desselben: „Aber ich warne die, welche die Gewalt in den Händen haben, den Bogen nicht so weit zu spannen, bis er bricht . . .“[81] So alte und immer noch heutige Postulate. Man muß staunen, daß das Kirchenvolk die Geduld noch nicht verloren hat, zumal heute die Sache auf die Spitze getrieben wird.

Als Gesamtstrategie, mit der Rom auf die Notstandssituation reagiert, merkt man heraus, daß die Kurskorrektur der Barke Petri, die das Konzil vorgenommen hatte, offenbar als unrichtig wieder rückgängig gemacht wird. Nachdem das

Vatikanum I mit dem Dogma der Unfehlbarkeit und der Universaljurisdiktion des Papstes der Kirche eine starke Zentralgewalt gegeben hatte, sprach das Vatikanum II ergänzend von den Bischöfen, den Ortskirchen, dem kollegialen Führungsstil. Aber nie in der Kirchengeschichte wurde mit soviel Zentralismus regiert wie gegenwärtig. Das Vatikanum II hatte die neue Theologie, die seit 100 Jahren nur auf römischen Widerstand stieß, in die Kirche integriert. Aber seither will man erneut nur die römische Schultheologie als einzige gelten lassen und sucht mit Hilfe der linientreuen Bischöfe wieder einen Konservatismus wie nie zuvor durchzusetzen. Das Vatikanum II hatte für die Doppelfunktion der Kirche, „Mater et magistra", Mutter und Lehrerin zu sein, gemäß der Weisung des Papstes Johannes XXIII. den Akzent klar auf die Mutterfunktion verlagert, dem Menschen unterwegs Verständnis entgegenzubringen und ihm pastorale Hilfe zu leisten. Aber gegenwärtig praktiziert Rom wieder einen Legalismus wie nie zuvor, pocht auf Orthodoxie um jeden Preis, auf Kirchenrecht um jeden Preis.

Unter einer solchen Kirche leiden die besten Christen. Darum schreibt man Protestbücher über die Kirche, wie sie ist, Traumbücher, wie sie sein sollte.[82] Man versendet fast verzweifelte Briefe wie jenen, den ich – neben anderen – zur Zeit der Churer Bischofsaffäre erhielt: „Sie können bestimmt verstehen, daß ich in diesen Tagen sehr traurig bin. Wie sehr hoffen wir in unserer Pfarrei schon seit Jahren auf eine etwas offenere, basisbezogenere Kirchenleitung für unser Bistum. Nun werden mit einem Schlag all unsere Träume zunichte gemacht und alle ermutigenden Aufbrüche an der Basis wieder in Frage gestellt. Ohnmächtig müssen wir zusehen, wie die Glaubwürdigkeit unserer Kirche arg strapaziert wird ... Ich hätte nie für möglich gehalten, daß ich mir je in meinem Leben die Frage stellen könnte, ob ich in dieser Kirche bleiben soll, bleiben darf. Und nun muß ich mich heute allen Ernstes fragen, welchen Machenschaften ich, wenn auch nur indirekt, mit meiner Mitgliedschaft Vorschub leiste ... Im Moment weiß ich keinen anderen Rat mehr außer beten. Für mich ist jedoch beten ohne zu agieren genauso falsch wie agieren ohne zu beten. Sie sind Experte im Kampf mit Rom. Was raten Sie uns zu unternehmen . . .?"

Erst recht Kirche sein, aus Notwehr handeln, seinen Weg gehen!

Wir müssen die betrübliche Zwischenbilanz ziehen: Alle vom Zweiten Vatikanischen Konzil geweckten Erwartungen für eine echte Mitverantwortung des Volkes Gottes, für eine echte Kompetenz der Ortsbischöfe, sind null und nichtig geworden. Alle demokratischen Strukturen – vom örtlichen Pfarrgemeinderat bis hin zur Bischofssynode der katholischen Weltkirche – haben sich als Schaumschlägerei, als Attrappe, als Fata Morgana erwiesen.

Das „Mitdenken und Mitentscheiden" ist zum Nachplappern und Nachtrotten geworden, da Rom in allen konkreten Belangen bereits die Weichen stellt. Man muß Rom wirklich attestieren, daß es sich in Sachen Taktik ausgezeichnet versteht, daß es in den 25 Jahren nach dem Konzil auf raffinierte Weise Schritt für Schritt vorgegangen ist, um wieder alles in den Griff zu bekommen. Die ganze Weltkirche wird so gleichermaßen wie in einem Marionettentheater behandelt: Zappeln und Tanzen an den Schnürchen.

Dieses auf den ersten Blick harte Urteil hat sich in diesem Buch von Kapitel zu Kapitel erhärtet. Man lebt nicht mehr froh in der Gemeinschaft der Kirche, man steht vielmehr machtlos dem Koloß Kirche gegenüber.

Also wie reagieren? Nicht wenige Katholiken hängen ab und sagen offen: „Vor Jahren habe ich noch an der Kirche gelitten, jetzt nicht mehr, es ist mir alles schnuppe geworden." Die anderen, der bessere Teil der Laien, der Priester, auch Bischöfe, entfalten in dieser Notstandssituation spontan eine andere Taktik als Rom und sagen sich: Das zentralistische Kirchenrecht, das für die ganze Weltkirche gelten soll, könne den von Land zu Land, von Fall zu Fall so verschiedenen Situationen nicht gerecht werden. Es müsse darum weitherzig interpretiert und flexibel angewendet werden. Es gehe vor allem darum, sinnvoll zu handeln, nicht so sehr gesetzesorientiert, sondern evangeliumsorientiert, nicht so sehr nach dem Modell Kirche-Lehrerin, sondern nach dem anderen, Kirche-Mutter, also pastoral handeln, nach dem gesunden Menschenverstand, nach dem Gewissen, nach dem Heiligen Geist.

So tat es schon Jesus. Man kann ihm gewiß nicht vorhalten, das Sabbat-Gebot verachtet zu haben. Trotzdem suchte er geradezu die Gelegenheit, auch am Sabbat zu heilen, um den gesetzeseifrigen Pharisäern bewußt zu machen, daß der Sabbat für den Menschen da ist und nicht der Mensch für den Sabbat (Mk 2,27f.). Folglich dürfen, sollen auch die Jüngerinnen und Jünger Jesu um des Menschen willen über den Gesetzen stehen. Das bestätigt sogar das gestrenge Kirchenrecht, das im letzten Satz des ganzen Codex zugibt, das Heil der Seelen, der Menschen, müsse in der Kirche das oberste Gesetz sein.

Wie wohl tut es, im Lateranmuseum in Rom die älteste Jesus-Darstellung aus dem 3. Jahrhundert zu sehen: Die Statue des jugendlichen Guten Hirten, der nach dem Evangelium alle Initiativen zur Rettungsaktion des verlorenen Schäfleins ergreift und nachher – eigentlich übertreibend – alle Freunde und Nachbarn zusammenruft und seine Freude feiert (Lk 15,4–7). Ähnlich hat auch der Prophet Ezechiel Gottes Hirtenliebe geschildert: „Wie ein Hirt sich um die Tiere seiner Herde kümmert, so kümmere ich mich um meine Schafe und hole sie zurück von allen Orten, wohin sie sich am dunklen, düstern Tag zerstreut haben. Auf gute Weide will ich sie führen, im Bergland Israels werden ihre Weideplätze sein. Ich werde meine Schafe auf die Weide führen, ich werde sie ruhen lassen – Spruch des Herrn" (Ez 34,11–15). Erst in den späteren Jahrhunderten, als sich die Kirche den Machtstrukturen des Staates angepaßt hatte, entstanden in den Apsiden der Basiliken die Mosaike des Christus Pantokrator, Imperator, Kyrios, des Allmächtigen, des Herrschers, des Herrn, den man verehrt und fürchtet, während man dem Guten Hirten vertraute. Wir dürfen also ruhigen Gewissens nach dem Modell Jesus-Pastor und der Kirche-Mater handeln.

In erster Linie betrifft das die Bischöfe. Sie sind wirklich die verantwortlichen Hirten ihrer Kirchen, wie es das

II. Vatikanum gesagt hat, also nicht bloß ausführende Instanz der römischen Behörde. Sie sollen gewiß das Kirchenrecht und die römischen Erlässe ernst nehmen, aber dann auch in eigener Verantwortung entscheiden, was für ihre pastorale Notlage das Richtige ist und, wenn nötig auch durch Konflikte hindurch, daran festhalten. Sie haben ihrem pastoralen Fühlen und ihrem Gewissen mehr zu gehorchen als dem Codex.

Sie sollen darüber hinaus auch prophetisch reden, sei es gegenüber anderen, engeren Mitbischöfen, sei es gegenüber Rom. Sie müssen sich als Kollegium der Bischöfe verantwortlich fühlen für die Durchführung des Konzils und dürften jenen Zentralismus, Konservatismus, Legalismus nicht einfach hinnehmen. Gewiß machen sich einzelne stark beim Besuch „ad limina" und bei den Bischofssynoden. Aber sie setzen sich nicht durch. Sie sitzen am kürzeren Hebel. Sie spüren die übermächtige Kurie, die reden und kritisieren läßt und so den Anschein von Redefreiheit gibt, aber sich nicht darum kümmert. Mehr und mehr werden Bischöfe von Rom geradezu verdemütigt und niedergestampft. Es fehlen die Taktiker, die wissen, wie man vorgehen müßte, die nicht eine Palastrevolution, aber doch einen geschlossenen Widerstand organisieren gegen dieses System, das nicht konzilsgemäß ist. Aber das wird von Jahr zu Jahr aussichtsloser, die Chance dazu ist verpaßt, da die „romtreuen" Bischöfe bereits an den meisten Orten die Mehrheit haben. Man müßte den Bischöfen Mut machen, mehr Mut zu haben. Sonst gilt ihnen das Prophetenwort: „Es sind lauter stumme Hunde. Sie können nicht bellen. Träumend liegen sie da und haben gern ihre Ruhe" (Jes 56,10) – ihre Ruhe in konfliktloser Hörigkeit.

Wenn es den Bischöfen nicht genügend gelingt, soll man umso mehr an der Basis pastorell handeln. In einer Notstandssituation kann man nicht immer warten, bis die Weisung von oben kommt. Man muß so rasch und so zweckmäßig wie möglich handeln. Während der zwei Weltkriege hat man an den Fronten und in den Unterständen Weihnachten und Ostern aus gesundem christlichem Instinkt heraus über alle Konfessionen hinweg gefeiert, lange bevor man offiziell von katholisch-evangelischer Ökumene sprach. Im afrikanischen Busch und in den peruanischen Anden tut man vieles, das nicht unbedingt dem Kirchenrecht, wohl aber der gegebenen Situation entspricht. Das darf auch bei uns von verantwortlichen Priestern und Laien getan werden, ob man solches Vorgehen dann moraltheologisch mit dem Prinzip der Epikie, der pastoralen Lösungen, der Situationsethik oder der autonomen Moral rechtfertigt. Natürlich soll man bei solchem Handeln immer auch die Forderungen der Klugheit und der Liebe beachten, wie es schon Paulus im Brief an die Korinther empfiehlt (1 Kor 8,13), um die zersetzende Polarisierung in der Gemeinde möglichst nicht zu verschärfen. Die behutsame Erziehung der Gemeinde zur Mündigkeit spielt dabei eine wichtige Rolle.

In einer Notstandssituation darf und soll man die allgemein anerkannten Prinzipien großzügig auslegen und konkret in die Tat umsetzen. Da wird z. B. das allgemeine Priestertum aller Getauften und die gleiche Würde aller Gläubigen in der Heiligen Schrift, am Konzil und wiederum an der Bischofssynode über die Laien von 1987 sehr deutlich ausgesagt. Man soll nun solche theoretischen Aussagen doch handlungstechnisch konkretisieren und solche Seelsorgsformen ausdenken, die diese prinzipielle Gleichheit zur Geltung bringen und sie nicht wieder durch ängstliche Abgrenzungen Lügen strafen.

Da ist das Evangelium viel großzügiger als das Kirchenrecht. Jesus sandte „die Zwölf" als seine besonders Beauftragten aus (Mk 6,7), aber er sandte auch die zweiundsiebzig Jünger mit dem gleichen Auftrag aus (Lk 10,1), also gewöhnliche Männer – vielleicht auch Frauen –, die von der Lehre Jesu betroffen waren und sie gern in die Dörfer und Städte weitertrugen. Wiederum: Da sagt Jesus zum einen, dem er eine besondere Rolle zugedacht hatte: „Du bist Petrus, der Fels . . . Was *du* auf Erden binden und lösen wirst, das wird auch im Himmel gebunden und gelöst sein" (Mt 16,18). Und kurz darauf: „In jener Zeit sagte Jesus zu den Jüngern: Was *ihr* binden und lösen werdet . . ." (Mt 18,18). Diese letzte

Stelle steht in der sogenannten Gemeinderegel, in der Jesus der Gemeinde, den Gemeinden, auch kleinen Gruppen, auch den Familien als Hauskirche, bewußt macht, daß sie ihre volle Verantwortung übernehmen und ihre täglichen Fragen eigenständig nach dem guten Gewissen, nach dem Heiligen Geist, entscheiden sollen. Man darf dieses Sowohl-Als-auch, diese Betonung des einen wie die Anerkennung der vielen, nicht nachträglich wieder einengen auf eine elitäre, exklusive Gruppe. Alle an Jesus Glaubenden und zu seiner Gemeinde Gehörenden sollen nicht bloß passive Nutznießer, sondern aktive Verwalter der Binde- und Lösegewalt sein. Deren Einschränkungen im sakramentalen Bereich auf die Amtsträger beruht auf einer Entscheidung der Kirche. Aber im nichtsakramentalen Bereich dürfen sich alle Jüngerinnen und Jünger Jesu auf ihre große Vollmacht berufen.[83]

Das könnte konkret etwa heißen: Wenn Schülerinnen und Schüler sich der Lehrerin, dem Lehrer, vielleicht mehr aussprechen als dem Pfarrer, wenn Frauen und Männer ihre inneren Probleme dem Arzt, der sich die nötige Zeit nimmt und Verständnis zeigt, mehr eröffnen als dem Priester, wenn Sterbende vor dem Sterbebegleiter plötzlich so eine Art Lebensbeichte ablegen, dann dürften diese „Beichtväter" ihr „Priesteramt" ernst nehmen und jenen „Pönitenten", die an ihrer Not leiden, die Sündenvergebung im Namen Gottes zusagen und ihnen neuen Mut machen für den weiteren Weg. Man erinnere sich daran, daß bis ins 9. Jahrhundert hinein in den Mönchsgemeinschaften der Starez, der sich durch besondere Charismen der geistlichen Führung auszeichnete, als „Geistlicher Vater" fungierte und den Mönchen die Beichte abnahm, ohne die Priesterweihe zu haben.[84]

Weiter: Wenn Pastoralassistenten zusammen mit einem aufgeschlossenen Priester eine Eucharistiefeier für Kinder oder sonst für kleine Gruppen halten, dürfen sie sich sehr viel Freiheit nehmen und es in Texten und Gebärden so gestalten, daß die Feier nicht nur verstanden, sondern auch gern mitgemacht wird. Ferner: Früher mußte man für alle

Ausnahmen vom Gesetz, wenn ein Bauer am Sonntag heuen wollte, den Pfarrer, wenn ein alter Priester die Messe sitzend lesen wollte, den Nuntius um Dispens bitten. Heute darf die Gemeinde, auch der einzelne, die evangelische Binde- und Lösegewalt in Aktion setzen. Wenn also Christen einen vernünftigen Grund haben, an einem Sonntag nicht in die Kirche zu gehen oder die eheliche Liebe mit gewissen Vorsichtsmaßnahmen auszuüben oder in konfessionsverschiedener Ehe gemeinsam zur Kommunion bzw. zum Abendmahl zu gehen, dann dürfen sie sich selber von der Norm dispensieren und das guten Gewissens tun. Vor kurzem hat Kardinal Ratzinger erklärt, daß alkoholgefährdete Priester die Eucharistie mit ungegorenem Traubensaft feiern dürfen, aber zugleich eingeschärft, daß man dazu in Rom die Dispens erbitten müsse. Da sieht man wirklich nicht ein, warum man für solche Einzelfälle die höchste kirchliche Instanz bemühen solle. Da kann und soll doch der Ortsbischof oder der Ordensobere oder die Gewissensinstanz des einzelnen entscheiden, wann etwas, das an sich gültig ist, auch erlaubt sein kann.

Damit habe ich bereits auf einen Punkt hingewiesen, den man noch etwas ausführen muß, nämlich auf die Bedeutung der Gewissensentscheidung. Bereits 1922 hatte Romano Guardini sein bekanntes Buch „Vom Sinn der Kirche" mit dem Satz begonnen: „Ein religiöser Vorgang von unabsehbarer Tragweite hat eingesetzt: Die Kirche erwacht in den Seelen." Er wollte damit, die „Zeichen der Zeit" erkennend, die Einsichten des Konzils vorwegnehmend, ausdrücken: Die echten und erneuerten Christen empfinden die Kirche nicht mehr in erster Linie als eine außenstehende Struktur und Hierarchie, sondern sie betrachten sich selber als Kirche, als Volk Gottes. Ich möchte diese Formel heutiger so umprägen: Die Kirche erwacht in den Gewissen.

Früher war es doch so, daß in Staat und Kirche einzelne Persönlichkeiten, Adel und Klerus, für die Masse entschieden, und diese nickte und gehorchte – Ausnahmefälle wie die Sklavenaufstände im alten Rom und die Bauernaufstände in den vergangenen Jahrhunderten vorbehalten. Inzwischen aber wurden alle Menschen als Personen entdeckt, ernst genommen und aufgewertet, die nun mitdenken, mitreden, mitentscheiden, in vielen Fällen selbst entscheiden wollen. So stehen wir heute vor der vollendeten Tatsache – ob es die Autorität gern sieht oder nicht, ändert nichts an der Tatsache –, daß die Mehrzahl der Christen nicht mehr den „blinden Gehorsam" gegenüber einer äußeren Autorität praktiziert, sondern – wie schon oben gesagt wurde – einfach sinnvoll, nach dem gesunden Menschenverstand, nach dem Gewissen, nach dem Heiligen Geist zu handeln versucht. Das Konzil hat diesen Tatbestand zur Kenntnis genommen und im Dekret über die Religions- und Gewissensfreiheit, das beträchtlichen Widerstand erfuhr, aber dann doch mit überwältigender Mehrheit angenommen wurde, erklärt: Die eigentliche Würde der Menschen besteht darin, daß sie nicht bloß Ausführende von Befehlen anderer Instanzen sind, sondern „bei ihrem Tun ihr eigenes Urteil und eine verantwortliche Freiheit besitzen und davon Gebrauch machen sollen". K. Rahner erkannte damals vorausahnend, das sei wohl das folgenreichste Dekret des Konzils. Wir sehen in der Tat seine Folgen sich Jahr für Jahr mehr zeigen in einer viel größeren Freiheit, die sich die Christen nehmen.

Natürlich birgt die Gewissensfreiheit auch ihre Gefahren. Sie kann im Sinn des Libertinismus mißbraucht werden, indem man leichthin glaubt, man könne nun alles tun, was man wolle. So ist es nicht gemeint. Gewissensfreiheit setzt mehr Selbstverantwortung voraus als der „blinde Gehorsam". Man muß die Normen des Evangeliums und auch der Kirche in Betracht ziehen, sie dann mit seinem konkreten Fall konfrontieren, mit seiner moralischen Möglichkeit oder Unmöglichkeit, und schließlich in letzter Instanz entscheiden, was ich nun tue. Der Prozeß verläuft also nicht mehr auf der Achse Gesetz – absoluter Gehorsam, sondern nach dem Dreieck Gesetz – eigene Situation – sachgemäßer Gewissensentscheid.

Das Kirchenrecht bleibt dann gewiß ein Faktor meiner Gewissensentscheidung, aber nicht einfach die letzte Norm meines Handelns. Man soll diese Gewissensentscheidung auch nicht idealisieren, als ob nun die meisten Christen das auf vollkommene Weise praktizierten. Man bleibt auch in dieser Hinsicht immer unterwegs und soll es mit der Zeit besser machen, wobei natürlich Versagen und Sünde keineswegs ausgeschlossen sind und man auch offen zugeben soll, daß man nicht zu allem Tun ehrlich stehen kann. Selbstverantwortung wird eines der wichtigsten Themen sein im Gespräch mit jungen und erwachsenen Christen.

Eine zweite Gefahr liegt in der verhärteten Polarisierung, denn auch die Integralisten, die Rechten, die Konservativen berufen sich auf ihre Überzeugung und ihr Gewissen, und sogar sehr hartnäckig. So versteifen sich beide Gruppen auf ihre Positionen, die einen schwören auf das Gesetz, die anderen auf die Freiheit. Man stellt fest, daß neben dem Zug zur Gewissensfreiheit bereits auch ein Gegentrend im Kommen ist: Man will wieder genau wissen, was gilt, und fordert in der Kirche wieder absolute Autorität und Uniformität, ein Mangel an Mut zur Selbstentscheidung.

Trotz ihrer Fragwürdigkeit wird man Gewissensfreiheit nicht mehr aus der Welt schaffen können. „Der Mensch ist in dem Maß erwachsen, als er sich von den Erwachsenen distanziert, die ihn zur Erwachsenheit führten“ (F. Pöggeler). „Das christliche Personalgewissen muß dazu fähig sein, in bestimmten Situationen über einen bestimmten Gesetzeswortlaut hinwegzugehen, um den Grundsinn aller Gesetze, die Liebe, zu verwirklichen, wie es die jeweilige Stunde erfordert; es wird das nicht mit der Parole ‚Befehl ist Befehl‘ entschuldigen können“ (A. J. Novak).

Man denke hier an Dostojewskis Großinquisitor, der im 16. Jahrhundert in Spanien Ketzer am laufenden Band, „zur größeren Ehre Gottes“, verbrennen ließ. Da stößt er eines Tages auf Jesus, der wieder umhergeht, Wunder wirkt und seine Botschaft von Liebe und Freiheit verkündet. Er läßt ihn sofort als gefährliches Individuum in Haft setzen und rechnet ihm eine ganze Nacht lang vor, wie die Freiheit des Glaubens gefährlich sei. Die Masse könne mit der Freiheit nichts anfangen und sei zufrieden, wenn sie Brot habe. Die Kirche habe mit göttlicher Autorität für Gesetz und Ordnung zu sorgen, die Gewissen unter den Gehorsam zu bringen und den Freiheitstaumel zu unterdrücken. „Du aber bist gekommen, uns zu stören. Du hast die Menschen zu Empörern gemacht, wie kleine Kinder, die sich in der Klasse zusammenrotten und den Lehrer davonjagen." Doch diesem Jubel werde bald ein Ende gesetzt und es komme die törichten Buben teuer zu stehen. „Wenn jemand lebt, der mehr als alle Ketzer unseren Scheiterhaufen verdient, so bist du es. Morgen werde ich dich verbrennen!" Jesus aber schweigt die ganze Zeit dem Schreienden gegenüber und küßt ihn nun am Schluß auf dessen blutleere Lippen. Davon wird der Großinquisitor derart betroffen, daß er das Gefängnistor öffnet und hilflos schreit: „Geh hinaus und kehre nie wieder, kehre nie wieder, nie, nie!" Trotzdem ist Jesus mit seiner Botschaft von Liebe und Freiheit wiedergekehrt. Heute redet man mehr denn je von der Gewissensfreiheit, vom „Mut zum Gewissen", vom „Aufstand der Gewissen", von den „Gewissensentscheidungen als Zu-mutungen: Sie verlangen Mut, sie machen aber auch Mut".[85]

Diese Entscheidungs- und Gewissenskirche wird, auch als Minderheitskirche, in kleinen, überzeugten Gruppen, vor Gott und den Menschen mehr Gewicht haben und mehr Zeugniskraft entfalten als die Volkskirche. Sie wird vor allem das Reich Gottes bezeugen, das weit über die Kirche hinausreicht, da Gott sein Reich wie seine Sonne aufgehen läßt über Gute und Böse und seine Liebe wie seinen Regen fallen läßt über Gerechte und Ungerechte, eben weil er der Vater aller ist, dessen Herold, dessen glaubwürdige Personifikation die Christen in der Welt sein sollen.

Der Weg der beschriebenen Gewissensfreiheit kann freilich auch dahin führen – und darin liegt die dritte Gefahr –, daß wir zuletzt eine atomisierte Masse von Einzelchristen und kleinen Grüppchen vor uns haben, aber keine Kirche mehr, was natürlich nicht erwünscht und auch für die Menschheit nicht hilfreich wäre. Denn der einzelne hat keine Stimme in der Welt. Vor allem gegenüber den Strukturen bleibt er machtlos. Es braucht also Kirche, Gemeinschaft aller Jüngerinnen und Jünger Jesu, mit einem bestimmten Maß an Institution und einer starken Stimme. Es bleibt darum zu hoffen, daß das Kirchenvolk unbeirrt seinen Weg der Gewissensfreiheit geht, daß sich aber auch die Kirchenspitze rechtzeitig einen neuen Führungsstil einfallen läßt, indem sie nicht mehr mit autoritären Maßnahmen über die Christen verfügt, wodurch sie sie abstößt, aber nicht eint, sondern im Stil einer geschwisterlichen Kirche – wie es z. B. in Lateinamerika nicht wenige Bischöfe tun – Vertrauen schenkt, hören und lernen kann, animiert und motiviert und so die christlichen Individuen wieder zum Wir-Gefühl, zum Kirchen-Gefühl und damit auch zur koordinierten Aktion als Kirche in der Welt zusammenbringt.

Eine solche Gewissenskirche käme dem Modell der Urkirche viel näher als die Volkskirche, obwohl wir heute nicht in einer Art Reinkarnation die Urkirche wiedergebären, sondern eine glaubwürdige Kirche für das kommende dritte Jahrtausend neu gebären sollen, die nicht länger von der konstantinischen Wende und ihren Machtstrukturen geprägt sein, sondern die johanneische Wende mit ihrer Faszination von Freiheit und Liebe zur Blütezeit bringen wird.

Jetzt kann man sich noch einmal fragen nach den „Nachhilfestunden des Heiligen Geistes". Hat der Heilige Geist vielleicht nicht anstelle der Volkskirche, wo die braven Christen wie selbstverständlich praktizierten, eine neue Kirche, die Gewissenskirche der mündigen Christen, für uns in petto, die auch vor der säkularen Welt des dritten Jahrtausends bestehen wird? Läßt er das gegenwärtige autoritäre, untragbare Kirchenregiment nicht zu, weil es als Reaktion die Bildung der Gewissenskirche geradezu forciert, während es sich selber immer mehr isoliert, bis es zuletzt wie ein altmodisches Prozellangeschirr in Scherben zerschlagen wird? Würde der geistinspirierte Johannes XXIII. nicht zu diesem ganzen Geschehen lächeln und auch darin, wie er es in der Eröffnungsrede zum Konzil mit dem Blick auf die damalige verworrene Zeit sagte, „einen verborgenen Plan der göttlichen Vorsehung sehen, die durch den Ablauf der Zeiten und durch die Werke der Menschen hindurch ihr eigenes Ziel verfolgt"?

Gegenwärtig ist die Volkskirche noch nicht vergangen und die Gewissenskirche noch nicht da. Die „Häutung" der immer noch mittelalterlichen Kirche wird erwartet, aber läßt noch auf sich warten. Das macht die Verunsicherung unserer Zeit aus. Das sind die schmerzlichen Geburtswehen der neuen Zeit, die wir durchstehen sollen in der Hoffnung, daß der Heilige Geist einmal mehr das Chaos zu Kosmos verwandelt, weil er der Schöpfergeist ist, der immer wieder mit unvorhergesehenen Lösungen auf die Kirche und die Menschheit herabfallen kann.

Als Papst Johannes XXIII. merkte, daß die römische Kurie das angesagte Konzil auf sehr konservative Weise vorbereitete, blieb er zuversichtlich und sagte sich im stillen: „Das Konzil nimmt dann die Sache schon an die Hand, und es wird gut herauskommen." So geschah es. Etwas vom ersten, was die Konzilsväter taten, war, die vorbereiteten Schemata zurückzuweisen, von vorne anzufangen und es gut zu Ende zu führen. Gegenwärtig können wir uns nicht auf ein neues Konzil vertrösten. Aber wir dürfen in der Logik des vergangenen Konzils uns sagen: „Das Volk Gottes nimmt die Sache schon an die Hand, und es wird gut herauskommen!" So dürfen wir auch in der gegenwärtigen, unerfreulichen Übergangszeit mit Johannes XXIII. „einen verborgenen Plan der göttlichen Vorsehung" erblicken und zuversichtlich bleiben.

Ziehen wir eine Bilanz des ganzen Buches. In den ersten zwei Kapiteln habe ich auf drei sich anmeldende Leitmotive aufmerksam gemacht. Als erstes drängte sich die Hoffnung auf, daß uns in unserer so schwierigen Zeit Propheten geschenkt werden, die uns den Ausweg zeigen und das Volk mutig voranführen. Auf dem Gebiet der Weltpolitik und der einen Menschheit können wir auf die zwei einzigen überragenden, wenn auch nicht kritiklos hingenommenen Gestalten der gegenwärtigen Zeit hinweisen, Papst Johannes Paul II. und Staatspräsident Michail Gorbatschow. Während der eine nur moralisches Gewicht hat, verfügt der andere über politische Mittel, um seine guten Pläne allmählich in die Tat umzusetzen. Es scheint mir – im

Winter 1988/89 – nur eine Frage der Zeit zu sein, wann ein Gipfeltreffen zwischen diesen zwei Männern zustande kommt. Das wäre dann das kirchenpolitische Jahrhundert-Ereignis. Auf dem Gebiet einer gerechteren Weltwirtschaft und eines wirksameren Umweltschutzes halten wir noch umsonst nach ähnlichen überragenden Gestalten Ausschau. Wir müssen also noch vermehrt darum beten. Wenn uns aber „große Propheten" fehlen, sollen wir umso mehr als „kleine Propheten" in diesem Sinn reden und handeln.

Das zweite Leitmotiv, die Spannung zwischen Dokumenten und Taten, ist uns auf Schritt und Tritt begegnet. Es übt seine ermüdende, geradezu lähmende Wirkung auf uns aus. Wir ersticken an Dokumenten und lechzen nach entsprechenden Taten. Das Konzil anerkannte klar und der Papst betont laufend ohne zu erröten die Autonomie der Wissenschaften, die Aufwertung der Laien, die Dringlichkeit der Ökumene, die legitime Vielfalt in Theologie, Liturgie und Disziplin und vieles mehr, das den „Zeichen der Zeit" entsprechen würde. Aber wehe, wenn man konkret danach handelt! Da werden Theologen und Bischöfe zurückgepfiffen, notfalls auch mit empfindlichen Maßnahmen gezüchtigt und gedemütigt. Genau zehnmal, also nicht bloß in Einzelfällen, sondern als traurige Regel, haben wir von Kommissionen und Fachgutachten und ernsten Vorschlägen gehört, die der Kirche voranhelfen möchten, wo aber Rom mit unerschütterlicher Selbstsicherheit seinen traditionellen Weg geht und infolgedessen – das dritte Leitmotiv – die unheilvolle Kette von verpaßten Chancen verlängert.

Wir können an dieser konkreten Situation unterdessen nichts ändern. Sie wird sich noch verschlimmern. Analysen über Kirche und Christentum in Europa sind angetan, einem noch die letzte Hoffnung zu nehmen. Aber wo die Not am größten, ist Gottes Hilfe am nächsten. Die Hoffnung ist das letzte, das man aufgeben darf. Im übrigen leuchtet genau an den zwei Horizonten, wo die Religion endgültig unterzugehen schien, ein neues Morgenrot auf. Die Wissenschaften, die uns seit 100 Jahren wegen unseres Glaubens verlachten, stehen heute staunend vor unerklärlichen Rätseln und ermutigen uns „Kleingläubige“, doch auf die letzten Geheimnisse und Wunder der Schöpfung und des Schöpfers zu achten. Die Marxisten, die seit 100 Jahren versuchten, mit allen Mitteln gegen die Festung Religion anzurennen, sind heute daran, die unveräußerlichen Rechte der Religion und deren Bedeutung für Kultur und Menschheit anzuerkennen. Beides wird nicht ohne Auswirkung bleiben für die Zukunft der Religion! Darüber hinaus kann auch in Europa zur rechten Zeit ein Einfall des Heiligen Geistes geschehen, der auch in Lateinamerika, in Afrika, in Asien in den letzten 20 Jahren sehr viel zum Guten gewendet hat. Wenn ich vom Heiligen Geist rede, soll das natürlich nicht heißen, daß wir also die Hände in den Schoß legen und auf einen kleinen „Staatsstreich des Heiligen Geistes“ warten sollen. Im Gegenteil: Der Heilige Geist nimmt uns alle sehr ernst und mutet uns sehr viel zu. So schlägt jetzt die Stunde der Wahrheit. Jetzt können wir nicht mehr länger mit dem Finger auf die Kirchenspitze, also auf die anderen, deuten. Jetzt kommen wir nicht mehr ungeschoren davon. Jetzt müssen wir die Hauptaussagen des Konzils ernst nehmen, daß wir, daß ich Kirche bin, daß somit alle Kritik an der Kirche, alle Reform der Kirche, alle Hoffnung für die Kirche bei mir beginnen muß. Wenn dann einige hundert und einige Millionen christliche Ich dafür sorgen, daß prophetisches Reden und Handeln vorkommt, daß die Dokumente schrittweise ausgeführt werden, daß die kleinen und großen Chancen am Schopf gepackt und ausgenützt werden, dann würde – trotz allem anderen – schon einiges besser in der Welt und in der Kirche.

Der Heilige Geist, der uns Augen schenkt zu sehen, er schafft uns auch das Herz zum Handeln. Nichts ist also hoffnungslos, solange wir nicht hoffnungslos zusammenklappen. „Fürchtet euch nicht, ich bin es!“ steht als Wahlspruch in unserem christlichen Wappen.

# Anhang I

## In eigener Sache

Wie auf einer der letzten Seiten dieses Buches ersichtlich wird, kann ich mit diesem Werk ein „silbernes Jubiläum“ feiern, mein 25. Buch präsentieren. 25 Bücher und rund 500 Artikel[86]: das darf man immerhin als eine erfreuliche Ernte betrachten, wenn es sich auch neben der Koryphäe Karl Rahner mit seinen 2000 Werken (freilich sind hier die verschiedenen Auflagen der Bücher einzeln gezählt sowie Bücher, für die er bloß einen Beitrag geliefert hat) und 3000 Artikeln sehr bescheiden ausnimmt – abgesehen vom qualitativen Unterschied. Aber es muß schließlich jeder mit seinem Maß zufrieden sein.

Dieses Jubiläum gibt mir Anlaß zu einer Rückschau, einer Manöverkritik, einer Besinnung über die Typologie und die Resonanz meiner Bücher. Die Inhalte der vorausgegangenen 14 Kapitel beanspruchen keineswegs, brandneue Einsichten auf den Markt zu tragen. Sie wurden schon da und dort in meinen Artikeln und Büchern aufgegriffen, werden aber hier gereift und gesamthaft unter dem neuen Gesichtspunkt der „neuen“ Zehn Gebote Gottes angeboten.

Wenn ich mein Schaffen überblicke, nicht im Sinn einer Autobiographie, sondern eher, wenn man so sagen kann, einer Autoideographie, so zeichnete es sich von Anfang aus durch den interdisziplinären Charakter. Schon bei der Dissertation fügte es sich, da mir Prof. P. De Menasce OP das Thema „Die christliche Terminologie als missionsmethodisches Problem“ nahelegte, daß ich über den theologischen Gartenzaun hinausblicken und mir auch die Kenntnisse der Ethnologie, der Religionswissenschaft und der Linguistik aneignen mußte. In einer zweiten Phase wandte ich mich dem aktuellen Kontext der Missionstätigkeit zu und schrieb viel über die Kirche im sozial-politischen Umbruch Afrikas und Asiens der 60er Jahre, miteingeschlossen die Fragen um Entwicklungshilfe, die schon immer von den Missionen geleistet wurde und jetzt, mit dem ersten Entwicklungsjahrzehnt der UNO 1960–1970, auch von den westlichen Staaten in Angriff genommen wurde. Als weiterer Schritt suchte ich die Herausforderung der Ökumene mit den Mitchristen (gemeinsame Bibelarbeit!) und mit den Nichtchristen aufzuarbeiten, um mich schließlich der inzwischen entstandenen Weltkirche zuzuwenden und, auch im Sinne des Konzils, mit den Postulaten von echter Kollegialität und Dezentralisierung, von echter Inkulturation und legitimer Pluriformität an die Tore Roms zu pochen. Da der diesbezügliche Dialog mit Rom weitgehend auf taube Ohren stieß, tröstete ich mich und viele andere Christen mit dem Träumen von der Kirche und der Kirchenfuturologie, mit der festen Zuversicht, daß sich die Impulse des Konzils doch noch durchsetzen werden, wenn vielleicht auch erst vom Jahr 2001 an.

Als ganzem lag mir nicht so sehr die minuziöse Kleinarbeit, das wissenschaftliche Forschen von scharf abgegrenzten Einzelfragen, sondern eher die Schau aus der Satellitenperspektive, das Aufzeigen der großen Horizonte und Zusammenhänge. Beide Haltungen sind berechtigt und brauchen einander, wenn sich auch der Spezialist an meinen „Verallgemeinerungen“ stoßen mag und ich gewisse enge Wissenschaftler bemitleide. Als eigentlich wissenschaftliche Arbeit kann nur meine Dissertation figurieren. Sie trug mir auch die Einladung zur Bewerbung um den missionswissenschaftlichen Lehrstuhl von drei Universitäten ein (München, Münster i. W., Würzburg), was ich freilich ablehnte, weil ich mich nicht zu diesem Weg berufen fühlte.

Erst die Resonanz macht den Schreiber zum Schriftsteller. Über die Reaktionen auf meine Bücher im Vatikan habe ich im Buch „Von der Kirche träumen“ berichtet. Hier geht es nun um das Echo aus dem breiten Volk. Die ersten zehn Bücher richteten sich vorwiegend an „Missionsinteressenten, Missionsfreunde“. Mit dem elften Buch, „Wo der Glaube lebt", gelang es mir, diesen Kreis zu durchbrechen und dem durchschnittlichen engagierten Christen bewußt zu machen, daß die Missionen, die jungen Kirchen, die Weltkirche, mit unserem heutigen Christsein zu tun haben. Das Buch erlebte in Italienisch vier, in Deutsch sieben, in Englisch zwölf Auflagen. Insgesamt sind meine Bücher in zwölf Sprachen zu lesen (deutsch, italienisch, französisch, englisch, holländisch, dänisch, spanisch, portugiesisch, polnisch, Suaheli, indonesisch, koreanisch).

Dank dieser Bücher wurde ich immer und immer wieder zu Vorträgen und Seminaren in allen Kontinenten eingeladen. Jetzt beschränke ich mich auf Europa, und zwar, mit Rücksicht auf meine Gemeinschaft und meine übrigen Arbeitspläne, auf 70 Vortragstage im Jahr. Von vielen Leuten höre ich immer wieder, daß meine Bücher und Vorträge ihnen helfen, Horizonte zu weiten, Hoffnung zu wecken, den Kopf nicht hängen zu lassen. Ich komme mir insofern keineswegs als einsamer Rufer in der Wüste vor. Ich bestätige viele Christen in ihren Erwartungen einer konzilsgemäßen Kirche und fühle mich von ihnen bestätigt. Diese Annahme durch den „Glaubenssinn des Volkes Gottes" gilt mir als die schönste Anerkennung meines Schaffens.

Natürlich muß man neben dem Konsens auch den Dissens in Kauf nehmen. Das ist normal, eigentlich ein gutes Zeichen. Nur wer nichts sagt, erweckt keinen Widerspruch. Kein Mensch, nicht einmal der Papst, kann es heute allen kirchlichen Geschmäckern recht machen.

Widerspruch erregen vor allem zwei meiner Gedankenkreise: die Kirchenkritik und die Heilshoffnung. Ich kann aber nicht schweigen und brav gehorchen, wenn der römische Zentralismus, Legalismus, Konservatismus wichtigste Impulse des Konzils, gerade im Blick auf die Weltkirche, einfach überfährt. Die deutlichste Kritik am römischen System äußerte ich im Buch „Von der Kirche träumen". Ich wußte, daß ich damit ein sehr heißes Eisen anrührte, und war bereit, alle Risiken einzugehen. Ich rechnete, daß es vielleicht zur Hälfte Anerkennung finde, zur Hälfte auf Ablehnung stoße, und war dann gewaltig überrascht, daß die Proportion viel günstiger ausfiel. Bei keinem anderen Buch bekam ich so viele Reaktionen von Weltpriestern, Ordensleuten, Laien aus der Bundesrepublik, aus Österreich und der Schweiz. Eine Analyse zeitigte folgendes Resultat: 6,79 Prozent machten mir Vorwürfe, das sei unverantwortlich, destruktive Kritik. Zu 93,21 Prozent hingegen wurde mir bestätigt, man hätte das Buch in einem Zug gelesen, wie einen Krimi, man hätte darin trotz der scharfen Kritik eine große Liebe herausgespürt, und vor allem, man sei von der eigenen Resignation in der Kirche befreit worden, hätte neuen Mut bekommen, trotz allem dazuzustehen und durchzuhalten.

Ist diese mir günstige Proportion ein reiner Zufall? Läßt sich daraus nichts beweisen? Im Frühjahr 1988 – im Zusammenhang mit dem „Fall Chur" – fiel mir plötzlich auf, daß sich die gleiche Proportion von Gruppe zu Gruppe der kirchlichen Bevölkerung wiederholte, daß ich also mit meiner Kirchenkritik nicht ein Einzelgänger bin. Darum darf dieser Fall etwas weiter ausgeführt werden.

Die Ernennung von Wolfgang Haas zum Weihbischof von Chur – mit dem Recht der Nachfolge – erregte mit Recht den besseren Teil der Diözese, nicht die stillen Christen, die sich mit dem Beten begnügen, nicht die streitbare „Rechte", die am Papst kein Härchen krümmen und seine Verfügungen keiner Kritik unterziehen läßt, wohl aber jene Kreise, welche die nachkonziliare Kirche in die Zukunft hinein retten wollen.

Auch wenn sich dann die kirchliche Autorität verteidigte, eine solche Ernennung sei im (neuen) Kirchenrecht vorgesehen, es sei also kein Recht verletzt worden, dann liegt eben die Wurzel des Übels im Kirchenrechtsbuch, das solche Schliche vorsieht. Jedenfalls verstieß es empfindlich gegen das psychologische und pastorale Fühlen jenes „besseren Teiles der Diözese", brachte die Spaltung und Polarisierung in die Diözese und löste heftige Proteste aus. Vom Domkapitel, also diesen zuverlässigen, verdienten, vom Bischof selbst als seine Vertrauensmänner ernannten Herren, protestierten 21 von 24. Das Priesterkapitel Schwyz lehnte dieses Vorgehen mit 54 zu 9 Stimmen ab. Der Schwyzer Kantonsrat, also die verantwortlichen Männer und Frauen für das katholische Land Schwyz, beschloß mit 79 zu 3 Stimmen, alle staatsrechtlichen Mittel zu gebrauchen, um den ernannten Weihbischof zum Verzicht auf die Nachfolge zu bewegen. Die römisch-katholische Synode des Kantons Zürich verabschiedete mit 91 zu 3 Stimmen einen Brief an den Bischof und den Nuntius, worin sie ihrer Entrüstung und Enttäuschung über diese Ernennung Ausdruck gaben. Zwei beantragten, den jährlichen Beitrag an das Bistum von 400.000 Franken zu streichen, weil man nur mit solcher harter Währung Druck nach oben ausüben könne. Das lehnte die Synode freilich als „unchristlich und kontraproduktiv" ab, denn man könne Dialog nicht erzwingen, und man wolle nicht selbst gegen Treu und Glauben verstoßen, was man genau an Rom kritisiere.

Bei der Weihe selbst lag ein Menschenteppich vor den Eingängen zur Kathedrale, so daß sich die hohen Gäste den Weg zwischendurch bahnen, gleichsam Menschen(rechte) übertreten mußten. Weihbischof Krenn von Wien kommentierte verächtlich: „Alles schon dagewesen!" Spruchbänder gaben zu bedenken: „Bischöfe – über uns, für uns, mit uns, gegen uns, trotz uns – oder wie?" Also von den wachen, mündigen Christen, wie sie das Konzil weckte, stellte sich – gemäß den obigen Proportionen – die überwältigende Mehrheit gegen jenen absolutistischen Führungsstil der Kirche, der die Menschen- und Christenrechte mit Füßen tritt, das vor allem in Ländern, die von Anfang an auf demokratische Spielregeln aufgebaut waren wie die Schweiz und die USA.

Wie ganz anders sah es im Urchristentum aus, als man die Absichten Jesu noch am besten zu interpretieren verstand! Im Zusammenhang mit dem wichtigsten Problem von damals, dem Übergang von der Judenkirche zur Heidenkirche, das im Apostelkonzil sehr großzügig gelöst wurde, heißt es in Apostelgeschichte 15 dreimal: „Die Apostel und die Ältesten . . ." und noch zusätzlich zweimal: „Die Gemeinde und die Apostel und die Ältesten . . . Da beschlossen die Apostel und die Ältesten zusammen mit der ganzen Gemeinde ..." Und das Ergebnis der ganzen Beratung wurde mit den Worten mitgeteilt: „Der Heilige Geist und wir haben beschlossen ..."

Wie unsagbar weit ist man von diesem urchristlichen Gemeindemodell abgerückt, und das trotz des Konzils, welches die „Gemeinde" wieder aufwerten, die feudalistisch-hierarchische Tradition korrigieren wollte! Wenn dem seither wieder systematisch zuwidergehandelt wird, darf und muß man den Dissens anmelden und sich durch das offene und freie Wort für eine evangeliums- und konzilsgemäße Kirche wehren. Es hat beileibe nicht alles, was in der Kirche vorkommt, schon Existenzberechtigung. Der greise und gebrechliche Yves Congar wiederholt noch von seiner Pflegestation aus sein Axiom: „Man hat das Recht zum Dissens, wenn man glaubt, die Pflicht dazu zu haben", und sein Kollege Karl Rahner übertraf ihn noch in Sachen Freimut. Er begnügte sich wirklich nicht damit, in der Kirche bloß das Weihrauchfaß zu schwingen.[87]

Bei aller Hochschätzung des Petrus-Dienstes darf man nicht einem Infallibilismus (Unfehlbarkeitsideologie), einem Papalismus, gar einer Papolatrie (Papstkult) verfallen, wie es kurz vor der Bischofssynode 1985 sogar in der vatikannahen Zeitschrift „La Civiltà Cattolica" angeprangert wurde, aber wie es von vielen „papsttreuen Katholiken" kritiklos praktiziert wird. Da müssen geschlossene Protestgruppen entstehen, damit der Vatikan merkt, daß der Mechanismus eines absolutistischen Systems nicht mehr spielt. Gewiß kann man sich fragen, ob man nicht zwischen dem totalen Konformismus und der totalen Kritik den dritten, den Mittelweg des leidenschaftslosen Dialogs wählen sollte. Aber wie, wenn die Autorität nicht auf den Dialog eingeht? Da darf man einfach nicht um des lieben Friedens und des Scheins der Einheit willen alles beschönigen oder nur säuselnde Vorbehalte machen. Das System rechnet genau mit diesem friedlichen Weg, mit dem Nachgeben und der Unterwürfigkeit der „guten Katholiken" und setzt sich durch.

Da fragt man sich auch, auf welcher Seite denn heute der

Heilige Geist wirke, auf seiten des Papstes oder der „Rebellen“? Nicht das Entweder-Oder, sondern das Sowohl-Als-auch gibt die richtige Antwort. Mit einem Vergleich: Wenn in einer Familie die Kinder ins Reifealter kommen, sich durchsetzen, sich selber werden wollen und sollen und das dann und wann zu ungemütlichen Szenen führt, steht der Heilige Geist gewiß auf beiden Seiten und bewirkt, daß man durch Spannungen hindurch zum Ziel kommt und man nach zehn, zwanzig Jahren einmal lächelnd auf diese Phase zurückblickt.

Auch als Ordensmann fühle ich mich nicht zum „blinden Gehorsam“ im Orden und in der Kirche verpflichtet, so sehr der Vatikan die Ordensgeneralminister anhält, ihre Untergebenen besser am Zügel zu halten. Wehe einer Kirche, in der die Ordensleute, von denen die meisten Erneuerungsbewegungen im Lauf der Geschichte ausgingen, einmal bloß mehr „der Kirche gehorchen“, in der auch die Theologen und Laien einmal bloß mehr „der Kirche gehorchen“. Dann hätte man bald wieder die Zucht und Ordnung wie in Schulgehegen, wo der gestrenge Lehrer alles kommandiert und lenkt, die Stille und Stimmung wie auf Friedhofswegen, wo man bedrückt des vergangenen Lebens gedenkt.

Ich fahre also fort, aus Überzeugung, aus Gewissenspflicht, auf Dinge im zentralen Verwaltungsapparat der Kirche hinzuweisen, die nicht konzilsgemäß verlaufen. Ich tue das „aus Liebe zur Kirche“, wobei ich unter Kirche nicht in erster Linie den Vatikan verstehe, sondern das Volk Gottes, das weithin am gegenwärtigen System des Vatikans leidet. Im übrigen tönt meine Kritik auch noch recht gedämpft im Vergleich zu anderen Stimmen und wird auch bestätigt von Leuten, die noch mehr hinter die Kulissen schauen konnten als ich. Ich denke an Kardinal Franz König von Wien, der, nicht mehr in der Funktion eines amtierenden Erzbischofs, offen aussprach, wie er vor dem Konzil sofort „die Absicht der römischen Schultheologie bemerkte, die von der traditionellen Linie beherrscht war, jeglichen Schritt nach vorne zu verhindern“, wie auch nachher „die Konzilsminderheit weiterhin ihre ganze Macht einsetzte, um das kurz vorher abgeschlossene Konzil auszuhölen". Entsprechend bewirkt diese kuriale Minderheit auch bei den Bischofssynoden „ein absolut nicht dialogisches Diskussionsklima ... eine geschlossene Gesellschaft, wo alles vorgeplant ist".[88]

Diese Solostimmen offen redender Bischöfe werden orchestriert durch das geschlossene Urteil der wahren Fachleute. Ich denke u. a. an das zweibändige Werk „Das Zweite Vatikanische Konzil. Bilanz und Perspektiven" (Du Cerf 1987), hinter dem die Elite der Jesuiten-Hochschulen in Rom steht (Gregoriana-Universität, Bibelinstitut, Orientalisches Institut), eine kritische Auseinandersetzung mit dem, was das Konzil meinte und was es wurde. Besonders enttäuschend sieht die Bilanz aus im Kapitel über die Kollegialität. Da sei die Kirche „seit dem Konzil kaum einen Schritt vorangekommen", weder bei der bischöflichen Mitbestimmung in der Leitung der Gesamtkirche noch bei der Mitsprache des Volkes Gottes. „Im Gegenteil, gerade auf diesem Gebiet scheint es fast so, als habe ein Großteil der Kirchenleiter die Ergebnisse des Konzils bereits wieder vergessen. Trotzdem: Konzil bleibt Konzil!" (R. Latourelle)

Der gesunde Menschenverstand, der Glaubenssinn, das redliche Denken des Volkes Gottes haben also weiterhin als Korrektiv zu wirken und nicht nachzulassen mit Kritik, solange diese begründet und damit auch berechtigt ist.

Der zweite Stein des Anstoßes – für viele andere jedoch die große befreiende Botschaft – ist meine Heilshoffnung, die ich auch auf die Nichtchristen, seit kurzem auch auf die säkularisierten Mitmenschen anwende (vgl. 8. und 9. Kapitel). Man wirft mir vor, gegenüber dieser zuvorkommenden, allumfassenden, unbegreiflichen Liebe Gottes komme der gerechte und richtende, der rächende und strafende Gott zu kurz. Leider und meistens führt man das nicht mit sachlichen Argumenten an, auf die man Antwort geben könnte, sondern nur mit Berufung auf alte Formeln, nicht auf das Evangelium und das Konzil, und vor allem mit verbittertem Ton, mit triumphalistischer Selbstsicherheit, mit verketzernder Gebärde.

In gewissen Organen, z. B. „Offerten-Zeitung", Beilage Theologisches, die von Inseraten lebt und darum ihre rechtsextreme Theologie gratis in alle Klöster und Pfarreien in Deutschland liefert, oder in „Der Fels", „Timor in Domini", „Das neue Volk" usw., werde ich regelmäßig auf die Hörner genommen und als der größte Häretiker der neuen Zeit dargestellt, da meine Bücher „von Häresien nur so wimmeln". Gegen die von mir geschriebene Nummer von „Ferment"[89] versandte P. Otto Maier als Sprecher für einen „Kreis katholischer Priester" weit herum einen vierseitigen Hetzbrief mit dem Verdikt: „Was hier geboten wird, sollte man schlicht eine Irrlehre nennen ... Wenn Irrlehrer Irrlehrer sind, sollen sie so bezeichnet werden ... Das Böse, das im Gewand als herrlicher Engel des Lichtes erscheint, ist für alle eine trügerische Falle, der Wolf im Schafspelz. Das gleiche taten die falschen Propheten im Alten Testament ... Die Periode des Duldens ist nun vorüber. Der Widerstand erwacht ... Die Religionen sind nicht Heilswege. Götzendienst ist und bleibt Götzendienst, ein Greuel vor Gott, auch heute ..."

Auch Briefe, nicht selten anonym, flattern mir ins Haus. Da bringt mir die Post einen 18seitigen Text über „Unsere Liebe Frau von den Drohungen", worin den schlechten Priestern die Rache Gottes angedroht wird, mit dem anonymen Begleittext: „Lies das nur, du räudiger Hund!" Da drückt mir jemand in einem Brief seine Besorgnis um mein Seelenheil aus und versichert mir, daß man in der Gebetsgruppe oft für mich bete ... Da reagiert ein Missionar aus Afrika und schreibt zynisch: „Daß das ‚Erfolgsbuch des Arther Kapuziners' (Von der Kirche träumen) einen so großen Erfolg hat, ist ein sehr schlechtes Zeichen für die romfeindliche Kirche in der Schweiz, dieser vermeintlichen Gläubigen, die nur nach Irrtümern suchen und die Einzelbeichte abgeschafft haben. Die Schweiz gleicht gegenwärtig einem Saustall ..."

Es tut mir im Herzen weh, Stimmen solcher Gesinnung zu vernehmen. Es tut mir auch leid um die Glaubensnot jener Menschen, die ich verärgere und verunsichere und verhärte, weil sie leider nicht in der Lage sind, die neue Heilshoffnung als befreiende Botschaft anzunehmen. Ich beantworte grundsätzlich alle Zuschriften, die positiven wie die negativen. Den letzteren sage ich, daß ich ihnen das negative Urteil nicht übelnehme, man könne heute in Welt und Kirche in vielen Fragen verschiedener Meinung sein, sollte sich aber doch als Mitmensch und Mitchrist respektieren. An jenen P. Maier wurde ich etwas ausführlicher: „Ich weiß nicht, ob ich über diese Ihre Angriffe gegen mich lächeln sollte – jedenfalls gehe ich zusammen mit vielen Gefährtinnen und Gefährten, die besser über meine Bücher und Vorträge denken, fröhlich meinen Weg weiter –, oder ob ich weinen solle, weil Menschen, die sich auf Jesus berufen, dazu noch Priester, mit Berufung auf Gott derart eng und streng über Mitchristen herfahren. Ob Sie nicht *Ihr* strenges Gebaren an Ihren Mitmenschen auf Gott projizieren, während ich doch glaube, daß Jesus gekommen sei, um uns den Vater zu verkünden, der für die Blumen des Feldes und für die Vögel des Himmels sorgt, wie viel mehr für die Menschen, für alle Menschen, für seine Menschen! Sie täten sich und den Menschen Ihrer Pfarrei einen nützlicheren Dienst, wenn Sie ihnen etwas mehr Frohbotschaft verkünden würden, als so verbissen über jene herzufallen, die sich das zu tun bemühen. Ich möchte Ihnen und Ihrem ‚Kreis katholischer Priester‘ wünschen, daß Sie jetzt auf Weihnachten hin etwas von der ‚erschienenen Güte und Menschenfreundlichkeit Gottes‘ (Tit 3,4) erfahren . . .“

In jener „Offerten-Zeitung“ wurde ich 1981 unter dem Titel „Der Heilsoptimismus in den Büchern von Walbert Bühlmann“ auf 14 langen Spalten (4353–4366) arg zerzaust. Auf solche Artikel nehme ich mir nicht die Zeit zu antworten. Hingegen wurde ein paar Jahre später Hans Urs von Balthasar in derselben Zeitschrift wegen seiner Heilshoffnung unter Beschuß genommen. Er ließ sich das nicht gefallen und antwortete mit seinem Buch „Was dürfen wir hoffen?“ (Einsiedeln 1986), worin er seine Heilshoffnung – nicht Heilsgarantie – von der Bibel, Theologie, Mystik und vom modernen Empfinden her begründet. Es heißt darin auch

(S. 4), der Text sei „vom Präfekten der Glaubenskongregation gelesen“ und offenbar approbiert worden.

Allzu lange haben wir unsere engen, gestrengen, männlichen Kategorien auf Gott angewandt und nicht bedacht, daß Gott auch mütterliche Eigenschaften hat, daß sein „Herz Gründe hat, die (unser) Verstand nicht kennt“ (Blaise Pascal), daß es Aufgabe der Christen ist, im Namen Jesu „Gottes rebellische Liebe“ (K. Marti) der Welt zu verkünden. Jesus selbst hat auch seinen männlichen Gleichnisfiguren mütterliche Eigenschaften zugeschrieben: dem Besitzer des Weinberges, der den in letzter Stunde Gekommenen den gleichen Lohn gibt wie den ersten und sich rechtfertigt: „Darf ich mit dem, was mir gehört, nicht tun, was ich will? Bist du neidisch, weil ich gütig bin?“ (Mt 20,15); auch dem Vater, der dem verlorenen, heimkehrenden Sohn „entgegenlief, ihm um den Hals fiel und ihn küßte“, ihm das beste Gewand anzog, einen Ring an die Hand steckte, für ihn das Mastkalb schlachtete und begann, „ein fröhliches Fest zu feiern“, zum Ärger des gerechten Sohnes (Lk 15,11–32); dem Hirten, der seinem verlorenen Schaf „nachgeht, bis er es findet, und wenn er es gefunden hat, nimmt er es voll Freude auf seine Schultern, und wenn er nach Hause kommt, ruft er seine Freunde und Nachbarn zusammen“, um mit ihnen seine Freude zu teilen (Lk 15,3–7). Das ist ja eigentlich übertrieben. Wegen eines Schäfchens, das eine Zeitlang verloren war, macht kein Hirte solche Geschichten. Aber Jesus will uns lehren: Von der Liebe Gottes kann man nur übertreibend reden und kommt ihr auch dann noch nicht bei.

Arme Menschen, die sich auch als Christen „empören und sagen: Er ist bei einem Sünder eingekehrt!“ (Lk 19,7). Arme Menschen, denen es nicht wohl wäre, wenn sie nicht mehr glauben könnten, daß die Hölle wenigstens die Hälfte der Menschheit verschluckt! So hat man es eben früher geglaubt, und so will man es weiter glauben.

Martin von Cochem (1634–1712), einer der meistgelesenen Schriftsteller aller Zeiten, schrieb damals: „Wie viele Menschen meinst du wohl, daß selig werden? Meinst du wohl der halbe Teil? Meinst du wohl der dritte Teil? Meinst du wohl der vierte Teil? Ach, ich fürchte und fürchte dies gar sehr, daß es nicht geschehen wird. Denn es sagen und lehren es alle heiligen Väter; es sagt und lehrt es Christus, die ewige Wahrheit selbst: Bindet ihm Hände und Füße und werft ihn in die äußerste Finsternis. Denn viele sind berufen, aber wenige auserwählt." Inzwischen hat man Gott sei Dank angefangen, solche Einzelaussagen nach dem Gesamtzusammenhang der Frohbotschaft zu deuten und damit zu relativieren. Aber es bewahrheitet sich wiederum, was Teilhard de Chardin sagte: „Jede neue Wahrheit wird als Häresie geboren." So nehme ich es gerne in Kauf, von gewissen Kreisen als Häretiker gebrandmarkt zu werden.

Ein Vorläufer dieser erneuerten Heilshoffnung mußte es bitterer erfahren. J. Wittig († 1949), der für Ostern 1922 in der Zeitschrift „Hochland" einen längeren Beitrag veröffentlichte, „Die Erlösten", worin er den Christen eine wahrhaft österliche Botschaft zu verkünden suchte, sie von der Sünden- und Höllenangst und auch vom Beichtzwang zu befreien, damit sie „sich doch auch erlöst fühlen und erlöst zeigen und gegen jene losfahren, die ihnen dieses Glück zu hoch hängen". Leider wurde diese Schrift, von vielen mit Dank und Begeisterung aufgenommen, von gewisser Seite als „gefährlich, irrig, protestantisch" nach Rom denunziert, zusammen mit seinem Hauptwerk „Leben Jesu in Palästina, Schlesien und anderswo", mit der Folge, daß der Professor und Priester des Lehramtes enthoben, suspendiert und exkommuniziert und erst 1946 durch Pius XII. wieder versöhnt wurde.

Gegenwärtig liest man verschiedene Artikel über diesen priesterlichen Pionier, der den Menschen Trost und Zuversicht, Befreiung von Angst und Seelennot, vermitteln wollte. Die Pax-Christi-Gruppe von Meschede, wo sein Grab ist, ließ „Die Erlösten" mit der Dokumentation der Auseinandersetzung neu drucken, um diesen „Wegbereiter des Friedens" zu ehren.[90]

Das ist nur ein Beispiel für viele! Man könnte in einer durchgehenden Geschichte von Jesus und Paulus bis in die Gegenwart aufzeigen, wie „neue Lehren" immer Widerstand erregten, sei es bei der Kirchenspitze, sei es beim Kirchenvolk. Gegenentwürfe, welche die starren Denkstrukturen durch bessere ersetzen wollten, hatten immer Mühe, anzukommen, und deren Urheber endeten allzuoft auf dem Scheiterhaufen. Aber aus den Ketzern von gestern wurden die Propheten für morgen.[91]

Wie die Befreiungstheologie in Lateinamerika mit ihrem sozialen Akzent bei denen, die sich für „Zucht und Ordnung" verantwortlich fühlten, als Kommunismus verleumdet und verfolgt wird, so stößt auch die Befreiungstheologie in Europa mit ihrem moralischen Akzent der Heilshoffnung bei gewissen Anwälten der Gerechtigkeit Gottes auf hartnäckigen Widerstand. Aber Gott wird in beiden Fällen seinen „Exodus heute" zum guten Ende führen, und sein Volk wird ihm das Jubellied der Befreiung singen.

# Anhang II

## Verzeichnis der Bücher Walbert Bühlmanns

1. Die christliche Terminologie als missionsmethodisches Problem, dargestellt am Swahili und anderen Bantusprachen, Schöneck 1950.
2. The Word is made Flesh. A collection of sermons in Swahili, Kipalapala 1953.
3. Unbekannte Apostel. Leben und Wirken von 30 Kapuzinerbrüdern in Heimat und Mission, Luzern (o. J.).
4. Feuer auf Erden. Lebensbilder von acht Kapuziner-Missionaren, Zürich 1958.
5. Afrika leo na kesho. Ndanda 1958. $^{5}$1966.
6. Der ewige Auftrag in der heutigen Zeit. Ein aktuelles Bildungsbuch über Fragen der Weltmission, München 1960.
7. Afrika, gestern, heute, morgen, Herder-Bücherei, Freiburg i. B. 1960.
8. Die Kirche unter den Völkern. Afrika, Mainz 1963.
9. Pionier der Einheit. Bischof Anastasius Hartmann, Zürich 1966.
10. Sorge für alle Welt. Pfarrei in neuer Verantwortung für die Mission der Kirche, Freiburg i. B. 1967.
11. Wo der Glaube lebt. Einblicke in die Lage der Weltkirche, Freiburg i. B. 1974. $^{7}$1980.
12. Coraggio, Chiesa. Saggi di spiritualità ecclesiale, Torino 1976.
13. Wandlung zum Wesentlichen. Der Sinn der Evangelisierung, Münsterschwarzach 1976.
14. Missionsprozeß in Addis Abeba. Ein Bericht von morgen aus den Archiven von heute, Frankfurt a. M. 1977.
15. Alle haben denselben Gott. Begegnung mit den Menschen und den Religionen Asiens, Frankfurt a. M. 1978.
16. Ein Missionsorden fragt nach seiner Zukunft, Münsterschwarzach 1979.
17. Wenn Gott zu allen Menschen geht. Für eine neue Erfahrung der Auserwählung, Freiburg i. B. 1981.
18. Baue meine Kirche auf. Franziskanische Inspirationen aus der Dritten Welt, Düsseldorf 1983 (herausgegeben zusammen mit Leonardo Boff).
19. Weltkirche – Neue Dimensionen – Modell für das Jahr 2001. Graz 1984. $^{3}$1988.

20. Leben – Sterben – Leben. Fragen zu Tod und Jenseits, Graz 1985. $^{2}$1987.

21. Von der Kirche träumen. Ein Stück Apostelgeschichte im 20. Jahrhundert, Graz 1986. $^{4}$1987.

22. Selige Schwester Ulrika Nisch. Er hat auf meine Niedrigkeit geschaut, Beuron 1987. $^{3}$1988.

23. Selig die Träumenden, Luzern 1988.

24. Als der Urknall passierte . . . Tagebuchnotizen zur Menschheitsgeschichte, München 1989.

25. Wer Augen hat zu sehen . . . Was Gott heute mit uns Christen vorhat, Graz 1989.

# Anhang III

## Die Dokumente des Zweiten Vatikanischen Konzils 1962–1965

1. Die Konstitution über die Heilige Liturgie
   „SACROSANCTUM CONCILIUM".
2. Das Dekret über die sozialen Kommunikationsmittel
   „INTER MIRIFICA".
3. Die dogmatische Konstitution über die Kirche
   „LUMEN GENTIUM".
4. Das Dekret über die katholischen Ostkirchen
   „ORIENTALIUM ECCLESIARUM".
5. Das Dekret über den Ökumenismus
   „UNITATIS REDINTEGRATIO".
6. Das Dekret über die Hirtenaufgabe der Bischöfe in der Kirche
   „CHRISTUS DOMINUS".
7. Das Dekret über die Ausbildung der Priester
   „OPTATAM TOTIUS".
8. Das Dekret über die zeitgemäße Erneuerung des Ordenslebens
   „PERFECTAE CARITATIS".
9. Die Erklärung über die christliche Erziehung
   „GRAVISSIMUM EDUCATIONIS".
10. Die Erklärung über das Verhältnis der Kirche zu den nichtchristlichen Religionen
    „NOSTRA AETATE".
11. Die dogmatische Konstition über die göttliche Offenbarung
    „DEI VERBUM".
12. Das Dekret über das Laienapostolat
    „APOSTOLICAM ACTUOSITATEM".
13. Die pastorale Konstitution über die Kirche in der Welt von heute
    „GAUDIUM ET SPES".
14. Das Dekret über Dienst und Leben der Priester
    „PRESBYTERORUM ORDINIS".
15. Das Dekret über die Missionstätigkeit der Kirche
    „AD GENTES".
16. Die Erklärung über die Religionsfreiheit
    „DIGNITATIS HUMANAE".

# Anmerkungen

1 Olten, 1986, Nr. 55.

2 Vgl. das Buch von D. Sölle, Ein Volk ohne Visionen geht zugrunde, Wuppertal 1986.

3 Die Zahlen sind entnommen dem Annuarium Statisticum Ecclesiae 1985, Ex Urbe Vaticana 1987 (die Veröffentlichung erfolgt stets zwei Jahre nach dem tatsächlichen Befund).

4 J. B. Metz, Im Aufbruch zu einer kulturell polyzentrischen Weltkirche, in: Zeitschrift für Missionswissenschaft, Münster i. W. 1986, 140–153, bes. 140.

5 K. Rahner, Sendung und Gnade, Innsbruck 1966 (erste Auflage 1959), 13–47: Theologische Bedeutung der Position der Christen in der modernen Welt.

6 Mehrere Beiträge in G. Barauna, De Ecclesia. Beiträge zur Konstitution über die Kirche, Freiburg i. B. 1966. K. Rahner und J. Ratzinger, Episkopat und Primat, Freiburg i. B. 1961. H. de Lubac, Les Eglises particulières dans l'Eglise universelle, Paris 1971. R. Minnerath, Le pape, évêque universel ou premier des évêques? Paris 1978. J. M. R. Tillard, L'évêque de Rome, Paris 1982.

7 Vgl. dazu H. Schüngel-Straumann, Der Dekalog – Gebot Gottes? Stuttgart 1973. F. L. Hassfeld, Der Dekalog. Seine späteren Fassungen, die originelle Komposition und seine Vorstufen, Göttingen 1982. F. Furger, Die zehn Gebote, Spielregeln des Lebens, Freiburg (CH) 1983. A. Exeler, In Gottes Freiheit leben. Die zehn Gebote, Freiburg i. B. [3]1985. J. Fuchs, Christliche Moral. Biblische Orientierung und menschliche Wertung, in: Stimmen der Zeit, Oktober 1987, 671–684.

8 H. Küng, Theologie im Aufbruch, München 1987, 224f.

9 F. Dessauer und X. von Hornstein, Seele im Bannkreis der Technik, Olten 1945.

10 Weiter ausgeführt in meinem Buch Leben – Sterben – Leben 37–72. Vgl. auch H. P. Dürr (Hg.), Physik und Transzendenz. Die großen Physiker unseres Jahrhunderts über ihre Begegnung mit dem Wunderbaren, Bern [4]1987. H. A. Müller (Hg.), Naturwissenschaft und Glaube, Verlag Scherz 1988.

11 L. Kaufmann, Ein ungelöster Kirchenkonflikt. Der Fall Pfürtner, Freiburg 1987, 1219 Seiten.

[12] Weiter ausgeführt in Kaufmann, a. a. O., 40–59.

[13] Club of Rome, Das menschliche Dilemma. Zukunft und Lernen, München 1979.

[14] U. Ruh, in: Herder Korrespondenz, Dezember 1987, 565.

[15] P. Beyerhaus, Die Selbständigkeit der jungen Kirchen als missionarisches Problem, Wuppertal 1956.

[16] Über diese letzteren vgl. W. Ludin–Th. Seiterich–P. M. Zulehner (Hg.), Wir Kirchenträumer. Basisgemeinschaften im deutschsprachigen Raum, Olten 1987.

[17] E. Klee, Gottesmänner und ihre Frauen, Frankfurt a. M. 1979, 47.

[18] Vgl. z. B. Solidaritätsgruppe engagierter Christen in Österreich, Gottes Töchter und seine mächtigen Söhne, Salzburg 1981. Priester für Gleichberechtigung. Pastoralbrief über die volle Gleichberechtigung in der Kirche, München 1987. W. Beinert (Hg.), Frauenbefreiung und Kirche, Regensdorf 1987. E. Cutting, Offensive gegen den Patriarchalismus, Freiburg i. B. 1987.

[19] Uta Ranke-Heinemann, Eunuchen für das Himmelreich, Hamburg 1988.

[20] Vgl. L. Höfer, Otto Karrer 1888–1976, Freiburg i. B. 1985.

[21] H. Fries und O. H. Pesch, Streiten für die eine Kirche, München 1987, bes. 150–171.

[22] H. Fries und K. Rahner, Einigung der Kirchen – eine reale Möglichkeit, Freiburg i. B. 1983.

[23] K. Lehmann und W. Pannenberg (Hg.), Lehrverurteilungen – kirchentrennend? Freiburg i. B. – Göttingen 1986. Vgl. auch Fries–Pesch, a. a. O., 85–134.

[24] O. Cullmann, Einheit durch Vielfalt, Tübingen 1986, 22.

[25] W. Brandt, Der organisierte Wahnsinn, Köln 1985.

[26] L. R. Brown, Zur Lage der Welt 87/88. Daten für das Überleben unseres Planeten, Frankfurt a. M. 1987.

[27] C. F. von Weizsäcker, Die Zeit drängt, München 1986, 28.

[28] N. Lohfink, Der Geschmack der Hoffnung, Freiburg i. B. 1983, 117.

[29] Man vergleiche dazu die Dokumentation: Weltkirche. Ein gemeinsamer Dienst der Werke Adveniat, Misereor, Missio. Ferner: F. Hengsbach (Hg.), Gegen Unmenschlichkeit in der Wirtschaft. Der Hirtenbrief der katholischen Bischöfe der USA „Wirtschaftliche Gerechtigkeit für alle“, Freiburg i. B. 1987.

[30] Z. B. in seinem Buch: Zärtlichkeit und Kraft. Franz von Assisi mit den Augen der Armen gesehen, Düsseldorf 1983.

[31] Helder Camara, Die Bekehrung eines Bischofs, Wuppertal 1978.

[32] Vgl. A. Longchamps–A. Perrot–S. de Pury, L'honneur perdu des évêques argentins, Genève 1987.

[33] Päpstliche Kommission „Justitia et Pax“, Selbstverantwortung. Der dritten Entwicklungsdekade entgegen, Vatikan 1978.

[34] V. Cosmao, Dossier nouvel de l'ordre mondial. Les chrétiens provoqués par le développement, Chalet 1978.

[35] C. F. von Weizsäcker, Zum Weltbild der Physik, Zürich 1954.

[36] Vgl. H. Fischedick, Von einem, der auszog, das Leben zu lernen. Glaube und Selbstwerdung, München 1987, 165f.

[37] M. Hay, Failure in the Far East, Wetteren, Belgium 1956.

[38] Einen Anfang dieser Art machte J. G. Healey, A Fifth Gospel. The experience of black christian values, Maryknoll 1981.

[39] Als Paul VI. am Pfingstfest 1964 die Errichtung des Sekretariats für die Nichtchristen ankündigte, sprach er von der „Konzilsatmosphäre der Einheit und des Verstehens unter allen Gläubigen" (!). Das Dokument dieses Sekretariats von 1984 über Dialog und Mission sprach im Entwurf auch von den „Glaubenden anderer Religionen", mußte dann aber – offenbar unter Druck – ändern in „Anhänger anderer Religionen".

[40] Weiter ausgeführt in meinem Buch: Wenn Gott zu allen Menschen geht. Für eine neue Erfahrung der Auserwählung.

[41] J. Hick und P. F. Knitter (Hg.), The myth of christian uniqueness. Towards a pluralistic theology of religions, Maryknoll 1988. Vgl. auch P. F. Knitter, Ein Gott – viele Religionen. Gegen den Absolutheitsanspruch des Christentums, München 1988.

[42] Weiter ausgeführt in H. Küng, Theologie im Aufbruch 298–306.

[43] P. Puthanangady (Hg.), Sharing worship. Communicatio in sacris, Bangalore 1988. Vgl. J. Neuners Bericht über dieses Seminar in: Zeitschrift für Missionswissenschaft und Religionswissenschaft, Münster i. W. 1988, 240–248.

[44] H. Bürkle, Die Rolle des Vatermotivs in den Gottesvorstellungen des neuern Hinduismus, in: A. Falaturi (Hg.), Universale Vaterschaft Gottes und Begegnung mit den Religionen, Freiburg i. B. 1987, 115–133.

[45] Vgl. G. Evers, Ist Christus der einzige Weg?, in: Publik Forum, Jänner 1988, 29f.

[46] Vgl. Fußnote 5.

[47] Missionszentrale der Franziskaner (Hg.), Pastorale und franziskanische Prioritäten im Kontext der Ortskirchen Asiens, Lateinamerikas und Europas, Bonn 1988, 13f.

[48] L. A. Elchinger, Sät die Kirche auf Beton?, Freiburg i. B. 1988.

[49] J. Sudbrack, Neue Religiosität. Herausforderung für die Christen, Mainz 1987. M. Kehl, New age oder Neuer Bund? Christen im Gespräch mit Esoterik, Okkultismus, Wendezeit, Mainz 1988.

[50] J. Paillard, Christ unter Atheisten, Frankfurt a. M. 1971. W. Kerber (Hg.), Säkularisierung und Wertewandel, München 1987.

[51] Vgl. K. Rahner, Schriften zur Theologie XIII, 226–251; XIV, 236.

[52] H. Lübbe, Religion nach der Aufklärung, Graz 1986, 14.

[53] R. Malek und M. Plate (Hg.), Chinas Katholiken suchen neue Wege, Freiburg i. B. 1987.

[54] Weiter ausgeführt aufgrund der Theologie der Bibel, der Väter, des Mittelalters, der Mystik, des modernen Empfindens bei: H. U. von Balthasar, Was dürfen wir hoffen?, Einsiedeln 1986.

55 Vgl. F. Alt, Liebe ist möglich. Die Bergpredigt im Atomzeitalter, München 1985.

56 Th. Later, Ziviler Ungehorsam, Baden-Baden 1986.

57 Vgl. M. Gorbatschow, Perestroika – Die zweite russische Revolution. Eine neue Politik für Europa und für die Welt, München 1987. Ch. Schmid-Häuer, Michail Gorbatschow, München [5]1987.

58 Abgedruckt in: Frankfurter Rundschau, 24. September 1987.

59 F. J. Strauß, Sowjetunion – quo vadis?, in: Bulletin des Schweizerischen Bankmagazin 3/88, 11–13.

60 R. Schneider, Gesammelte Werke, Insel Verlag VIII, 449, 374.

61 Modellhaft durchgeführt in: M. Kehl, Eschatologie, Würzburg 1986.

62 D. Meadow, Die Grenzen des Wachstums, Stuttgart 1972.

63 M. Wöhlcke, Umweltzerstörung in der Dritten Welt, München 1987.

64 Vgl. F. Vorholz, Mehr Schmutz als Schutz. Die Verantwortlichen in Brüssel blockieren einen wirksamen Umweltschutz, in: Die Zeit, Hamburg, 29. Januar 1988.

65 C. Overman, Four alternativ futures, Washington 1980.

66 Vgl. etwa das pessimistische Buch von C. Amery, Das Ende der Vorsehung. Die gnadenlosen Folgen des Christentums, Hamburg 1972.

67 K. Traube u. a., Der Atom-Skandal, rororo-aktuell 1988.

68 A. Auer, Umweltethik, Düsseldorf 1984, bes. 134.

69 K. Rahner, Schriften zur Theologie XV, Zürich 1983, 177f. Vgl. auch B. Stähelin, Urvertrauen und zweite Wirklichkeit, Zürich 1973. P. Tournier, Geborgenheit – Sehnsucht des Menschen, Freiburg i. B. 1971. V. E. Frankl, Die Sinnfrage in der Psychologie, München 1981.

70 E. Schillebeeckx (Hg.), Mystik und Politik. Festschrift J. B. Metz, Mainz 1988.

71 A. Fauser (Hg.), Die Bamberger Apokalypse, mit einem Essay von R. Schneider, Frankfurt a. M. 1962.

72 J. Haas, Kirche in der Jahrtausendwende. Eine Literaturauslese zur Zukunft der Kirche, in: Theologisch-praktische Quartalschrift, Linz 1986, 182–189.

73 H. Eberhard, Konstantin der Große. Eine Biographie, Düsseldorf 1984; vor allem 19 und 317–326.

74 H. von Campenhausen, Die Entstehung der Heilsgeschichte, in: Saeculum 21 (Freiburg i. B. 1970) 189–212, bes. 211f.

75 J. Comblin, Der Heilige Geist. Bibliothek Theologie der Befreiung, Düsseldorf 1988.

76 H. Jedin, Geschichte des Konzils von Trient, IV/2, Freiburg i. B. 1975, 242–258: Rückblick und Ausblick.

77 Schweiz. Pastoralsoziologisches Institut, Junge Eltern reden über Religion und Kirche, Zürich 1986.

78 K. Koch, Not bringt es an den Tag, in: Schweizerische Kirchenzeitung, Luzern 1987, 726–732.

79 D. Seeber, Die große Illusion, in: Herder Korrespondenz, Juli 1988, 305–309. F. X. Kaufmann und J. B. Metz, Zukunftsfähigkeit. Suchbewe-

gungen im Christentum, Freiburg i. B. 1987. A. Exeler, Muß die Kirche die Jugend verlieren? Freiburg i. B. 1981.

80 Luzerner Tagblatt, 2. April 1988.

81 A. Wettstein, Philipp A. von Segesser zwischen Ultramontanismus und Liberalismus, Freiburg (CH) 1975.

82 Von H. U. von Balthasar, Der antirömische Affekt, Freiburg i. B. 1974, zu N. Greinacher und H. Küng (Hg.), Katholische Kirche – wohin? – wider den Verrat am Konzil, München 1986.

83 Vgl. H. Vorgrimmler, Buße und Krankensalbung, Fasz. 3, Band IV: Handbuch der Dogmengeschichte, Freiburg i. B. 1978, 16f.

84 I. Smolitsch, Leben und Lehre der Starzen, Freiburg i. B. 1988.

85 H. Windisch (Hg.), Mut zum Gewissen. Einladung zu einer riskanten Seelsorge, Regensburg 1987. A. J. Novak, Gewissen und Gewissensbildung heute in tiefenpsychologischer Sicht, Wien 1978.

86 Im Buch „Wandlung zum Wesentlichen" wurden bis 1976 242 Artikel (unter Auslassung von kleineren Beiträgen, Besprechungen usw.) bibliographisch nachgewiesen. (Von dort an bis heute würde es ungefähr wieder eine gleiche Anzahl ergeben.)

87 Vgl. Y. Congar, Entretiens d'automne, Paris 1987, 98. K. Rahner, Das freie Wort in der Kirche, Einsiedeln 1955. Ders., Freiheit und Manipulation in Gesellschaft und Kirche, Herder-Bücherei 596. H. J. Fischer, Der heilige Kampf. Geschichte und Gegenwart der Jesuiten, München 1987, 231–238. P. Imhof (Hg.), Karl Rahner, Bilder eines Lebens, Zürich 1985, 126f. M. Seckler (Hg.), Lehramt und Theologie, unnötiger Konflikt oder heilige Spannung? Düsseldorf 1981.

88 F. König, Der Weg der Kirche. Ein Gespräch mit G. Licheri, Düsseldorf 1986.

89 Ferment, Gossau-Limburg a. L., Oktober 1987.

90 J. Wittig, Meine „Erlösten" in Buße, Kampf und Wehr, Meschede.

91 H. Häring und K. Kuschel, Gegenentwürfe. 24 Lebensläufe für eine andere Theologie, München 1988.

# Nachwort des Verlegers

Wenn der Autor dieses Buches den Abschluß seiner Arbeit am Manuskript mit dem „30. Jahrestag der Ankündigung des Zweiten Vatikanischen Konzils“ angibt, will er mehr als ein Datum für die Literatur- oder Kirchengeschichte festhalten. Er stellt den Bezug her und bringt zum Ausdruck, daß er die von dort ausgegangenen Impulse fortführen will. Nichts anderes will der Verlag Styria mit seinem religiösen Programm. Auch er gedenkt im Jahre 1989 eines besonderen Ereignisses, an das er rückgebunden ist: seiner Gründung vor 120 Jahren. So mag es erlaubt und als organische Ergänzung dem Leser willkommen sein, auf eine spezifische Verbindung zwischen Konzil und Verlag zurückzublicken.

Wie war die kometenhafte Bahn der johanneischen Ankündigung zu erklären, deren Leuchtkraft heute zu verblassen scheint? Viele Ursachen sind genannt worden: das Erwachen der Kirche in den Seelen, die Liturgiebewegung der 30er Jahre, der Nachholbedarf zur allgemeinen geistigen Entwicklung, die neuen Erkenntnisse der Exegese, die Entwicklung der Theologie allgemein usw. usw. Alle diese Ursachen haben mehr oder weniger mitgewirkt. Eine instrumentale Ursache übersehen ließe aber in dem Puzzlespiel der Begründung ein Feld unbesetzt: die katholischen Verleger jener Zeit. Sie bereiteten das Konzil durch die Veröffentlichungen ihrer Autoren vor und sicherten ihm, begleitend, jene weitreichende Akzeptanz, die es tatsächlich hatte. Sie vermittelten, was an Neuem andrängte, und dazu waren Klugheit, Denken mit der Kirche und – in den Zeiten des Imprimaturs – Courage erforderlich. Willy Schreckenberg, der den Verlag Styria in den Jahren 1952–1970 leitete, war einer von ihnen.

Der 1904 geborene Westfale lernte den Buchhandel von der Pike auf, wandte sich dann dem Studium an der Universität Münster zu, von dem er allerdings 1935 wegen „mangelnden staatspolitischen Bewußtseins“ ausgeschlossen wurde. Nach den Jahren des Krieges kam er als Lektor zum Kerle Verlag (Heidelberg) und schließlich 1952 nach Graz zu Styria. Mit ihm begann ein neuer Aufstieg des traditionsreichen Buchverlages, der in seiner langen, 1869 begründeten Geschichte wohl durch historische Literatur und populäre Belletristik bekannt geworden war, aber kaum durch religiöse Avantgarde. Der vom Krieg gesundheitlich schwer mitgenommene Verleger wollte gerade diese. „In immer neuer Verantwortung und in lebendiger Aufgeschlossenheit die Fragen stellen, die Geschichte und Zeit dem Christen aufgeben“ (1959), war das Ziel seiner Produktion. Seine Bücher sollten nicht nur christlich, sondern zugleich auch der Situation gerecht sein, und was der Situation nicht gerecht war, das war seiner Meinung nach weder gut noch christlich. In den französischen Schriftstellern und Theologen dieser Jahre fand er, was er suchte. 1954 – also zwei Jahre nach Beginn seines Engagements – brachte er die „Betrachtung über die Kirche“ von Henri de Lubac und „Kirche und Kunst im 20. Jahrhundert“ von Pie Régamey heraus, Werke, die bis heute nichts an Bedeutung verloren haben. Im gleichen Jahr gelingt ihm der Durchbruch mit Michel Quoists Gebeten „Herr, da bin ich“, in dessen Kielwasser die neue französische Spiritualität ihren Einzug in den deutschen Sprachraum hielt. Hier hatte der Verleger jene lebenspendende Ader geistigen Wassers gefunden, das den erstarrten Katholizismus der Nachkriegszeit zu neuem Leben erwecken konnte. Louis Evely, Lucien Jerphagnon und viele andere Autoren folgten. Der Erfolg dieser „Mutigen Bücher“, wie sie die Rezensenten bald nannten, war freilich nicht garantiert und mußte erkämpft werden. Die Kritik von innen und jene von außen auszuhalten, erforderte nicht geringes Standvermögen.

Es gibt kaum Aufzeichnungen aus jener Zeit, in der man nach dem Jahre Null so zukunftsorientiert war, daß man das Archivieren vergaß. Schreckenberg war aber mit „seinen“ Büchern so verbunden, daß er sie auch selbst ankündigte, und so geben die Verlagsprospekte in ihren Formulierungen ein gutes Bild seines verlegerischen Wollens: Ignace Lepps „Splitter und Balken“ (1957) nennt er eine „scharfe Kritik an den Ärgernissen und Fehlformen einer christlichen Welt, die sich allzu leicht dem Konformismus zuneigt oder ihren Integrismus in unheiliger Weise mißbraucht“. Jean Sulivan (1959) stellt er als einen Mann vor, der vor allem zu denjenigen spricht, „die unruhig sind wegen ihres Glaubens, die der Macht und Magie der Kirche mißtrauen, die an der Grenze oder gar schon jenseits der Grenze stehen. Er spricht für die Sklaven und Rebellen, gegen die Funktionäre, und sein Ziel ist die Mündigkeit und die Freiheit des lebendigen Christen". Das Buch „Jesus, der Stein des Anstoßes" (Augier, 1961) übersetzt er nicht nur selbst, sondern er bekennt in persönlicher Form: „In diesem Buche, das ich selbst als ein Buch der Polemik bezeichne, versucht der Verfasser jenen Jesus wiederzufinden, den wir so sehr entmännlicht haben . . . Kein Wunder, daß das Christentum jene revolutionäre Kraft verloren hat, die einst im Stande war, die Welt auf den Kopf zu stellen."

Sicher wird man bei diesen Sätzen nicht vergessen dürfen, daß sie für die Werbung formuliert wurden, aber, wenn auch verstärkt, drücken sie doch aus, wovon dieser Verleger überzeugt war: „Man kann heute nicht wirklich Christ sein, wenn man nicht wenigstens ein bißchen revolutionär ist, und wir können nicht verlangen, daß die Welt an Gott glaubt oder ihn ernst nimmt, wenn wir weiter eher eine Karikatur als den lebendigen Gott der Offenbarung anbieten und vorleben."

Neben diesen Büchern der Spiritualität bringt er wissenschaftlich-theologische Werke, schlägt die Brücke zu den anderen Konfessionen in einer Zeit, in der man mehr vor dem „falschen Irenismus" warnte als auf diese zuging, und führte „Gespräche an den Grenzen der Kirche". Ganz in der Linie seines verlegerischen Wirkens liegt es, daß er zusammen mit neun katholischen Verlagen 1970 die Gruppe „engagement" gründet. „Die Welt fordert das Christentum heraus", erklärt diese in einem frühen Text, der unverkennbar seine Handschrift verrät, „es braucht neudurchdachte Antworten, die sich der Herausforderung stellen, konkrete Anregungen, unkonventionelle Modelle für ein gelebtes Christentum."

Daß das Konzil nicht alle Träume erfüllen konnte, wußte er. Für ihn war es nur der Anfang eines Weges. Seine Ungeduld, weit davon entfernt, an Intensität zu verlieren, läßt ihn mit den Jahren immer drastischere Ausdrücke verwenden: „Radikales Umdenken" sei verlangt, „die Theologie der Tröstung" müsse von einer „Theologie des Schocks" abgelöst werden, nicht fromme Erbauung sei nötig, sondern ein „Faustschlag auf den Tisch".

Getragen war diese Schroffheit von einer bedingungslosen Liebe zur Kirche. „Das Haus unseres Glaubens", formulierte er gegen Ende seines Wirkens (1969), „darf nicht die verstaubte Schönheit zeigen, die nur Museumswächter befriedigt, sondern es muß so gebaut sein, daß man auch heute darin wohnen kann.“ Solche Worte führen fast zwangsläufig zu dem vorliegenden Buch P. Walbert Bühlmanns zurück, dessen letzte Seite der Leser nun umblättern wird, um es zu schließen. Hätten die Wege beider Männer sich gekreuzt, hätten sie einander als Brüder im Geiste erkannt.

Am 22. Juni 1972 starb Willy Schreckenberg, ungebrochen in seinem liebenden Freimut. Unter den „Wegbereitern“ des Konzils darf er, der die „Zeichen der Zeit“ erkannte und danach handelte, einen Platz beanspruchen.

GERHARD TRENKLER

## Vom selben Autor

### Von der Kirche träumen
Ein Stück Apostelgeschichte im 20. Jahrhundert
4. Auflage, 272 Seiten, kartoniert

### Leben – Sterben – Leben
Fragen um Tod und Jenseits
2. Auflage, 240 Seiten, kartoniert

### Weltkirche
Neue Dimensionen. Modell für das Jahr 2001
Mit einem Nachwort von Karl Rahner
3. Auflage, 246 Seiten, kartoniert